权威·前沿·原创

皮书系列为
"十二五""十三五"国家重点图书出版规划项目

汽车蓝皮书

BLUE BOOK OF
AUTOMOTIVE INDUSTRY

中国新能源汽车电驱动产业
发展报告（2019）

ANNUAL REPORT ON THE DEVELOPMENT OF NEW ENERGY
VEHICLE ELECTRIC POWERTRAIN INDUSTRY IN CHINA (2019)

主　编／中国汽车技术研究中心有限公司
　　　　电动汽车电驱动系统全产业链技术创新战略联盟

社会科学文献出版社
SOCIAL SCIENCES ACADEMIC PRESS (CHINA)

图书在版编目（CIP）数据

中国新能源汽车电驱动产业发展报告. 2019／中国
汽车技术研究中心有限公司，电动汽车电驱动系统全产业
链技术创新战略联盟主编. -- 北京：社会科学文献出版
社，2019.6
（汽车蓝皮书）
ISBN 978 - 7 - 5201 - 4974 - 7

Ⅰ. ①中… Ⅱ. ①中… ②电… Ⅲ. ①新能源 - 汽车
- 电动机 - 产业发展 - 研究报告 - 中国 Ⅳ. ①F426.471

中国版本图书馆 CIP 数据核字（2019）第 110486 号

汽车蓝皮书

中国新能源汽车电驱动产业发展报告（2019）

主　　编／中国汽车技术研究中心有限公司
　　　　　电动汽车电驱动系统全产业链技术创新战略联盟

出 版 人／谢寿光
责任编辑／吴　敏

出　　版／社会科学文献出版社·皮书出版分社 （010）59367127
　　　　　地址：北京市北三环中路甲 29 号院华龙大厦　邮编：100029
　　　　　网址：www.ssap.com.cn
发　　行／市场营销中心 （010）59367081　59367083
印　　装／天津千鹤文化传播有限公司

规　　格／开　本：787mm × 1092mm　1/16
　　　　　印　张：23.25　字　数：349 千字
版　　次／2019 年 6 月第 1 版　2019 年 6 月第 1 次印刷
书　　号／ISBN 978 - 7 - 5201 - 4974 - 7
定　　价／128.00 元

本书如有印装质量问题，请与读者服务中心（010 - 59367028）联系

《中国新能源汽车电驱动产业发展报告（2019）》
编 委 会

特别支持单位

上海汽车集团股份有限公司

浙江吉利控股集团有限公司

比亚迪汽车有限公司

广州汽车集团股份有限公司

北京新能源汽车股份有限公司

郑州宇通客车股份有限公司

北汽福田汽车股份有限公司

中国科学院电工研究所

天津大学电气工程系

合肥工业大学汽车工程技术研究院

上海电驱动股份有限公司

上海大郡动力控制技术有限公司

宁波韵升股份有限公司

合肥阳光电动力科技有限公司

安徽巨一自动化装备有限公司

舍弗勒投资（中国）有限公司

南京越博动力系统股份有限公司

福建万润新能源科技有限公司

摘　要

《中国新能源汽车电驱动产业发展报告（2019）》是关于中国新能源汽车电驱动产业发展的年度研究报告，首次出版发行。本书由中国汽车技术研究中心有限公司牵头组织编纂。

本书系统梳理、分析了我国新能源汽车电驱动产业现状与未来发展趋势，分为总报告、产业篇、技术篇、标准测试篇和附录五个部分。

总报告综述了 2018 年中国新能源汽车电驱动产业的发展概况。从产业、技术的视角全面分析了在当前新能源汽车产业背景下，电驱动产业的发展现状及趋势。

产业篇包含永磁同步驱动电机产业发展报告、驱动系统控制器产业发展报告、变速驱动产业发展报告、扁线电机制造工艺装备产业发展报告四部分内容，就目前电驱动行业已进入产业化轨道的细分领域进行分析，研究了细分市场的发展走向和面临的挑战、技术特点与趋势，并提出热点问题和发展建议。

技术篇重点关注电驱动行业的新技术、新动向。全篇共有五个报告，评述了轮毂电机技术、集成化电驱动系统技术、汽车电驱动系统功率器件、驱动电机用稀土永磁材料和电机控制器功能安全等技术现状和未来发展趋势。

标准测试篇分为电驱动系统标准体系分析和测试评价两个报告。电驱动系统标准体系报告分析了国内外标准发展现状以及与电动汽车其他标准协调情况。测试评价报告介绍了驱动电机系统标准测试项目和特点，重点分析了电机及逆变器硬件在环测试和电驱动动力总成测试评价。

本书从社会科学的角度，紧扣原创性、实证性、专业性、连续性、前沿性、时效性等皮书特征，深入分析了电驱动领域的现状与发展态势。本书有

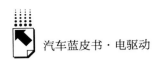
助于汽车产业管理部门、研究机构、相关上下游企业、社会公众等了解中国电驱动产业发展的最新动态，为相关政策法规的出台、企业战略规划的制订提供参考和借鉴。

关键词： 新能源汽车　汽车技术　汽车产业

Abstract

China New Energy Automotive Electric Powertrain Industry Development Report (2019) is an annual research report on the development of China's new energy automotive electric powertrain industry, which is published for the first time. This book is organized and compiled by China Automobile Technology and Research Center Co., Ltd..

The book summarizes current situation and future development trend of Chinese new energy vehicle powertrain industry. The report includes six parts: General Report, Expertise, Industry development report, Technical Trend Report, Standardization & Inspection Report and Appendix.

The General Report summarized the development situation of Chinese new energy vehicle electric powertrain in 2018. From the perspective of industry and technology, the development status and trend of electric powertrain industry under the current background of new energy automobile industry are comprehensively analyzed.

The Industry Development Report covers the following four sections: the permanent magnet synchronous motor industry development report, the traction motor controller industry development report, the electric powertrain transmission system industry development report and the flat wire motor manufactory equipment industry development report. This part analyses the sub-fields in which the electric powertrain industry has been industrialized, studies the development trend, challenges, technical characteristics and trends of the sub-market, and points out the hot issues and development suggestions.

The Technical Trend Report focuses on new technology and new trend of electric powertrain industry. This part includes five sections, describe the current situation and trend of the hub motor technology, integrated electric powertrain technology, vehicle powertrain power modules, permanent magnet material

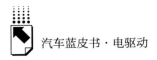
industry technology used on electric powertrain and motor controller functional safety technology.

The Standardization & Inspection Report includes two sections: electric powertrain product standard system report and electric powertrain product inspection and evaluation system report. The report on the standard system of electric powertrain analyses the development status of standards at home and abroad, and compares the coordination with other standards of electric vehicles. The report on inspection and evaluation system introduced the standard test items and characteristics of the electric powertrain system, and the HIL test of the motor and the inverter and the test and evaluation of the electric drive power assembly are emphatically analyzed.

From the point of social science, this report closely displays the characteristics of blue book, such as originality, positivism, professionalism, continuity, frontier, timeliness, etc. It analyses the current situation in the field of electric powertrain. This book is helpful for the automobile industry management departments, institute, related supply chain enterprises, and the public to understand the latest developments of Chinese electric powertrain industry. At the same time, this book also provides reference for the relevant policies and regulations making and the formulation of enterprise strategic planning.

Keywords: New Energy Vehicle; Vehicle Technology; Vehicle Industry

序

我国新能源汽车产业经过近 20 年的培育发展，已取得显著成绩，产销量和保有量均居世界首位。发展新能源汽车是汽车产业转型升级、抢占国际竞争制高点的紧迫任务，坚持创新驱动、强化科技引领是对新能源汽车可持续发展的有力支撑。电驱动系统作为新能源汽车相对于传统燃油车在动力总成方面的历史性变革，其产业发展一直备受行业各界的密切关注，其技术水平、产品质量直接映衬着我国技术实力。虽然国内电驱动产业已取得可喜成绩，但目前国内电驱动系统在关键零部件、系统集成度、制造工艺等方面还亟待提升。电驱动行业应大力加强全产业链条体系融合、促进技术革新、重视专业人才的交流。研究电驱动产业发展、市场规模、产业链分布、技术现状及发展路线，不仅是对目前产业发展的回顾总结，也是对未来技术趋势、市场前景的预测，是我国电驱动产业健康成长、规避低水平重复建设的重要保障。研究电驱动产业发展更是促进我国新能源汽车电驱动产业可持续发展、引领汽车产业变革的借鉴和参考。

基于以上原因，中国汽车技术研究中心有限公司联合电动汽车电驱动系统全产业链技术创新战略联盟共同组织行业专家共同编纂了《中国新能源汽车电驱动产业发展报告（2019）》。本书从市场、产品、技术等角度研究了电驱动产业的发展情况，同时邀请整车企业的相关专家针对电驱动行业发展进行集中论述。与其他电驱动相关的专业著作不同，本书从社会科学角度剖析电驱动产业，尽可能通俗的阐释电驱动技术原理，对于关心电驱动发展的读者，文章更加通俗易懂。

本书得到了众多行业专家的大力支持，同时汇聚了多家电驱动企业的发展经验，在此一并表示衷心感谢。作为中国新能源汽车电驱动领域首部蓝皮

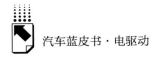

书，我们将充分利用这一成果，为中国电驱动产业发展助力，并在今后的工作中持续优化，为行业提供更权威的参考。

中国汽车技术研究中心有限公司

电动汽车电驱动系统全产业链技术创新战略联盟

未来电驱动发展趋势

未来新能源乘用车电驱动系统，无论是插电混动电驱动系统还是纯电动电驱动系统，都朝着电机、逆变器和机电耦合减速/变速器三合一系统深度集成的方向发展。下一代电驱动系统体积更小、成本更低、效率更高。

当前发卡电机已经在上汽电驱动系统上普及使用，功率密度达到3.6kW/kg，较市场同类产品提升15%以上。发卡永磁电机具体有以下特点：集成化、小型化、高速化、高效化和低噪音化。到2025年，结合国家新能源汽车市场占比情况，电机设计和材料需要有质的改变，2017年美国能源部规划提出的3.3美元/kW电机成本目标、50kW/L体积密度目标，以及5.7kW/kg功率密度目标是可以实现的。

下一代主流逆变器的发展趋势是高效率、高功率密度、高安全性、高可靠性和低成本化。为了达到这样的目标，在逆变器层面，新型的宽禁带半导体功率器件、新一代的电容材料和技术、新的半导体封装技术和散热结构设计将会被采用。同时在系统层面，逆变器将会与电机变速器集成，或者与其他的电力电子零件功能集成，系统的工作电压、功能安全等级要求和电磁兼容要求也将进一步提高。到2025年，逆变器成本目标是2.7美元/kW、体积密度目标是100kW/L。

三合一电轴是下一代纯电动电驱动系统的典型代表，主要是固定速比的电轴，也有部分带变速的或带有离合装置的电轴，增加变速或带有离合装置，有助于进一步提升系统效率；到2025年，电轴成本将达到1000美元左右的水平。

随着补贴政策的快速退坡直至退出、双积分政策效应的显现，插电式混合动力市场前景看好，国际主流汽车品牌的插电混动车型将加速涌入中国市场。在充分竞争的市场条件下，各车企将加大在PHEV驱动系统领域的投入，形成更低成本和更高效率的解决方案。预计到2025年，单电机集成EDU将成为市场主流，其驱动效率与干式DCT相当、平顺性与AT相当，

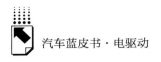

成本将控制在 2000 美元左右。

近十年来，上汽积极推动在"三电"核心领域的技术攻关，联动进行了相关产业链的建设：联合电子的逆变器、华域电动的电机、上汽齿的 EDU 总成、上汽英飞凌的 IGBT 功率模块等。

上汽多管齐下，自主合作并举，累计投入了超过百亿元人民币，才形成了今天的局面。这些产业链不仅为上汽，也为今天中国新能源技术的进步做出了重要贡献。

上汽集团技术中心副主任

捷能公司总经理

并购潮下的中国电驱动产业何去何从

从中国汽车工业协会的统计数据来看，新能源汽车公告中驱动电机和电机控制器企业规模都达到了 200 家以上。这些企业主要分为三类：一是具有工业电机及变频器开发和制造经验的企业；二是具有整车及汽车零部件专业生产经验的企业；三是专门成立的新兴电驱动企业。伴随着产业规模扩大，产业内竞争更为激烈并且呈国际化趋势。国内企业通过并购来获得领先的核心技术并健全产业链，以烟台正海磁材注资上海大郡、中山大洋电机收购北京佩特来为代表。外资企业通过参股、成立合资公司等方式加快在华布局，以获得更高的市场份额，如麦格纳与华域汽车合资成立电机公司、安川电机与奇瑞汽车成立电驱动公司、博格华纳与威马合作等。目前产业整合的突出特点是资源越来越向拥有领先核心技术的企业集中，其垄断优势也越来越明显，行业集中度将越来越高。

面对激烈的行业竞争，国内电驱动企业应发挥自身优势，取得发展的先机。

第一，建立技术创新战略。电驱动系统作为新能源汽车核心零部件，其核心技术仍是困扰新能源汽车大规模商业化应用的重要原因，比如能量密度、效率、性价比、集成能力、安全、电磁兼容问题等。因此必须将技术创新提升至企业战略的高度，聚焦客户痛点，通过技术创新提高产品的竞争力，为企业赢得竞争优势。

第二，提高成本控制能力。随着新能源汽车补贴退坡和补贴技术门槛的提高，整车企业的物料成本转移到零部件，加之近年来原材料不断上涨，电驱动零部件生存环境愈加恶劣。控制成本是企业生存必经之路，企业应通过集成能力、供应链管理、精益生产、价值工程等方法来实现。

第三，与整车企业建立战略合作，形成协同开发、同步开发机制。新能源汽车电驱动技术已经由单电机简单替换传统汽油车发动机向着多合一集成化发展。未来只有将驱动系统与整车设计综合统筹，进行全面的安

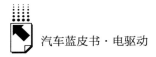

全、动力性、经济性、智能化、寿命、环境适应性等整体最优化设计,才能开发出适应市场需求、具有竞争力的产品,使得企业在电驱动领域占有一席之地。

浙江吉利控股集团有限公司副总裁

吉利新能源汽车 CEO

新能源汽车电驱动系统发展之我见

在业界看来，汽车零部件的强大才是中国汽车产业强大的根本。随着新能源汽车快速发展，汽车电驱动系统也得到了快速发展，据统计目前已经有200家以上电驱动相关企业。如何使我国电驱动产品得到更好的发展是必须讨论的话题。

首先，培养扶持1~3家电驱动企业集团。第一，选择有一定基础的电驱动龙头企业推动电驱动技术的全面掌握。①有能力开发控制软件平台。以该企业为龙头组织产学研团队，设计软件架构，建立完善控制模型并通过实践优化，形成自有知识产权的电驱动控制软件平台。在此基础上建立台架标定规范和整车标定规范，培养标定团队，为整车提供全方位开发标定服务。②有能力集成设计和制造。为了满足整车对体积小、重量轻的要求，该企业要具备电驱动系统的集成化设计和制造的能力。集成化已经成为电驱动系统的发展趋势。③有实验验证能力。该企业应该建立研发验证所需的实验能力包括但不限于电机测功机（带温度箱），电控开发所需的各种环境类、振动类、EMC类、NVH类试验能力，减速器实验能力，电动总成实验能力，HALT、HIL等试验能力及软件测试能力。第二，选择有整车背景的企业。电驱动系统的发展离不开整车的应用，选择有整车背景的企业或者整车企业的下属企业更有利于电驱动系统和整车的有力结合，更好地推动电驱动系统的技术进步。第三，选择有电机、电控、减速器及软件开发经验的企业。电驱动系统多种多样，其构成也包含电机、电控、减速器、软件等，该企业应根据整车需求全面了解各相关部件发展趋势和技术质量标准，并有能力掌控产品质量。

其次，培养扶持3~5家有特色的专业制造企业。电机、电控、减速器的性能和质量直接影响电驱动系统的性能和质量，而产品的质量直接与制造能力和企业管理能力相关，大批量生产有利于产品稳定和成本降低，因此要形成一批制造工艺先进、管理能力强的电机、电控、减速器等产品的制造型

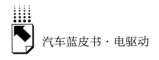
企业。

再次，扶持一批关键材料开发制造企业。我们要建立关键部件和材料的研发和制造能力，如电机转子所用的无取向电工钢片，电机绕组用的扁平线，电控用的芯片、功率器件。尤其是目前功率器件 IGBT 制约着电动车的发展。只有在这些领域加大研发和生产投入，才能保证我国新能源汽车电驱动系统不受制于海外企业，保持我国电驱动系统的持续技术进步。

最后，扶持 2～3 家第三方测试评价机构。建立完善的电驱动系统全产业链关键部件测试评价机构，全面梳理相关标准，提供工程技术服务，这样更有利于技术共享，实现共同进步。

总之，只有坚持和整车的有力结合，形成全面掌握系统集成技术和软件开发匹配验证能力，形成关键产品批量稳定生产能力，完善测试评价能力，掌握关键材料和器件的研发和生产，才能确保我国电驱动系统不受制于人，确保我国新能源汽车产业的持续发展。

比亚迪汽车工程研究院副院长

电驱动系统产业链国产化之机遇、挑战及建议

伴随着新能源汽车产业繁荣，中国电驱动产业规模不断扩大，企业数量增加到 200 家以上。目前我国新能源汽车电驱动市场主要由国产品牌占据，外资产品所占份额较小。从产业链来看，驱动电机原材料及零配件大部分由国内供应商提供，而电机控制器的主要组件 IGBT 功率模块、处理芯片等的国产化率仅为 10%，其余 90% 仍依赖进口，电机和控制器生产的自动化设备和检测设备也大部分依赖进口。中国电驱动产业要想掌握主动权，在新能源汽车补贴政策退坡、零部件成本压缩的市场环境下可持续发展，实现全产业链国产化是关键。

电驱动产业目前还处于市场培育和发展的初期阶段，国内企业占据良好的资源优势和发展机遇。第一，新能源汽车销量连年增长，对电驱动系统零部件需求量持续增加。根据《"十三五"国家战略性新兴产业发展规划》提出的到 2020 年实现新能源汽车当年产销 200 万辆以上的目标，预计到 2020 年，电机和电机控制器都将达到 200 亿元的市场规模。第二，电驱动零部件上游生产需要的矿产资源丰富。虽然我国制造业、电子芯片基础薄弱，但丰富的原材料资源为产业发展提供了基础保障。第三，相比发达国家，我国具有人口红利优势。我国由于人口基数大，所以每年新增人口绝对数较大，人口红利的优势将在未来一段时间内保有。

电驱动产业链国产化进程面临以下挑战。第一，产品技术和质量有待提升。目前自主开发的功率模块已有产品应用，但产品的性能和一致性还需要进一步提高。同时国产电驱动领域智能制造设备和检测设备研发应加快。第二，引进技术和收购国外企业应注意风险把控。一是注意收购和引进后，能否将先进技术转移至国内企业消化和吸收，并在其基础之上进一步开发新技术；二是注意规避后续创新研发投入和量产资金不足的风险。

为推动电驱动产业链国产化，给出以下建议。第一，应在政策制定、宏观调控、配套服务等方面大力扶持和促进电驱动产业链国产化，从政策层面

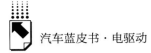
支持电驱动上游零部件的技术研发及量产，缓解企业的经营压力。第二，企业应积极探寻产品技术升级途径，努力培育核心竞争能力，强化与产业链条中其他企业的网络关系，积极构建产学研多方合资合作。第三，电驱动产业集群的地方政府和核心零部件企业应合力搭建促成产业链协作管理的平台，政府应起到为企业牵线搭桥、沟通信息的服务作用，鼓励国产电驱动原材料和零部件进入产品应用。

广汽研究院首席技术总监、新能源中心主任

电驱动产业发展浅析

大众传统 MQB 平台汽车销量超过 5500 万辆，取得了巨大的成功。大众基于纯电动汽车开发的 MEB 平台的推出，再次引起了国内电动汽车整车厂及电驱动零部件厂极大的关注，而 MEB 采用的电驱动技术，也代表着国际一流车企的发展方向。

从电驱动技术来看，高集成度、高性能、低成本是发展方向。其中高集成度分三个阶段：第一阶段，电机与减速器的共壳体集成，电机输出轴与减速器输入轴采用分体轴的结构，电机控制器与电机紧凑连接，取消三相连接线缆，采用铜排连接，电机与控制器水道各自独立；第二阶段，系统集成更紧凑，电机输出轴与减速器输入轴采用一体轴的方式；第三阶段，减速器、电机、电机控制器三者共壳体集成设计，实现高度一体化设计。高性能主要体现在高效率、高 NVH 性能、高电磁兼容性能，涉及功率器件、电机磁钢、硅钢片、减速器润滑油等物料及材料。低成本主要体现在通过平台化、规模化降低成本。

结合电驱动技术与电动汽车整车技术，电驱动总成与整车匹配技术也是发展的重点，整车悬置设计、半轴冲击、控制策略、EMC 设计等整车相关系统设计，影响电驱动系统在整车厂的应用，同时整车 NVH 性能、EMC 性能、可靠性与电驱动系统的关联性也是当前研究的重点。

从整车厂与零部件厂之间的合作来看，电驱动系统包括的电机、减速器、电机控制器等部件厂家业务从原来单一产品逐渐向电驱动总成拓展，电动汽车整车厂也在开展电驱动总成的研发及产品开发，部分整车厂已经成立了动力总成公司，整车厂与电驱动零部件厂的开发内容有重合，未来整车厂与电驱动系统零部件厂家在电驱动系统产品的开发及生产上可能面临变化。

从国内竞争环境来看，博世、法雷奥西门子、麦格纳、大陆、采埃孚等国际主流零部件供应商开始进入中国市场，国际供应商不仅在技术先进性上具有一定的优势，而且在产品性能、可靠性甚至成本上都具有很强的竞争

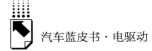
力，国内的电驱动零部件厂家如何尽快提升产品竞争力、应对国际供应商的挑战是需要研究的课题。

从关键资源来看，国内功率器件和芯片技术是短板，对国外产品及技术依赖度很高，功能安全设计技术及工具链还全面落后于国外。

从政策环境来看，未来政府补贴将持续下降，但其他政策支持将持续或加强，其中政府补贴与能耗关联将推动电驱动系统效率的进一步提升。此外，后补贴时代对整车成本提出更高的要求，也需要电驱动系统厂家开展持续降低成本的工作。

未来几年，随着电动汽车续驶里程的增加，以及充电设施的发展、成本的降低、政策的支持，电动汽车用户接受度大大提高，电动汽车市场仍将实现持续快速发展，但在后补贴时代，形成与传统燃油汽车全面竞争的能力，还需要经历较长的时间。

北汽新能源首席科学家

高效高集成度电驱动系统开发需上下游协同攻关

随着近年来新能源车辆的推广应用，尤其是新能源公交车的大批量推广应用，新能源客车行业已从政策推动转变为市场推动，行业逐渐进入稳步发展期，在这一过程中，新能源客车电驱动系统形成了多种技术方案。虽然伴随着新能源客车的大批量推广，我国新能源客车电驱动系统取得了明显的技术进步，但在系统集成度、综合效率等方面仍有提升的空间。

为满足国家补贴、节油率的要求，混合动力系统方面也逐渐由 P2 并联、双电机同轴混联等结构相对简单的构型形成了 P2/P3 混联、行星混联等复杂度和集成度更高的构型。

纯电动方面已经由早期的纯电动电机直驱方案，逐渐形成了电机 + 变速器（减速器）、电驱动桥、分布式驱动等多种技术方案；纯电动电机直驱方案由于直驱电机扭矩无法降低，成本和重量的下降空间有限，随着新能源客车的技术要求越来越高，对降低成本和减重的要求日趋严苛，必须引入变速器或减速器，实现电机的高速低扭化，从而达到降低成本和重量的目标。

分布式驱动系统将动力系统集成在驱动轮部分，动力系统传动链和底盘机械结构更为简化，系统重量降低和空间缩减，传递效率提升，整车布局更为合理。但分布式驱动系统由于更接近地面，面临振动、泥沙等恶劣的工作环境，因此对于可靠性提出了更高的要求。轮边或轮毂驱动系统电机之间转速与扭矩独立受控，虽然为整车的动力系统提供了灵活性，却也对一致性提出了更高的要求，要保证生产和运转过程中的高度一致性，难度较高。由于整个驱动系统均在簧下，非簧载质量增加，可能会导致车辆垂直方向的振动幅度变大，影响车辆行驶过程中的平顺性与舒适性，还可能导致轮胎附着性能变差，影响车辆的操纵稳定性。可靠性问题、轮间一致性问题、簧下质量问题、差速问题及冷却密封问题是分布式驱动系统面对的几大问题。

高速化、高效化和高度集成化是未来电驱动系统的发展趋势，通过高速电机、高效机电耦合机构集成设计，并与车桥系统进行深度集成形成电动化

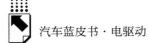

专用底盘，提升电驱动系统综合效率，大幅降低底盘重量，节约安装空间。高效集成化电驱动系统要实现大规模推广应用，还需要在以下几方面开展工作。第一，通过机电耦合设计提升高速电驱动总成集成设计水平，包括一体化壳体、一体化冷却等，提升结构紧凑度，减小系统重量和尺寸；第二，通过主被动降噪等措施加快高速电机噪音控制技术研究，总成高速化的同时实现整车噪音的优化；第三，通过结构设计、工艺优化等途径提升集成式动力总成可靠性，系统性研究永磁体防退磁、抗振动、防水防尘等可靠性提升技术。突破以上技术，需要上下游企业强强联合，协同攻关，共同面对挑战，坚持技术创新，全力推动新技术的产业化进程，保持电驱动系统的综合竞争力。

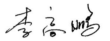

郑州宇通客车股份有限公司技术副总监

国家电动客车电控与安全工程技术研究中心总工程师

国家重点研发计划"新能源汽车"重点专项总体专家组成员

新能源电动汽车电驱桥技术路线分析

随着补贴政策的退坡，新能源汽车行业总体趋势将由双积分内生机制逐渐接力财政补贴的外生机制。市场日趋成熟，也对新能源汽车零部件行业起到了正确的导向作用。新能源汽车的不断发展必将对电驱桥产生革命性的影响，车桥的集成一体化发展将推动汽车行业的竞争，谁掌握了领先的技术并能将其产业化，谁就会在未来的行业竞争中占得先机。

电驱桥是整车的重要部件，轻量化、高效性、智能化、低噪声的电动化车桥总成技术取代传统车桥技术成为行业发展的方向。无论最终推动新能源电动汽车产业发展的是排放法规、路权法规还是消费者需求，电驱桥行业都将迎来重大变化。

目前电动汽车解决了基本续航能力问题之后，朝着提高动力性能和系统效率的方向前进。电驱桥呈现轻量化、集成化的趋势，"电机 + 电控 + 减速器"或相类似的电机电控与其他部件的集成电驱桥将会成为未来新能源车型发展的趋势。在产品体积和重量减小、成本降低的需求下，电机、电控功能集成化是发展趋势。电机、电控、变速器集成后体积缩小，驱动母线集成后成本降低，冷却系统、高压电缆集成后损耗降低、效能提升。

目前新能源汽车电驱动系统有中央集中驱动和轮边分布驱动两种形式，两种技术路线各有优缺点，将长期共存。在乘用车领域，商用车的微卡、皮卡、GVW≤6T 以下轻卡（包括 VAN 系列、环卫车）和微型客车、轻型客车所用电驱桥技术的发展往三合一电驱桥方向发展。大幅减少簧下质量，车桥采用斜齿传动，系统效率 >93%，增加乘坐舒适性。GVW6 ~ 12T 轻卡和中型客车的电驱桥发展趋势是集成电机 + 减（变）速器的集成桥方案。此方案在成本、重量和效率方面有较为明显的优势，由圆柱斜齿轮取代主减速的螺旋伞齿轮，整体效率比传动轴直驱方案提高4% ~ 7%，缺点是簧下质量增加。GVW >18T 的中重卡和≥10 米大型客车由集成多挡位的 AMT 变速器中央集中电桥方案向轮边分布驱动方案发展，其中轮边减速驱动方案为主要发展方

案。轮毂电机的高成本和系统复杂度尚未解决，显著制约着轮毂电机在新能源乘用车领域的发展。

电驱桥中电机从产品特性来看，永磁同步电机和交流异步电机综合性能出色，永磁同步电机具有效率高、转速范围宽、体积小、重量轻、功率密度大、成本低等优点，成为纯电动乘用车市场的主要驱动电机，并向高转矩密度、高功率密度、体积小、噪音低及轻量化方向发展，实现乘用车 20 秒有效比功率 $\geqslant 5 \mathrm{kW/kg}$，商用车 30 秒有效比转矩 $\geqslant 20 \mathrm{N \cdot m/kg}$，电机高效区面积 $> 80\%$；其中电机绕组从传统圆铜线绕组向发卡式绕组发展；电机冷却方式由间接水冷向直接强制油冷方向发展。减速器的高能效、高速度、低噪音是纯电减速器的关键指标。通过采用高速轴承以及高速斜齿轮，传输能效的峰值提升至 97%。目前由单级减速向两挡或多挡位方向发展。多挡位电驱桥可以调整不同工况下的换挡曲线，随着动力模式、驾驶模式和电池状态改变调整换挡点来实现整车的控制目标；让电机时刻保持在高效率的工作状态下，在一定程度上降低能耗，提升续航里程，使加速性能更强、系统效率更高、整车 NVH 更优秀。电机控制器 MCU 往高压化及高功率密度发展，在模型电容里集成 EMC 的 Y 电容电路，使用 SiC 器件替代 IGBT 器件可以显著降低开关损耗，提升系统效率，减少死区时间，提升系统输出能力，预计功率密度达到 45 kW/L。随着器件和分装技术的发展，成本预计会逐步降低。软件方面按照 ISO26262 功能安全要求以及 AutoSAR 软件架构要求设计。

新能源汽车迎来快速提升期，集成化电驱动桥产品成熟后有望迎来迅速上量期，主机厂严格遵守"工信部 39 号令"新能源产品准入要求，在自配率提升下，完善新能源汽车核心零部件产业链的布局，实现对电驱桥产业链业务的快速拉动和协同发展。

北汽福田研究院副总工程师

目　录

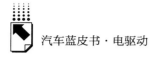
Ⅲ 技术篇

Ⅳ 标准测试篇

Ⅴ 附录

皮书数据库阅读**使用指南**

CONTENTS

I General Report

II Industry Development Reports

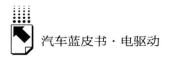
III Technology Trend Reports

IV Standardization & Inspection Reports

V Appendix

总 报 告

General Report

B.1

2018年中国新能源汽车
电驱动产业发展综述

贡 俊　张舟云*

摘　要： 近年来，我国驱动电机产业一直保持着快速发展的势头，我国自主驱动电机发展支撑了我国新能源汽车产业的快速发展。我国加快高速高密度电机、高集成电机控制器、高集成度电驱动总成等产品化开发，高密度绕组技术、扁导线定子技术、新材料技术、高速减速器技术推动我国电驱动总成水平进一步提升。在电机控制器方面，自主IGBT模块封装、基于IGBT封装的高密度电力电子集成控制器产品和碳化硅器件及全碳化硅控制器研发开始加速，我国电机控制器产品技术指

* 贡俊，研究员级高工，上海电驱动股份有限公司总经理，国家科技部"十三五"新能源汽车重点研发专项总体组专家；张舟云，博士，教授级高工，上海电驱动股份有限公司副总经理兼总工程师。

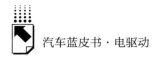

标接近国外先进水平。在电驱动总成方面，我国已经推出了高度集成电驱动总成产品，产品技术水平与国外相当，产品集成度仍需要进一步提升。我国电驱动系统全产业链建设加快，自主创新能力得到了进一步提升。

关键词： 电驱动总成　电力电子封装　驱动电机　电机控制器

一　我国新能源汽车电驱动产业总体发展情况

我国新能源汽车经过多年的持续研发投入和市场培育，在国家多重利好的产业政策支持下，自2014年起呈现快速发展势头。根据中国汽车工业协会的统计数据，2018年，在汽车行业整体产销下降的大环境下，新能源汽车逆市实现产销大幅增长，2018年我国新能源汽车产销分别为127.0万辆和125.6万辆，比上年同期分别增长59.9%和61.7%。其中，纯电动汽车产销分别为98.6万辆和98.4万辆，比上年同期分别增长47.9%和50.8%；插电式混合动力汽车产销分别为28.3万辆和27.1万辆，比上年同期分别增长122%和118%。我国新能源汽车年产销量和保有量连续多年占全球新能源汽车市场总量的比重超过50%，2018年我国新能源汽车保有量超过370万辆，成为最大的新能源汽车市场，并在研发体系、产业发展、市场拓展、政策创新、基础设施建设和商业模式方面形成明显的综合优势。

多年来，在"三纵三横"的研发布局和国家科技项目的支持下，我国新能源汽车电驱动系统技术和产业伴随国家新能源汽车同步快速发展。从多年来我国新能源汽车主要配套供应商分布看，国内自主驱动电机始终占据绝对份额，仅有少数乘用车车型采用外资企业提供的驱动电机系统，形成了包括驱动电机、电机控制器、变速器、电驱动总成、主要关键材料和关键器件在内的完整产业链，并全部实现了国产化。据中国汽车工业协会2018年统计数据，我国自主配套驱动电机、电机控制器和电驱动总成的比例达到

95%以上。从产业规模看，我国新能源汽车公告中驱动电机和电机控制器生产企业达到200余家，前二十位生产企业的驱动电机和电机控制器产品占总量的比例达到70%以上；特别是在新能源公交客车、纯电动卡车和纯电动物流车应用领域，全部为国产零部件配套。

我国主要电驱动系统配套企业发展呈现以下特点：①以上海电驱动、精进电动、上海大郡、中车株洲所、联合电子、深圳汇川、安徽巨一自动化、蓝海华腾和上海华域等独立的电机供应商中的主要企业为代表，持续丰富产品线和扩充产能，为我国新能源汽车进行配套，部分企业产品开始出口。②以方正电机、山东德阳、杭州杰能、永康斯科诺、珠海英博尔、杭州德沃士等企业为代表，以低成本和规格化的产品为我国小型纯电动汽车进行配套。③以苏州绿控、南京越博等商用车动力总成企业为代表，自主驱动电机和电机控制器研发及制造能力发展迅速，在市场崭露头角，主要为商用车产品配套；在乘用车领域，上汽变速器、重庆青山工业、株洲欧格瑞齿轮等传统变速器生产企业一方面积极推进适用于新能源汽车的变速器产品，另一方面加快推动电驱动总成产品合作研发步伐，重点在乘用车领域抢占市场。④以比亚迪、北汽新能源、长安汽车、奇瑞汽车、蔚来汽车等整车企业为代表，通过自主建设、合资合作等途径，整车自主驱动电机研发与制造能力快速增强。同时，国外多个变速器企业与动力总成企业加快在华合作步伐，如西门子和北汽新能源成立电机合资公司、麦格纳与华域汽车合资成立电机公司、安川电机与奇瑞汽车成立电驱动公司等，积极在新能源汽车驱动电机领域进行布局。我国新能源汽车电驱动产业呈现多元化发展趋势。

近年来，我国电驱动总成研发和制造企业纷纷增加投资，加快厂房及生产线建设，产品供货能力不断提升。在驱动电机企业产能建设方面，我国主要驱动电机企业的电机总产能粗略估计超过300万台（套）。在各主要企业方面，上海电驱动嘉定基地建设完成了2条全自动乘用车电机制造装配线，年产能力达到30万台（套）；上海大郡在浦江基地建成年产20万台（套）电力电子控制器的生产线，与卧龙电机合作建立驱动电机生产线，产能达到20万台（套）以上；精进电动在河北正定建设年产50万台（套）新能源汽车驱动电机总成的生产线，其产业化基地已经投入运行；中车时代电动、汇川技术、华域汽车等均建立了自动化程度较高的驱动电机和电机控制器生产线。另外，苏州绿控、南京越博自建产能满足商用车市场配套需求。蔚来汽车在南京投资 30 亿元研发自主高性能驱动电机，其电控系统生产基地也投入生产，预期产能达到 28 万台（套）；同时，引入 MES 等信息系统，从零部件来料、各个制造工序数据记录、零部件检测、成品检测等各个环节，实现全过程记录与品质控制。在高速减速器方面，我国拥有上海汽车变速器、重庆青山工业、株洲欧格瑞齿轮、六安齿轮等乘用车变速器研发和生产企业，以及綦江、中德、法士特等商用车变速器研发和生产企业，并拥有了高速减速器批量制造生产线和检测能力。

二　我国新能源汽车电驱动系统总体技术进展情况

（一）驱动电机技术进展

在驱动电机方面，经过多年持续发展，我国自主开发的永磁同步电机、交流异步电机和开关磁阻电机已经实现与整车产业化配套，系列化产品的功率范围满足了 250kW 以下各类新能源汽车用电驱动系统动力需求。在关键技术指标方面，我国驱动电机的功率密度、效率等与国际水平基本相当。

在乘用车驱动电机领域，上海电驱动、上海大郡、精进电动、中车时代电动、安徽巨一自动化、华域电动等驱动电机企业推出了功率范围涵盖30~150kW 的系列化驱动电机产品，为多家整车企业的纯电动和插电式新能源汽车配套。上海电驱动通过产品规格化开发，推出了集成驱动电机、电机控制器和减速器一体化的电驱动总成产品，开发的 95~145kW 电驱动总成在国内多个乘用车企业的 A 级以上纯电动车型上获得应用；同时开发了 33~55kW 电驱动总成系列化产品，应用于 A00、A0 级纯电动汽车，并于 2019 年实现量产。上海大郡拥有全系列的驱动电机、电机控制器产品，为北汽、广汽等匹配多款纯电动乘用车和插电式混合动力乘用车。精进电动推出了应用于新能源乘用车的驱动电机与高速减速器一体化总成样机，峰值功率达到160kW，最高转速达到16000rpm；同时开发出了应用扁导线技术的高密度驱动电机，电机功率密度达到4kW/kg以上。华域电动在驱动电机领域以扁导线定子技术为特色产品，具有多年的研发和产业化经验，建立了扁导线定子电机的生产线，为上汽多款新能源汽车匹配电机；同时通过与麦格纳合资，在驱动电机和高速减速器方面为德国大众MEB平台配套。中车时代电动借助于在高铁牵引系统领域的完整产业链优势，在IGBT芯片、模块、电机控制器、驱动电机、动力总成、整车集成应用等方面形成了完整的产业体系，除了传统新能源商用车领域外，近年来在乘用车领域加大了研发和制造投入，先后建立了多条乘用车电机、控制器的生产线，逐步扩大应用市场。安徽巨一自动化凭借着在自动化制造装配的优势，在多年来为江淮汽车配套多个系列纯电动轿车驱动电机及控制器的基础上，在乘用车电机智能制造、三合一动力总成方面逐步发挥优势，扩展在国内的市场份额。

在商用车驱动电机领域，上海电驱动推出了AMT同轴并联驱动电机、6～12m纯电动驱动电机以及双行星排动力总成电机，双行星排总成系统应用于10～12m新能源公交客车，实现60%以上的节油率；上海大郡推出适用于增程式、纯电动客车的直驱电机和双电机动力总成；精进电动推出的多种规格的驱动电机、电机控制器和多种机电耦合动力总成系统，在各类新能源城市客车领域获得了广泛应用；中车时代电动推出了适用于多种动力系统构型和车型的驱动电机系统，并实现了自主配套；汇川技术、蓝海华腾、吉泰科等推出的多合一控制器总成产品在新能源公交客车、纯电动物流车上获得了广泛的应用。另外，苏州绿控、南京越博等商用车动力总成集成商开始加大在驱动电机及控制器方面的研发投入，推出了系列化的电驱动总成产品，应用于各类新能源公交客车和物流车等。

高速、高密度、低振动噪音、低成本是新能源驱动电机的重点发展方向，扁导线绕组成为提升转矩和功率密度以及效率的主要手段，是面向2020年量产电机的工艺路线重点方向之一。近年来，我国驱动电机在功率密度、系统集成度、电机最高效率和转速、绕组制造工艺、冷却散热技术等方面持续进步，与国外先进水平并驾齐驱；同时，我国驱动电机研究开始延伸至振动噪音和铁磁材料层面，进一步提升驱动电机的设计精度、工艺制造水平和产品质量。

在高密度驱动电机方面，我国主要电机研制企业如上海电驱动、精进电动、中车时代电动、苏州汇川、安徽巨一自动化、比亚迪、华域电动等纷纷开发出功率密度达到 3.8 ~ 4.6kW/kg 的样机和产品，最高转速达 13000 ~ 16000rpm，并实现了电驱动一体化集成，电机冷却方式涵盖水冷和油冷多种类型，技术指标达到国际先进水平，如表 1 所示。

表 1　我国典型驱动电机与国外同类产品对比

项目	国内电机 1	国内电机 2	国内电机 3	国外电机 1	国外电机 2
电机图片					
峰值功率(kW)	125	130	130	130	125
最高转速(rpm)	13200	13200	12000	8810	12800
峰值转矩(N·m)	300	315	315	360	250
峰值效率(%)	97	97	97	97	97
功率密度(kW/kg)	4.30	4.56	4.20	4.60	3.80
冷却方式	水冷	油冷	水冷	水冷	水冷

在驱动电机精确设计方面，上海大学提出了基于电磁材料多域服役特性的车用电机多域多层面正向设计方法，综合电磁、机、热、流体、声多域仿真与验证，解决电磁材料宽温变和应变等服役特性的非线性问题。上海大学联合国内硅钢企业系统性开展了铁芯应力－磁特性研究，发现硅钢材料加工、装配与运行过程中的温度和应力导致材料本身性能改变的规律（见图 1a）；中国科学院电工所应用非晶合金和硅钢片混合材料、分瓣式定子结构和粘接工艺，研制出非晶电机样机，样机最高效率达到 96.2%，连续功率密度达 1.2kW/kg（见图 1b）。

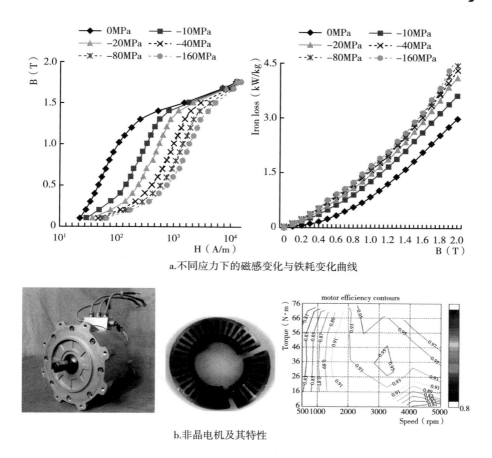

a.不同应力下的磁感变化与铁耗变化曲线

b.非晶电机及其特性

图1 新材料特性及新材料电机技术

在电机扁导线绕组技术方面，华域汽车、精进电动、上海电驱动等在国内较早地开展了扁导线绕组工艺探索和实践，典型产品如图2所示。其中，华域汽车为上汽EDU二代电驱动总成和纯电动汽车平台配套驱动电机采用扁导线，同时与麦格纳成立合资公司为大众MEB平台配套扁导线感应电机；精进电动依托国家重点研发计划专项开发了高速乘用车扁导线电机样机；上海电驱动将扁导线技术应用于48V BSG电机总成，为上汽通用混合动力汽车配套。

在商用车领域，精进电动开发出转矩密度达到20.3N·m/kg的商用车直驱电机，北京佩特来应用扁导线技术开发了3500N·m外转子直驱电机（见

图 2 乘用车扁导线技术及典型定子结构

图 3），天津松正、菲仕电机也宣称开发出了商用车扁导线直驱电机。我国商用车电机技术水平总体达到国际先进水平。

图 3 商用车高密度电机和扁导线电机

（二）电机控制器技术进展

电力电子模块集成技术是将新能源汽车电机控制器中的功率器件、驱动电路、控制电路和保护电路封装到集成模块内部，成为一个功能相对完整的、具有通用性的部件。持续提升电力电子集成系统的功率密度是车用电机控制器的重要技术方向，通过将电机控制器的集成设计方法融入零部件研发过程，提升芯片器件功率密度；通过系统优化设计和控制技术实现总成的功率密度提升。

在电机控制器本体技术方面，通过持续进行集成化设计与多种控制器的功能集成，我国电机控制器集成度和功率密度水平持续提升。通过采用电力电子集成优化设计技术，将汽车级功率模块、超薄膜电容器与复合母排、高效散热器以及功率部件连接件进行优化设计，进一步提升了电机控制器本体功率密度，从 8kW/L 提升至 12～16kW/L，上海电驱动、汇川技术、中车时代电动等均推出了基于汽车级模块的电机控制器产品，典型产品如图 4 所示。

a.上海电驱动控制器　　　　　b.汇川控制器　　　　　c.中车电机控制器

图4　高集成度电机控制器

通过将多个电力电子控制器进行功能集成（如汇川商用车五合一集成控制器、北汽新能源多合一集成控制器，见图5a、5b），集成控制器体积和重量进一步降低，并已广泛应用于纯电动与插电式商用车、乘用车等领域。同时，通过将电机控制器和快速充电机的分时复用功能的集成（如比亚迪充电逆变器一体化总成），有效地减少了电力电子功率模块的数量，提升了整机的集成度。

a.商用车五合一集成控制器　　　　　b.乘用车多合一集成控制器

图5　新能源汽车多合一集成控制器产品

IGBT芯片双面焊接与模块双面冷却技术、电力电子集成技术是不断提升电机控制器集成度、功率密度和效率的主要技术发展方向。结合我国"十三五"科技部重点研发计划新能源汽车重大专项实施，2017年上海电驱动、上海大郡、中车时代等开始推出自主开发出的车用IGBT芯片、双面冷却IGBT模块封装和高功率密度电机控制器，我国高密度电机控制器技术水平迅速追赶国际先进水平。在高密度电机控制器IGBT器件关键封装工艺方面，上海电驱动联合上海道之，采用芯片双面焊接工艺和电力电子功率组件的直焊互连工艺（见图6a），研制出高密度电机控制器，30s功率密度达到17.5kW/L，10s峰值功率密度达到23.1kW/L；中车时代电气采用自主IGBT芯片、双面焊接与双面冷却技术、自主驱动芯片和电力电子集成封装技术（见图6b），开发出600A/750V双面散热模块及组件产品，基于双核MCU（微处理器）芯片开发出功率密度达到20kW/L的电机控制器；上海大郡联合上海道之采用双面水冷结构（见图6c），输入功率达到260kW，电机控制器功率密度达到23.5kW/L，双电机控制器与博世双控制器相比，功率密度指标相当。

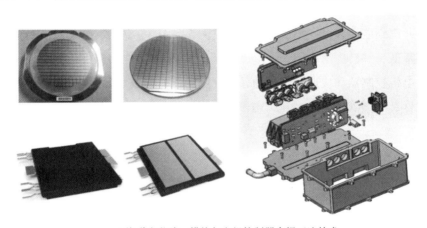

a.上海道之芯片、模块与电机控制器直焊互连技术

b.中车芯片、模块及功率组件　　　　　　c.大郡双面焊接模块及功率组件

图6　国内典型高密度电机控制器封装与集成技术

我国典型高密度电机控制器样机与国外先进水平对比情况如表2所示。

表2　国内典型电机控制器与国外对比

项目	国内控制器1	国内控制器2	国外控制器1	国外控制器2
电机控制器图片				
功率比体积（kW/L）	23.1	21.7	25.0	25.0
功率比重量（kW/kg）	21.0	19.0	23.2	22.8
功率器件	IGBT	IGBT	IGBT	IGBT
直流电压（V）	300~480	300~480	200~600	300~450
器件电流（A）	450	450	350	400
器件封装	定制	定制	定制	定制

我国碳化硅器件、高温封装与焊接、全碳化硅控制器已经开始全面布局研发。中科院微电子所研制的1200V/100A SiC SBD（肖特基势垒二极管）器件的正向电流密度为247A/cm^2（VF=1.6V），与Cree第五代CPW5-1200-Z050B产品208A/cm^{2}相比具有优势（见图7a）；中车时代电气股份有限公司研制出750V/150A、1200V/50A、1200V/200A SiC SBD芯片和1200V/30A平面栅SiC MOS芯片，并基于自主的SiC SBD和Si IGBT芯片，开发750V/600A、1200V/500A~800A SiC混合模块（见图7b）；中科院电工所采用P3/HP1封装型式、复合功能膜电容器和高密度控制板，在600VDC供电条件下，适配峰值功率85kW驱动电机，功率密度达37kW/L（见图7c），开关频率达到20kHz以上，国内首次完成样机开发，达到国际先进水平。

近年来，国内外整车和零部件企业都开始注重电驱动系统的功能安全设计，2020年前后上市整车和零部件产品纷纷要求满足ISO26262功能安全标准。我国整车和零部件企业共同开展了基于新一代32位汽车级双核微处理器芯片，按照ISO26262功能安全标准，从整车层面进行功能安全需求分解，重新构建产品开发体系和流程，进行电机控制器硬件和软件系统开发及验证。同时，通过引入 AutoSAR 软件架构，电机控制器软件采用分层设计，在底层驱动方面与微处理器紧密关联，中间层应用基础软件模块构建实时操作系统和通信及故障诊断等功能，应用层与整车联合，共同参与电机控制软件开发及验证。基于英飞凌 TC275 芯片平台，汇川技术、北汽新能源在国内电机控制器领域首先通过功能安全流程认证；上海电驱动基于飞思卡尔 MPC5744、上海大郡/精进电动基于 TC275 也完成了功能安全设计，并先后通过了功能安全 ISO26262 ASIL－D 流程认证。

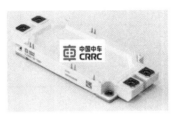

a.微电子SiC SBD芯片　　　　b.中车SiC SBD芯片及SiC MOS芯片

c.中科院电工所全SiC模块、集成膜电容器及全SiC控制器

图7　我国典型 SiC 芯片、模块及控制器

（三）电驱动总成技术进展

为进一步提升新能源汽车电驱动总成的集成度，将驱动电机、电机控制器、减速器一体化集成是电驱动总成产品的重要方向之一。采用一体化电驱动总成既节省三相交流电缆和接插件，又大幅度提升系统可靠性；同时，通过将驱动电机与减速器直接集成为通用模块化产品，一方面可以进一步降低总成体积和重量，另一方面通过集成化和精细化的匹配，可以提升电驱动总

成的 NVH 水平。

近年来，我国自主研制的应用于乘用车的电驱动一体化总成开发成功并应用于国内多种新能源乘用车进行试验验证，上海电驱动、精进电动、中车时代、汇川技术、上海大郡、巨一自动化等均开发了集成电机、控制器和减速器的一体化总成（见图 8），总成峰值功率 95～150kW，总成输出转矩3200～3900N·m，总成输出转速 1200～1500rpm。

a.电驱动三合一总成　　　　b.精进三合一总成　　　　c.巨一三合一总成

图8　国内典型纯电驱动一体化总成

在高速减速器方面，我国重庆青山、株洲欧格瑞、上海汽车变速器等已开发出了最高转速 12000rpm 的高速减速器（见图 9a），并实现了与国内驱动电机、电机控制器的一体化集成；上汽变速器开发了最高转速达到16000rpm 的高速减速器，为博世进行配套（见图 9b）。我国高速减速器（大于 12000rpm）技术和产品正在快速追赶国外先进水平。

a.青山高速减速器　　　　　b.上汽变速器高速减速器

图9　国内典型高速减速器

在插电式乘用车机电耦合总成方面，我国比亚迪、上汽、科力远、精进电动等均推出了可应用于新能源乘用车和商用车的机电耦合动力总成产品，并基于国内新能源汽车唐、宋、荣威等车型实现了量产（见图10）。

a.比亚迪HDU   b.上汽EDU总成   c.科力远CHS总成

图10　国内典型电驱动总成

（四）轮毂电驱动总成

近年来，以轮毂电动轮总成和轮边电驱动总成为代表的分布式驱动产品发展热度迅速升温。轮毂电动轮通过将驱动电机设计安装在车轮内部，输出转矩直接传输到车轮，舍弃传统的离合器、减速器、传动桥等机械传动部件，使得汽车结构大为简化；同时轮毂电动轮与集中驱动方式相比，整车控制十分灵活。但是，由于轮毂电机采用了直驱方式，转矩需求大，且受布置空间限制，电机散热是极大的挑战，特别是对于仅有轮毂电机驱动的车辆而言在全工况运行时的散热尤为关键。轮毂电机工作环境恶劣，在冲击、振动、防水、防尘、动态密封、润滑等方面较集中驱动电机要求更高，尤其是高防护等级要求对于密封件材料和性能提出了极高的可靠性要求。在整车应用方面，由于轮毂电机增加了簧下质量和电动轮转动惯量，对车辆高速时的操控性影响较大，尤其是弯道时稳定性较差；同时不同轮毂电机之间的力矩平衡与差速控制、转矩安全与协调控制等要求更高。

　　轮毂电机是新能源永磁同步驱动电机发展的重要方向，国家正加强对发展电动汽车的政策引导，我国部分高校、科研院所、车企等也加大了对轮毂电机的研发投入，纷纷研究开发轮毂电机驱动电动车。近年来，我国在轮毂电机和电动轮方面的产业并购加快，多家企业与国外厂商通过合资合作，期望快速推动分布式驱动产业发展。我国先后有浙江亚太机电与斯洛文尼亚Elaphe Propulsion 公司、浙江万安科技与 Protean Electric 公司成立合资公司生产轮毂电机和电动轮总成（分别见图11a、11b），期望通过轮毂电机与制动系统联合开发，为乘用车提供轮毂电动轮总成；湖北泰特机电全资收购荷兰 e – Traction 公司，并在天津投资制造基地，生产客车轮毂电机，电机输出转矩达到 6000N·m，峰值功率 182kW，电机质量 500kg，转矩密度达到 13.6N·m/kg（见图11c）。

　a.亚太Elaphe电动轮　　　　　b.Protean电动轮　　　　　c.泰特商用车轮毂电机

图11　典型轮毂电机

　　在轮毂电机自主开发方面，中国汽车工程研究院与上海电驱动合作，联合开发电动轮总成样机（见图12），相同功率和转矩指标的电机重量和尺寸均减少30%以上；上海电驱动研制的第二代大功率高转矩轮毂电机采用拼快式定子铁芯、超短端部绕线和双面水冷结构技术，转矩密度达到20.6N·m/kg，功率密度达到 2.1kW/kg，样机应用于奇瑞、上汽纯电动汽车，并实现了良好的动力性能。在商用车领域，深圳比亚迪、宇通客车、安凯客车先后研发并产业化轮边和轮毂电机驱动的新能源客车，在新能源客车应用方面取得了良好的效果。

图 12　上海电驱动拼快定子与两代高转矩轮毂电机

（五）48V BSG 总成技术进展

48V 混合动力系统被认为是具有高性价比的混合动力技术路线之一，对于降低燃油汽车燃料消耗率有较大贡献。48V 总成及其功能如图 13 所示。

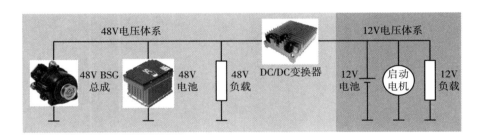

图 13　48V 系统总成电气

48V 系统主要包括三大部件：①48V BSG 电机总成：布置于皮带轮带动的传统发电机处，集成了电机逆变器，可实现发动机启动、助力和能量回收等轻度混合动力功能。②高放电倍率 48V 动力电池：用于为 BSG 提供瞬时的功率，放电倍率需达到 20～30C，电量通常为 0.3～0.5kW/h。③双向 DC/DC 变换器：用于将 48V 电压变换为 10～16V 电压，为 12V 辅助蓄电池充电；同时，在 48V 动力电池亏电时，通过 12V 向 48V 升压，辅助启动发动机。48V 总成控制策略通常集成在传统发动机控制器（ECU）中，通过对发动机和 48V 系统的精确标定，应用于我国燃油汽车后有望降低整车油耗 10%～15%。

近年来，我国 48V BSG 总成开发取得快速进展，在封装式功率模块、超薄膜电容、高效散热器等关键零部件和功率部件直焊互连的封装工艺技术方面发展迅速，并开发出了我国完全自主的 48V BSG 电机总成样机（见图 14a）。从与国外同类产品对比看，我国在 48V 系统发展方面与国外同步，样机性能与国外同类产品相当，且价格具有明显竞争优势，有望实现国产化突破。

在 48V 系统方面，除了 P0 构型，多个动力系统集成商提出了 48V P1、P2、P3、P4 等不同构型，其中包括法雷奥、德尔福 48V P1 构型、法雷奥 48V P4 电机及减速器总成（见图 14b）。相较于 48V P0 系统，这类构型对 48V 系统的输出功率、电流能力、转矩能力均提出了更高的要求，并带来了更大的节油率贡献。

a.国产48V永磁BSG总成　　　　　　b 48V P4构型电机总成

图 14　国内典型 48V BSG 总成

（六）新能源汽车电驱动系统产业链发展

2011 年，我国成立了"电动汽车电驱动系统全产业链技术创新战略联盟"（见图 15），经过七年的持续发展，成员单位从成立之初的 16 家发展到 38 家，联盟在电驱动系统高性能硅钢、磁钢、IGBT 器件、膜电容器、高速轴承、旋转变压器、接插件等关键材料和关键器件方面推出了一系列国产化产品，并成功实现了国产化替代，典型产品如图 16 所示。

为充分利用第三代宽禁带半导体器件（SiC）的禁带宽度大、击穿场强

图15　电动汽车电驱动系统全产业链技术创新战略联盟

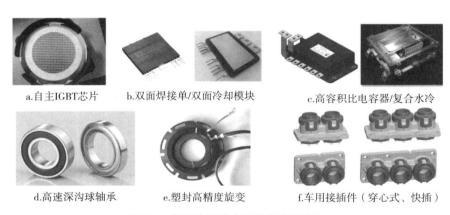

a.自主IGBT芯片　　b.双面焊接单/双面冷却模块　　c.高容积比电容器/复合水冷

d.高速深沟球轴承　　e.塑封高精度旋变　　f.车用接插件（穿心式、快插）

图16　电驱动系统产业联盟典型产品

高、饱和漂移速率高、热导率高等优点，联盟进一步整合了我国在 SiC 领域具有领先优势的科研院所，布局 SiC 器件、SiC 外延材料、SiC 模块封装；在驱动电机方面，为适合电力电子高频化发展，引入非晶材料开始在车用驱动电机进行应用试验；同时国产化低成本高速轴承、高性能绝缘材料等生产企业也进入产业联盟，联盟进一步扩展了产业链覆盖领域，推动我国电驱动系统产业链向纵深发展。

三 国外新能源汽车电驱动产业发展概况

（一）国外驱动电机技术进展

近年来，新能源汽车驱动电机本体技术发展包括电机本体技术和机电集成技术。在电机本体技术方面，为进一步提高驱动电机功率密度，通过以下技术途径实现：①绕组高密度化，通过采用高密度绕组或者 Hair－pin 绕组结构（见图 17a），可以大幅度降低绕组发热，提高绕组材料的利用率 15%～20%；②热设计与热管理多样化，通过采用高密度绕组端部冷却技术、油冷技术、油冷和水冷复合冷却技术（见图 17b），提升驱动电机的换热效率；③电机高速化，在电驱动总成输出转矩和功率不变约束下，通过提高驱动电机和减速器最高转速，可降低驱动电机转矩需求，从而降低电机体积和重量，提高功率密度水平。

a.驱动电机的高密度绕组与Hair-pin绕组结构技术

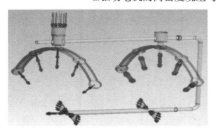

b.油冷技术及油冷电机

图17 高密度驱动电机绕组结构与冷却工艺技术

在高密度驱动电机方面，为了降低电机体积、重量和成本，大众、沃尔沃、克莱斯勒等国外汽车企业通过不断提升电机转速来降低电机体积和重量，沃尔沃与克莱斯勒电机最高转速需求达到14000rpm，大众汽车推出的模块化电驱动平台（MEB平台）电机最高达到16000rpm（见图18a）。同时，在电机定子绕组结构方面，通用第四代Volt电机依然采用Hair-pin绕组结构（见图18b），电装为丰田开发了扁导线电机用于动力总成系统（见图18c），大众MEB平台明确提出了扁导线绕组结构的要求；采用Hair-pin绕组的高速驱动电机功率密度达到3.8～4.5 kW/L。

a.大众MEB平台电机指标要求及电驱动总成

b.第四代Volt电机　　　　　　c.电装为丰田开发的扁导线电机

图18　典型高速高密度电机技术

在驱动电机铁磁材料方面，丰田、通用汽车等国外企业开始研究采用混合磁体（含铁氧体等）部分替代钕铁硼材料的可能性，并研发出样机进行验证；低含量重稀土永磁材料已经在本田雅阁等新能源汽车上实现批量应用。

（二）国外电机控制器技术发展

高功率密度是电机控制器的重要技术发展方向。通过采用电力电子集成技术，可有效减小整个系统的重量和体积，提高功率密度，降低系统的制造成本。电力电子集成技术主要分为三个不同的层次和形式：单片集成、混合集成和系统集成。国外车用电机控制器如丰田 Prius、通用 Volt、大陆等大都采用混合集成方案，模块封装与互连、高效散热是电力电子混合集成的核心。

IGBT 芯片双面焊接和系统级封装是当前国外电机控制器主流封装型式，如电装、博世、大陆等公司的集成电机控制器功率密度已达到16～25kW/L。在高效散热方面，丰田第四代 Prius、电装根据模块的冷却形式采用双面冷却结构，大陆、博世则采用单面冷却结构（见图19）。同时，为最大限度提升电力电子装置的功率密度，丰田采用了集成 Boost 电路与双 DC/AC 结构，通过升高直流电压提升了 DC/AC 部分的输出功率与效率。电力电子封装技术打破了模块封装与控制器集成装配之间的界限，采用 IGBT 定制封装模块有效地提升了电机驱动控制器集成度与功率密度水平。

a.双面焊接单面冷却　　　b.双面焊接双面冷却　　　c.双面焊接模块组件

图19　IGBT 模块封装及冷却形式

近年来，国外相继推出了应用于不同车型的电驱动控制器，日本、美国和欧洲在此领域一直处于领先地位，功率密度已达到 17～25kW/L，如图 20 所示。日本以丰田为代表，连续多年先后推出了集成度与功率不断提升的产品，集成控制器产品功率密度从 2007 年的 11.7kW/L 提升至 2018 年的 25kW/L。通用、博世、大陆等也推出了量产的集成 DC/DC 变换器的电力电子集成控制器产品，功率密度均达到 15～23kW/L。其中，博世产品主要应用于大众途锐电动汽车，大陆产品应用于奥迪 Q5 电动汽车。

a.电装应用于丰田汽车的2007~2016年PCU

b.通用电力电子总成　　　　c.大陆一代和二代电力电子总成

d.博世第一代和第二代电机控制器

图 20　国外典型封装式功率模块和高密度电机控制器

在双电机插电式混动和高功率乘用车应用领域，为持续提升车辆电能转化效率和缩短快充时间，动力电池直流电压呈现提升的趋势，从 250～450V

提升至 500~700V。在新型电机控制器拓扑方面，美国橡树岭国家试验室基于双三相半桥拓扑，采用载波移相脉宽调制算法将电容器纹波电流有效值降低 55%~70%，将进入电池的纹波电流分量降低 70%~90%，将进入电机的纹波电流分量降低 60%~80%，有效地改善了电容发热问题，抑制了电机纹波电流损耗。

在碳化硅控制器开发方面，充分利用碳化硅器件高温、高效和高频特性是实现电机控制器功率密度和效率进一步提升的关键要素。2015 年罗姆公司率先开发了沟槽栅 SiC MOS（碳化硅金属氧化物半导体场效应晶体管），开关损耗较平面栅 SiC MOS 降低 42%；2016 年英飞凌推出的 1200V/100A SiC MOS 的导通电阻降至 11mΩ；2017 年 Wolfspeed 推出了 900V/150A（10mΩ）SiC MOS 芯片，开始应用于电动汽车。在碳化硅模块封装和全碳化硅控制器方面，双面焊接平面封装结构和高温封装材料应用使模块热阻大幅度降低，600V/100A SiC MOS 模块结温可达 225℃；日本丰田、日立、电产推出全 SiC PCU（碳化硅功率控制单元，见图 21a），其中日本丰田带载 SiC PCU 的样车在工况下较带载 IGBT PCU 损耗降低 30%（见图 21b）。2017 年美国国家能源部投资 2000 万美元资助 21 个宽禁带半导体项目；法国 Yole 公司也预测，2018 年后碳化硅器件将开始应用于电动汽车大功率电机驱动和大功率充电领域。

特斯拉（Tesla）是全球第一家在产品车型中集成全 SiC 功率模块的车企，全 SiC 逆变器由 24 个 SiC 功率模块组成，安装在针翅式散热器上，如图 22 所示。在 SiC 器件及功率组件的连接上，激光焊接的工艺将 SiC MOSFET 与铜母线相连，大大提升了连接的可靠性。

（三）国外电驱动总成技术发展

在乘用车电驱动总成方面，以大陆、麦格纳、吉凯恩、西门子等为代表的电驱动系统集成商推出了电驱动一体化总成产品，包括电力电子与驱动电机及减速器总成，逐步成为乘用车驱动系统主要应用类型。其中，博格华纳、吉凯恩、欧瑞康、格特拉克等国外变速器企业均推出了高速单级

a.日立及电产全SiC控制器

b.丰田公司全SiC PCU及其试验样车

图 21　国外全 SiC 电机控制器

图 22　特斯拉 SiC 功率模块及激光焊接模块

减速器或高速两挡变速器产品（见图 23a），最高转速达到 14000rpm 以上；以博世、吉凯恩为代表提出了应用于乘用车的电驱动桥产品（见图 23b），输出转矩覆盖 3000～6000N·m。在电驱动底盘平台方面，以大众 MEB 平台为代表，输出功率达到 160～180kW，峰值转速达到 16000rpm 以上，具有较高的集成度；在商用车方面，以采埃孚为代表推出了应用于商用车的电驱动桥方案，如图 23c 所示。

a.麦格纳、吉凯恩电驱动总成

b.博世、吉凯恩电驱动桥总成

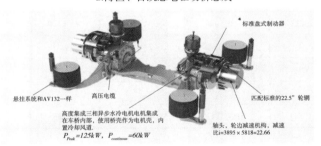

c.采埃孚商用车电驱动桥

图23 国外典型电驱动总成

在轮毂电动轮总成方面，国外报告了 Fraunhofer、Protean、Elpha、Enstrol Ermax 等多种电动轮集成方式，均采用水冷结构，部分样机集成了电力电子控制器模块，具有高转矩密度和集成度，如表3所示。

48 V BSG 集成一体化总成因具有较高的性价比，受到国外多个动力总成集成商的关注，如大陆、博世、法雷奥、马瑞利、韩国 LG 等已经推出了 48 V BSG 样机，包括混合励磁爪极电机、永磁同步电机和交流异步电机等多种形式（见图24），冷却方式有水冷和风冷两大类。同时，

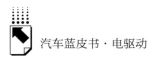
大陆、博世、法雷奥均具有 48V 系统集成能力（BSG + 电池 + DC/DC），已经实现了装车测试和小批量试制，所报道的燃油效率提升幅度最高达12% ~ 15%。

表3　国外典型轮毂电动轮总成技术参数表

项目	Fraunhofer 轮毂电机	Protean 轮毂电机	Elpha 轮毂电机	Enstrol Ermax 电机
典型轮毂电动轮总成				
电机重量（kg）	42	36	25.2	12.3
峰值转矩（N·m）	700	1250	700	240
峰值功率（kW）	72	75	60	80
转矩密度（N·m/kg）	16.7	34.7	27.8	19.5
功率密度（kW/kg）	1.71	2.08	2.38	6.50
直流电压（V）	≥400	≥400	300	450
冷却方式	水冷	水冷	水冷	水冷
结构形式	集成 IPU	集成 IPU	集成制动系统	高速 5000rpm

Nominal power: 4~6kW
Peak power: 10~12kW
Peak torque: 50~55N·m

Nominal power: 5~6kW
Peak power: 12~15kW
Peak torque: 50~55N·m

Nominal power: 4~5kW
Peak power: 11~12kW
Peak torque: 56N·m

图 24　国外典型 48V BSG 电机一体化总成

四 我国新能源汽车电驱动产业发展综合评述及发展建议

（一）我国电驱动系统技术发展与国外水平的综合评述

与国外先进的新能源汽车电驱动系统相比，对我国新能源汽车电驱动系统发展水平综合评述如下。

（1）我国驱动电机在功率密度、转速、效率等关键技术指标上与国外相当，在扁导线制造工艺方面有一定积累，驱动电机发展以不断提高材料利用率、增强电机与整车工况效率匹配以及提升电机品质和降低成本为主要方向，同时需要关注低重稀土永磁材料、耐电晕耐高温绝缘材料、高强度高热导耐高温绝缘骨架、直接油冷电机材料的兼容性与高导磁低损耗材料替代应用问题。

（2）在电机控制器方面，技术方向是更高功率密度和效率，双面焊接与单面/双面冷却是电机控制器主流封装工艺技术。我国如上海道之、中车时代电动等的 IGBT 功率模块封装、控制器系统级工程化集成能力提升很快，近两年有望实现量产。涉及电力电子晶圆和芯片以及相关集成电路等的材料、技术和工艺、产品有待加强，在国产 IGBT 晶圆应用方面我国正在加速推进。

（3）在 SiC 芯片和模块方面，高温、高可靠性封装技术是碳化硅模块封装的主流，全碳化硅控制器具有高温、高效和高频优势，国外已经在加快 SiC 器件在汽车中的应用，我国浙江大学、中电集团 55 所、中车时代电动、中科院上海微系统所等从 2018 年开始逐步加快应用探索及验证。

（4）电驱动一体化总成是乘用车领域一个明确的产品发展方向，我国与国外基本同步。我国有多个企业推出了电驱动总成产品，上海汽车变速器研发了 16000rpm 高速减速器样机。我国需要加快自主高速减速器及其轴承、齿轮等配套关键零部件的开发，并强化电机和减速器的深度集成。

（5）轮毂电动轮依然是新能源汽车行业发展的热点之一，轮毂电机集

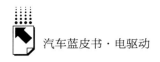
成、安全与控制问题仍是瓶颈，需持续关注和增加研究投入。轮毂电机在商用车和特种车辆上的应用已经开始起步，但轮毂电机在高速乘用车上的应用仍需要较长时间。

（6）我国 48V BSG 总成水平与国外相当，在 48V BSG、DC/DC 变换器和 48V 动力电池等关键零部件领域已经形成产业化能力。我国在 48V 系统集成能力（集成动力电池、BSG、DC/DC）方面需要进一步联合国内优势资源进行开发。

（7）我国电驱动系统产业联盟持续发展，联盟产品涵盖了硅钢、磁钢、绝缘材料、高速轴承、IGBT 器件、碳化硅器件、膜电容器、传感器、集成芯片等关键上游材料和器件。联盟在高密度电机控制器、全碳化硅电机控制器、高密度驱动电机、电驱动总成等方面取得进展，在核心零部件方面推动研发与验证，有望进一步提升我国零部件自主竞争力。

（二）我国新能源汽车产业发展面临的调整及发展建议

1. 持续降成本依然是驱动电机产业面临的主要挑战

近年来，国家补贴政策持续退坡，整车单位对驱动电机企业提出了更低的目标价格要求，特别在商用车领域，新进电机企业出现了非理性的价格竞争。同时，钢材、铜材、稀土等原材料价格出现了较大的波动，国际功率半导体器件存在一定程度的供货紧张。这些综合因素使得我国主要驱动电机企业的利润均出现了大幅度降低。如何持续提升产品性能且保持国际先进、持续降低产品成本依然是我国驱动电机企业需要解决的主要问题。

对于电驱动研发与生产企业，提出以下建议：一是通过持续技术攻关与工艺突破，提升原材料利用率和产品技术水平，降低电机及控制器材料成本。二是加快我国自主材料和器件应用验证，特别在功率半导体领域，营造一个鼓励国产 IGBT 器件制造商自主开发汽车用产品的环境，呼吁我国整车企业给国内功率器件更多装车验证和示范应用机会，设立机制鼓励整车厂指导并为国产 IGBT 的应用创造条件；同时，通过加快验证和技术迭代，增强我国电驱动系统的抗风险和自主创新能力。三是通过产品的平台化和通用化，提升单个产品的产能，降低制造和管理成本；针对细分市场和产品，持续增加研发和制造投资，开发有竞争优势高性价比产品。

2. 多种形式的合资合作将推动驱动电机产业发展

2019 年即将实施的双积分政策和 2020 年油耗法规限值政策促使我国本土整车企业和合资企业均加快了在新能源汽车产业的布局，由于驱动电机是新能源汽车的核心关键零部件，我国驱动电机企业将获得更多的发展契机。同时，整车企业将持续加大在新能源汽车驱动电机方面的投入，通过提升自主设计和制造能力或者合资合作方式来实现对驱动电机产品的掌控；随着国家放开对合资企业股比限制，更多的国外整车企业、动力总成或驱动电机企业将通过合资合作方式进入中国，我国新能源汽车市场多样化将更加明显，产业和资源的竞争会继续加剧。

建议重点做好补贴退坡策略及政策的延续性，一方面注重补贴资金的延续和递减的合理性，并注重不同地区的特征和发展差异。同时制定有效的中长期保障措施，降低企业压力，减少市场冲击和波动。另一方面，国家补贴政策应由整车向核心零部件转移，核心零部件产业更需要培育和扶持，以更好地保证整个产业链的协同发展。

产 业 篇

Industry Development Reports

B.2
新能源汽车永磁同步驱动
电机产业发展报告

高 鹏 赵晓晓 徐煜昊*

摘　要：　本文从市场总体情况、技术现状以及发展趋势三个方面梳理
和分析新能源汽车永磁同步驱动电机的现状与发展建议。总
体来说，2018 年新能源汽车永磁同步驱动电机装车比例大幅
提升，在新能源汽车装车比例方面，永磁同步电机占有率已
从 77% 提升至 90%。新补贴政策的出台会进一步推动电机功
率密度、效率的提高。国内永磁同步电机企业的布局呈现整
合趋势，以大洋电机、松正等企业为例，均采取收购合作方
式实现资本与产能的扩充与提高。从新能源汽车永磁同步驱

* 高鹏，天津大学电气自动化与信息工程学院讲师；赵晓晓，博士，天津远科科技发展有限公
司总工程师；徐煜昊，博士，天津远科科技发展有限公司市场总监。

动电机的分类来看，集中驱动的永磁电机是主流，轮毂电机、BSG 以及 ISG 电机等技术方案仍在进一步发展。在市场和政策的压力下，未来仍需要企业和科研机构研发功率密度更高或者技术方案更优的永磁电机。未来的市场呈现两种趋势，产业集中与整车企业主导，即未来永磁同步电机产业会出现规模更大的兼并重组，企业实现资源优势共享，形成产业集群；而整车企业纷纷投入电机的设计、生产与制造，从而获得更高的主导权。

关键词： 集中驱动　整车企业主导　永磁同步电机

一　新能源汽车永磁同步驱动电机的总体情况

驱动电机是新能源汽车动力系统的核心部件，新能源汽车行业的发展推动着驱动电机产业的快速进步。驱动电机从技术类型的角度大致可分为三大类：永磁同步电机、交流异步电机和其他类型电机。永磁同步电机由于效率高、功率密度高和体积小等优点占据国内市场最大份额。2018 年，我国新能源汽车电机装机车辆中，永磁同步电机装机占比已达 91.4%，主要应用在乘用车领域，交流异步电机和其他类型电机装机量占比不到 10%。[①] 前瞻产业研究院发布的《2019～2023 年中国电动汽车用电机行业发展前景与投资预测分析报告》对 2017 年和 2018 年上半年电动汽车销量排名前十的汽车车型及所用电机情况进行统计，从总体看永磁同步电机是目前电动汽车应用最为广泛的电机类型。除了北汽 EC 系列车型使用交流异步电机外，其余电

---

① 《2019 年中国新能源汽车电机行业调研》，搜狐网，2019 年 1 月 25 日。

动汽车均使用永磁同步电机。[1] 2018 年中国汽车工业协会、中国稀土行业协会组织新能源汽车驱动电机用稀土永磁材料上下游合作机制成立大会，机制的建立有利于打通新能源整车、驱动电机和稀土永磁材料等产业间发展的梗阻，实现全产业链互利共赢。[2] 从政策和技术两个层面来说，永磁同步驱动电机将迎来发展机遇期，成为未来市场竞争的重点。

现阶段我国新能源汽车永磁同步驱动电机领域产业以中东部沿海地区分布较为密集，市场参与者主要有三类：以比亚迪等为代表的具有传统整车及其零部件生产经验的汽车企业，以大洋电机、方正电机等为代表的具有其他领域电机生产经验的企业，以精进电动、上海电驱动等为代表的专门针对新能源汽车成立的电机企业。由于电机与整车开发设计密切相关，第一类企业具有先天开发优势。第二类企业在电机本体的批量化生产上具有独特优势。第三类企业针对性很强，具有永磁同步驱动电机整体设计研发上的优势。[3] 随着新能源汽车产业规模化进程的加深，为加强竞争优势，永磁同步驱动电机生产企业的产业布局出现整合趋势，如大洋电机收购上海电驱动、方正电机收购德沃仕等，通过并购实现强强联合。而越来越多的整车企业投入永磁同步驱动电机的研发生产中，为自身整车厂提供驱动电机配套，从而在市场竞争中获得更高的主导权。

根据驱动电机应用需求以及设计特点，永磁同步驱动电机主要可以分为集中驱动电机、ISG 电机（Integrated Starter/Generator，集成起动/发电一体化电机）、BSG 电机（Belt – driven Starter/Generator，皮带传动起动/发电一体化电机）和轮毂电机四种。其中轮毂电机可分为减速驱动轮毂电机（又称为轮边电机）和直接驱动轮毂电机。国内主流新能源汽车永磁同步驱动电机生产企业的技术路线如表 1 所示。

---

[1] 前瞻产业研究院：《2018 年电动汽车用电机行业市场现状与发展前景分析，永磁同步电机应用广》，https：//www. qianzhan. com/analyst/detail/220/181225 – 9b54d9e4. html。

[2] 原材料工业司：《新能源汽车驱动电机用稀土永磁材料上下游合作机制成立大会在北京举行》，http：//www. miit. gov. cn/n1146290/n1146402/n1146440/c6006772/content. html，2018 年 1 月 8 日。

[3] 《2017 年我国驱动电机企业市场竞争格局现状分析》，中国报告网，2017 年 10 月 18 日。

表1　国内新能源汽车永磁同步驱动电机主要生产企业技术路线

电机类型	企业名称	主要应用领域
集中驱动电机	精进电动、大洋电机、上海电驱动、华域汽车、上海大郡、创驱新能源、深圳大地和、比亚迪、安徽巨一、微特利、德沃仕、方正电机、南车时代、天津松正、江特电机、天元电机、大连电机	纯电动汽车、混合动力汽车
ISG电机	精进电动、上海电驱动、上海大郡、安徽巨一、天津松正、江特电机	混合动力汽车
BSG电机	上海电驱动、比亚迪、天津松正	混合动力汽车
轮毂电机	比亚迪、泰特机电、亚太机电	纯电动汽车

　　新能源汽车永磁同步驱动电机的应用形式多样，不同新能源汽车类型领域中配套不同电机类型。目前在纯电动汽车应用方面，集中驱动电机是主流，但是轮毂电机正在发展且应用于纯电动汽车驱动系统是必然趋势。混合动力汽车应用ISG电机、BSG电机或集中驱动电机与发动机相配合的混合动力驱动系统。

　　集中驱动电机在新能源汽车中的应用已经走向商业化。集中驱动系统操作实现技术成熟、安全可靠，在技术上具有一定的继承性，实现难度小。目前市面70%～80%的车辆会采用这种技术。目前国内研究新能源汽车大型永磁同步驱动电机的车企均采用集中驱动的方式，以精进电动为例，其生产的90～140kW永磁同步电机和商用130～220kW电动汽车电机均采用集中驱动的方式。

　　混合动力汽车被认为是传统燃油车向纯电动汽车过渡的产品，ISG电机和BSG电机主要应用于混合动力汽车，对原有发动机系统改动较小，可以实现起/停、发电及制动能量回收，以及辅助驱动汽车运行。目前车企常选择的混合动力方案包括ISG电机或BSG电机与一台集中驱动电机结合的混合动力系统。

　　轮毂电机是新能源永磁同步驱动电机发展的重要方向，国家正加强对发展电动汽车的政策引导，我国部分高校、科研院所、车企等也加大了对轮毂电机的研发投入，纷纷研究开发轮毂电机驱动电动车。国内采用轮毂电机驱动的新能源汽车典型企业为比亚迪。比亚迪已成功研发装载轮毂电机（轮边电机）于客车上。但轮毂电机目前存在集成优化设计难度大、功率密度性能要求高等问题，相对于发展成熟的集中驱动永磁电机，轮毂电机才刚刚进入产业化初始阶段。目前轮毂电机装机量在国内占比很小，行业占比还不到10%，轮毂电机市场化面临较多难题。目前，我国较多企业正通过并购入股的方式引入国外先进技术，从而加速发展轮毂电机产业。

国家"十三五"新能源汽车重点研发计划到2020年新能源汽车驱动电机峰值功率密度达到4kW/kg，连续功率密度达到2.2kW/kg。在要达到目标值的情况下，显然国内驱动电机在功率方面基本已达到国际水平，但是在相同功率等级下重量处于下风，因此国内驱动电机功率密度水平与国际先进水平仍存在一定距离。目前，只有国内新能源汽车驱动电机顶尖生产企业的永磁同步电机产品可以接近甚至超过"十三五"的目标值，其他大多电机生产企业的永磁同步驱动电机功率密度处于1~2kW/kg，还有低于1kW/kg的驱动电机产品，与2020年的4kW/kg相距甚远。在电机效率方面，国内电机的最高效率为94%~97%，已达到较高国际水平。但是在高效区方面，国内永磁同步驱动电机的水平与国外电机企业并驾齐驱。

二　新能源汽车永磁同步驱动电机的技术发展

（一）新能源汽车永磁同步驱动电机技术现状

1. 高速、高功率密度、低成本是国外永磁同步驱动电机的重点研究方向

为了进一步提高永磁同步驱动电机的功率密度，目前国外主要的技术路线有：第一条技术路线是通过优化电机的扁导线绕组进一步提高电机的槽满率，以提升电机的转矩和功率密度；第二条技术路线是研究性价比更高的永磁材料；第三条技术路线是改善电机的冷却散热效果。

在扁导线工艺方面，发卡绕组和扁导线已经成为行业普遍的电机技术路线，丰田、大众，以及最早提出此技术的通用均将此技术应用于其产品上。

采用扁导线可以将电机的功率提高 20% 左右。

而在永磁材料研究方面，主要分为两个方向：一个是性能更好的稀土材料，追求更高的磁能积；另一个是更便宜的永磁材料，追求轻稀土、无稀土化。美国能源部的 Ames 实验室一直致力于改善永磁技术，采用此种技术的永磁材料可以大幅度地提高材料的磁能积，但是成型工艺和磁温度系数仍在持续改善过程中。另外，无稀土永磁材料的研究以铝镍钴材料为代表，主要的优点是材料成本是钕铁硼材料的 1/3、有更宽的工作温度范围，但是矫顽力小、容易退磁。UQM 的工程在致力于优化铝镍钴永磁体的磁极结构研究，避免退磁。

在冷却散热方面，绕组端部灌封是国内外常采用的高效冷却散热技术，如图 1 所示，使电机在保证绝缘的同时改善绕组散热问题。

德国西门子公司综合应用扁铜线成型绕组技术、绕组直接冷却技术、Halbach 磁极优化设计技术、绕组端部灌封技术和高饱和磁密软磁材料应用技术，成功开发了超高功率密度的双三相绕组永磁同步电机，持续功率密度达到 5kW/kg（261kW@2500rpm）。

另外，特殊的电磁结构也是优化电机的主要途径，如图 2 所示为多层磁钢结构。

图 1　绕组端部灌封技术

2. 我国新能源汽车永磁同步驱动电机的主要指标正在赶超世界先进水平

在《节能与新能源汽车产业发展规划（2012～2020 年）》和《中国制

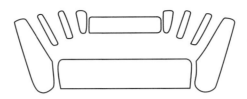

图 2　多层磁钢结构

造 2025》等指导下，新能源汽车产销规模不断扩大，作为核心零部件和关键上游产业，电机产品实现了突破性增长。我国自主开发的永磁同步电机和交流异步电机已经实现了产业配套，系列化产品的功率范围满足了 200kW 以下新能源汽车用电机动力需求，系列化和市场应用程度走在世界前列。

美国 2016 年的目标是在系统功率密度大于 3.5kW/kg 的条件下，电机驱动系统的成本低于 12 美元/kW，而到 2020 年，电机驱动系统的成本目标是低于 8 美元/kW，而相应的系统功率密度指标是 4kW/kg。

我国 2016 年电机的功率密度要求为 2.7kW/kg，而相应的乘用车的电机驱动系统成本为 200 元/kW、商用车的成本为 300 元/kW。而到 2020 年，我国电机驱动系统产品的目标是乘用车成本为 150 元/kW、商用车成本为 240 元/kW，而相应的电机功率为 3.2kW/kg。

在电机功率密度的优化方面，国内永磁同步电机企业通过不断提高电机转速来提高电机的功率密度。

目前国内大部分永磁同步电机的峰值转速在 10000r/min 左右，顶尖驱动电机生产企业最高转速可达 13000~14000r/min，已经达到国际先进水平，下一代驱动电机最高转速要达到 16000r/min。

在永磁同步电机的材料使用上，为提高功率密度选用高导磁、低损耗等高性能薄片铁磁材料与剩磁、矫顽力和最大磁能积较大等高性能永磁材料。

在新能源汽车永磁同步驱动电机的冷却方式上已经从自然冷却逐步发展为水冷，目前国内电机企业以水冷为主，国际先进的电机企业已经发展到油冷电机，国内部分电机企业也研发油冷电机，油冷技术可使驱动电机转矩密度和功率密度进一步提升。

表 2 列示了代表国内先进水平的典型新能源汽车永磁同步驱动电机技术指标，可以得出上海电驱动和精进电动的这两款驱动电机产品峰值效率很高，为 97%，精进电动功率密度已经超过 4kW/kg，同时两款驱动电机的最高转速均很高。以精进电动驱动电机为例，其最高转速达到 14000r/min，采用扁导线绕组工艺、独特的油冷方式提升冷却效率、电驱动一体化集成技术，使得驱动电机达到高效率、高功率密度，可与国际先进水平相匹敌。

表 2　国内典型驱动电机技术指标

项目	峰值功率（kW）	最高转速（r/min）	峰值转矩（N·m）	峰值效率（%）	功率密度（kW/kg）	冷却方式
上海电驱动	160	14000	300	97	3.82	水冷
精进电动	130	13200	315	97	4.56	油冷

（二）新能源汽车永磁同步驱动电机上下游产业支撑

永磁同步电机的主要材料及部件包括永磁体、电工钢和高速轴承、绝缘材料、定子绕组等。

1. 永磁体

目前，新能源汽车驱动电机产品的永磁磁钢材料是以钕铁硼为主的稀土永磁材料。根据生产工艺不同，钕铁硼永磁材料可分为烧结、粘结和热压三种，从生产工艺、专利壁垒以及制作成本方面考虑，国内大部分钕铁硼磁钢制造商生产烧结钕铁硼磁钢。新能源汽车驱动电机用高性能烧结钕铁硼永磁材料的内禀矫顽力一般为 20~30kOe，磁体的牌号为 38UH 和 35EH 等，[①] 而国家高新技术产品目录规定，此材料属于我国重点鼓励和支持发展的高新技术产品，在行业内称为高性能钕铁硼永磁材料。截至 2018 年，我国高性能

---

① 胡志华：《高性能烧结钕铁硼永磁材料及其新能源汽车驱动电机中的应用》，《湖北汽车工业学院学报》2013 年第 4 期。

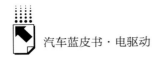

钕铁硼永磁材料产量占全球产量的60%。

国外钕铁硼永磁材料制造商主要集中在日本和欧洲，包括日立金属、TDK等企业。而国内永磁材料制造商主要是宁波韵升、正海磁材、中科三环、包钢稀土等企业。其中，宁波韵升通过上海电驱动涉足新能源汽车行业的核心，而正海磁材也通过并购大郡成功切入新能源汽车行业。随着永磁材料产量的扩大以及生产工艺的提高，永磁电机的成本在不断下降。

2. 电工钢

新能源汽车永磁驱动电机采用的电工钢的主要特点：首先，在中低磁场下具备高磁感，从而提高电机的转矩；其次，在高频下具备低铁损的特点；最后，高强度冲片和长的疲劳寿命。因此电机所用的电工钢片通常采用低碳、高硅的方案，还可加入铝含量来降低铁损。

国外电工钢企业主要集中在日本，新日铁、JFE和住友金属是其中的优秀企业。日本住友电工生产的0.27mm厚电工钢带已在混合动力驱动电机上应用。

国内无取向电工钢的主要生产企业有武钢、宝钢以及太原钢铁等。其中，宝钢集团在"863"课题支持下，从2008年起开展了电动汽车驱动电机用电工钢带研发，我国车用驱动电机系统将有望采用国产的高效电工钢带。

虽然从性能上，国内的无取向电工钢已经赶上和超过日本企业的水平，但是日本驱动电机配套的无取向硅钢片已经实现工业化生产，而我国企业生产的无取向电工钢仍需要在一致性、可靠性以及生产工艺上开展更深入的研究。

3. 高速轴承

新能源汽车轴承的要求是具有低起动力矩、高速和急变速、长寿命和高可靠性等综合性能，为此，人本轴承等国内主要轴承企业针对性地开发了精度高、离心力小、摩擦低的新能源汽车驱动电机专用轴承，且解决了在高速高温条件下的发热和润滑的难题。

但是，从可靠性和工业化的角度，我国轴承的水平与国外相比差距仍较大。目前国内新能源汽车驱动电机采用的轴承绝大多数是进口轴承，主要的产品品牌有 NSK、SKF 等。

此外，在定子绕组方面，国内已经跟上国外的步伐将扁铜导线和发卡绕组作为主要的技术方案应用于电机产品上，精进、华域、松正等新能源汽车电机企业已经有成熟的产品应用于新能源汽车上，并经过了大量的市场验证。

在绝缘材料方面，国内的新能源汽车驱动电机企业绝大部分靠进口。

图3　扁导线绕组

三　新能源汽车永磁同步驱动电机的趋势

（一）新能源汽车永磁同步驱动电机技术发展趋势

从目前新能源汽车驱动电机技术发展趋势来看，随着电力电子技术、大规模集成电路和计算机技术的快速发展，永磁同步驱动电机将迎来一个更为快速发展的时期，朝着高功率密度、高转矩密度、高可控性、高效率、高性能、高价格比等方向发展，以满足新能源汽车不同应用场合的实际需求。采用新型的材料、先进的绕组制造工艺、冷却散热技术已成为提升功率和转矩密度以及效率的主要手段。此外，不断提高材料利用率、驱动电机的设计精度、工艺制造水平、产品质量和降低成本成为新能源汽车用永磁驱动电机主要的发展方向。①

（1）在驱动电机材料方面，受永磁材料成本不稳定性及温度稳定性差、不可逆损失等缺点限制永磁同步电机性能的进一步提升，为此，选用更高牌号的永磁体材料，以提升耐热、磁能积等各方面性能。② 除此之外，开发研制新型高导磁低铁耗的高性能硅钢片材料，开展考虑材料加工、装配与运行过程中性能变坏规律等可行性研究，加快实现样机研发验证，实现批量应用。

（2）在驱动电机设计方面，为实现高速、高转矩密度的技术路线，各厂商需根据磁阻转矩、弱磁特性、特征电流等对永磁体结构进行优化设计生产。合理设计发卡绕组及集中绕组有效降低端部绕组、提高槽满率，通过优化齿型改善绝缘结构等技术解决转矩脉动大的问题。采用绕组端部的喷淋技术，通过合理设计喇叭状喷淋头将冷却液直接喷淋在定子绕组端部上，瞬间带走大量热量。

（3）在加工工艺制造方面，突破薄钢制造技术，以实现定、转子高导磁低损耗，提高硅钢材料利用率。通过持续技术攻关与先进的绕线工艺，配合优良灌封工艺，提高发卡绕组及扁导线绝缘、焊接一致性及制作自动化程度。此外，采用定子分段等先进的嵌线工艺提高槽满率和铁芯利用率，降低铁耗并增加散热能力，进一步提高转矩密度。

（二）新能源汽车永磁同步驱动电机产业发展趋势

从目前新能源汽车永磁同步驱动电机产业发展趋势来看，受产业链上游钢材、铜材及稀土永磁材料等原材料价格波动影响，成本问题仍是限制永磁

---

① 厚势：《新能源汽车驱动电机发展现状及趋势分析》，https://www.d1ev.com/news/jishu/72637，2018 年 7 月 19 日。
② 《2018 年中国新能源汽车永磁同步电机行业发展现状及产业链：永磁路线是市场主流 稀土永磁材料需求广阔》，中国报告网，2018 年 6 月 23 日。

同步电机发展的一大难题。根据相关数据统计，电机的主要组成材料为稀土材料。永磁同步电机中，硅钢片占了约40%的成本，永磁体占24%左右的成本，原材料成本占电机总成本的93%。因此，新能源汽车电机成本受上游原材料价格变化的影响较大。[①]

（1）在降低成本方面，设计新型结构工艺，提升原材料利用率，提高制造水平；增强研发能力，加快产品化开发并实现器件应用验证；增加制造投资，实现高效率批量化生产，兼顾电机各项性能及整体效率，生产具有竞争优势的高性价比产品。

（2）在新能源汽车市场方面，随着车用永磁同步电机市场空间的进一步扩大、供应链的不断完善，新能源汽车永磁同步电机行业标准是亟须制定和完善的重要依据。新能源汽车驱动系统电机和控制器需要高效匹配，且两类产业电机制造偏重资产，控制器属于轻资产，具有一定互补性，因此，电机、控制器的相互合作并购、产业联盟就越来越常见，产业界限逐渐模糊，这种趋势带来的另一后果就是动力系统集成化。从汽车应用的角度，让整车企业与电机厂商共同携手研制满足新能源汽车需求的专用电机。

四 总结

2018年，新能源汽车永磁同步驱动电机的永磁化趋势越来越明显，不同的应用场景和工况要求也使得永磁同步驱动电机的技术方案和应用形式百花齐放。在国家新能源汽车以及智能制造等政策的推动和引导下，企业布局新能源汽车永磁同步驱动电机市场，竞争愈发激烈，在资本的推动下，相信新能源汽车永磁同步驱动电机的市场将更加广阔。

在技术方面，无论是关键技术指标还是生产工艺，国内与国外相比差距都在进一步缩小，甚至在一些关键指标方面，我国已经赶上并超过国外水

---

① 《2019～2025年中国永磁同步电机行业发展研究分析与市场前景预测报告》，中国产业调研网，2018年7月7日。

平。但是在永磁材料、电工钢等上游材料的工业化加工、批量制造方面，我国还与国外有一定的差距，这也影响了我国新能源汽车永磁同步驱动电机的进一步快速发展。

未来，通过不断提高材料利用率、驱动电机的设计精度和工艺制造水平、产品质量以及降低成本，推动永磁同步驱动电机产业不断升级，提升供应链与产品集成水平，新能源汽车永磁同步驱动电机将会百尺竿头、更进一步。

参考文献

［1］《2018 年新能源汽车产销均超 125 万辆，同比增长 60%》，第一汽车网，2019 年 1 月 14 日。

［2］《2019 年中国新能源汽车电机行业调研》，搜狐网，2019 年 1 月 25 日。

［3］前瞻产业研究院：《2018 年电动汽车用电机行业市场现状与发展前景分析，永磁同步电机应用广》，https：//www. qianzhan. com/analyst/detail/220/181225 - 9b54d9e4. html。

［4］原材料工业司：《新能源汽车驱动电机用稀土永磁材料上下游合作机制成立大会在北京举行》，http：//www. miit. gov. cn/n1146290/n1146402/n1146440/c6006772/content. html，2018 年 1 月 8 日。

［5］《2017 年我国驱动电机企业市场竞争格局现状分析》，中国报告网，2017 年 10 月 18 日。

［6］胡志华：《高性能烧结钕铁硼永磁材料及其新能源汽车驱动电机中的应用》，《湖北汽车工业学院学报》2013 年第 4 期。

［7］厚势：《新能源汽车驱动电机发展现状及趋势分析》，https：//www. d1ev. com/news/jishu/72637，2018 年 7 月 19 日。

［8］《2018 年中国新能源汽车永磁同步电机行业发展现状及产业链：永磁路线是市场主流 稀土永磁材料需求广阔》，中国报告网，2018 年 6 月 23 日。

［9］《2019～2025 年中国永磁同步电机行业发展研究分析与市场前景预测报告》，中国产业调研网，2018 年 7 月 7 日。

B.3
新能源汽车驱动系统
控制器产业发展报告

徐性怡　王俊文　赵丽娜*

摘　要： 本报告围绕电驱动系统及控制器，从国内外市场发展环境和竞争格局出发，阐述并展示了目前我国新能源汽车电驱动系统及控制器总体发展现状，分析了当前电驱动系统产业链面临的机会与挑战，以电力电子技术为重点，提供了电驱动控制器产品的应用状况及技术发展趋势。此外，本报告通过对多家供应商企业的调研与访谈，将行业热点问题与建议进行了汇总，以期推动新能源汽车电驱动系统行业的健康发展。

关键词： 电驱动系统　电力电子　控制器　IGBT　芯片　产业链

一　新能源汽车发展环境

受能源供应和环境保护的影响，汽车动力系统电气化成为不可逆转的趋势。在未来几十年里，传统内燃机汽车的规模将不断萎缩，而混合动力（HEV）、插电混动（PHEV）、纯电驱动（EV 及 REEV）和燃料电池（FCEV）等电气化动力汽车将持续快速增长（见图 1）。① 在战略、资金、技术的带领下，国内外新能源汽车市场风起云涌，进入高速发展快车道。

---

* 徐性怡，博士，上海大郡动力控制技术有限公司创始人，曾任"十五""863"计划电动汽车重大专项专家；王俊文，供职于上海大郡动力控制技术有限公司战略发展部；赵丽娜，供职于上海大郡动力控制技术有限公司战略发展部。
① IHS Markit，From Engine to Electrification.

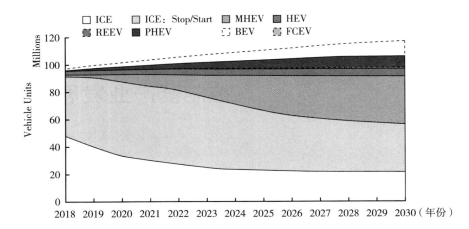

图1 动力系统电气化的市场趋势

在过去几年中，全球新能源汽车市场快速成长。2017年，全球新能源汽车总销量超过117万辆，累计销售突破300万辆。其中纯电动汽车占比64%。2018年全球主要国家新能源汽车销量达200万辆（见图2），同比增长65%。其中，纯电动汽车占比为69%。①

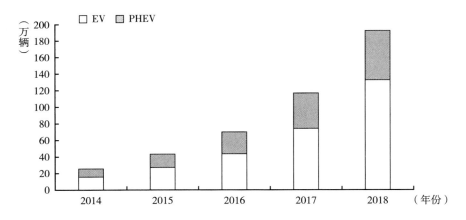

图2 全球主要国家新能源汽车销量

资料来源：MarkLines汽车信息平台。

① 数据源自MarkLines汽车信息平台。

在政府一系列政策引导和激励下，中国的新能源汽车在过去五年中飞速发展，中国已经成为世界第一大新能源汽车市场（见图3）。①

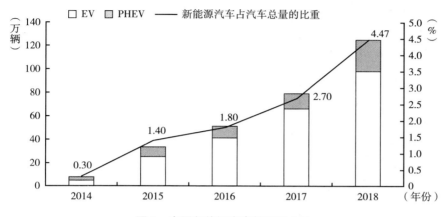

图3　中国新能源汽车销量及占比

资料来源：根据中国汽车工业协会数据整理。

展望未来，中国新能源汽车仍将保持快速增长。根据《节能与新能源汽车产业发展规划（2012～2020年）》，到2020年，纯电动汽车和插电式混合动力汽车销量将达200万辆，累计销量超过500万辆。② 根据《节能与新能源汽车技术路线图》，到2020年，新能源汽车销量占汽车总销量的7%以上；到2025年，新能源汽车销量占比达到15%以上；到2030年，新能源汽车销量占比达到40%以上（见图4）。③

新能源汽车主流应用包括乘用车、商用客车和物流车三大类。在中国，新能源客车经过近几年的快速发展，成长趋缓，且总量有限（约十万量级的市场）；新能源物流车拥有百万量级的市场，正处于启动/快速成长期，近中期的成长性可观；而新能源乘用车拥有千万量级的市场，是新能源汽车的主力市场，且具有中长期快速、持续成长的空间（见图5）。

① 数据源自中国汽车工业协会公布资料。
② 国务院：《节能与新能源汽车产业发展规划（2012～2020年）》，2012。
③ 节能与新能源汽车技术路线图战略咨询委员会、中国汽车工程学会：《节能与新能源汽车技术路线图》，2018。

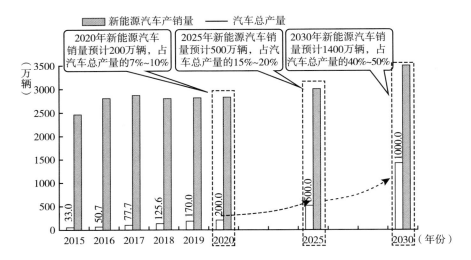

图4 中国新能源汽车市场走势

资料来源：根据中汽协销量数据和国家规划整理。

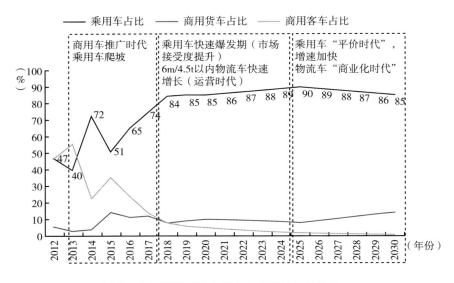

图5 中国新能源汽车细分市场的比例和趋势

在中国新能源乘用车市场中，绝大多数是纯电动 EV 产品。这一方面是因为国家政策的鼓励，另一方面是因为纯电动汽车结构简单，比 PHEV

更容易推出产品。然而，由于受电池技术的制约，以及由充电设施和充电时间的限制所带来的里程焦虑，在有选择的场合，中国的消费者仍然会优先考虑选择 PHEV。例如，在 PHEV 和 EV 同样享受补贴政策的深圳和上海市场，2018 年上海 PHEV 销量占比超过 60%，深圳 PHEV 销量超过 EV（见图 6、图 7）。①

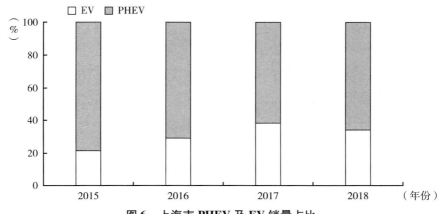

图 6　上海市 PHEV 及 EV 销量占比

资料来源：根据中国保监会保险数据整理。

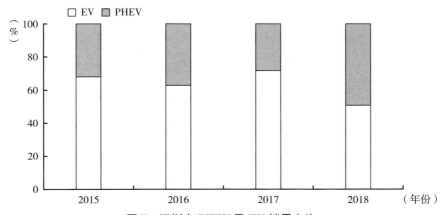

图 7　深圳市 PHEV 及 EV 销量占比

资料来源：根据中国保监会保险数据整理。

---

①　数据源自中国保监会公布资料。

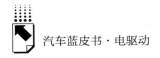

二 中国新能源汽车用电机驱动系统市场分析

电机驱动系统是新能源汽车的核心系统部件，广泛应用于各类新能源整车中。图8列举了新能源汽车中主要的电机驱动系统应用。

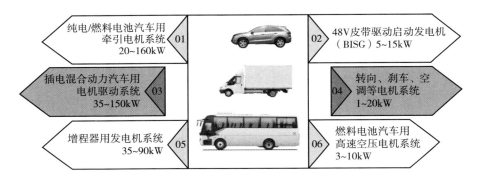

图8 新能源汽车电机驱动系统应用举例

新能源汽车市场的蓬勃发展为电机及控制器提供了巨大的市场空间。图9提供了2017～2025年中国电机和电机控制器的市场规模预测。

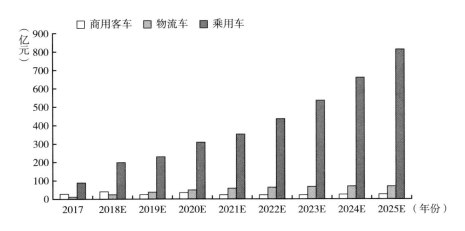

图9 中国电机及电机控制器市场规模预测

（一）中国新能源汽车电机及控制器供应商分析

在中国新能源汽车十多年的发展进程中，国内的电机及控制器供应商也得到了快速发展。这主要得益于以下因素。

政府主导推动的新能源汽车的巨大市场潜力和一系列政策措施，极大地调动了本土供应商的投资积极性；而众多的制造企业面临转型的压力，纷纷把新能源汽车零部件作为目标领域，主动投资。

中国本土供应商愿意开放并能够就近服务自主品牌整车客户，双方相互扶持、共同进步。

中国具有良好的制造业基础以及丰富的原材料资源（如稀土永磁材料），在电机及控制器产品领域可以形成成本优势。

中国新能源汽车的市场尚未形成规模，国外的整车厂和供应商尚未下决心投入，中国供应商所面临的国际竞争较小。

借助于有利的发展环境，经过十多年的努力，中国电机及控制器供应商的自主研发和生产制造能力已经取得了长足的进步。国产新能源汽车的电机及控制器产品从无到有，形成了涵盖微型车到大客车的所有新能源汽车应用的完整系列，基本能满足现有国产整车的性能及功能需求。当前国产新能源汽车所采用的电机及控制器基本是由国产供应商提供的。

根据中国汽车技术研究中心提供的数据，目前中国新能源汽车电驱动相关供应商有 200 余家，遍布全国各地（见图 10），其中自主企业占 89%。[①]

上述供应商中绝大部分企业的主营业务为纯电动汽车用驱动电机及控制器。表 1 列出了不同纯电动整车产品类别中所对应的电机及控制器的供应商（统计时间为 2017~2018 年，仅限于 EV 市场）。

---

① 数据源自中国汽车技术研究中心。

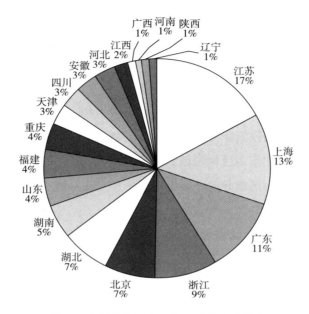

图10 中国新能源汽车电驱动供应商分布

资料来源：中国汽车技术研究中心。

表1 中国纯电动汽车用电机及控制器的主要供应商

项目	A00/A0 级乘用车	A/B 级乘用车	2.5t 物流车	4.5t 物流车	8～12m 客车
供应商	英博尔	比亚迪	深圳大地和	南京越博	朗高/汇川
	大郡控制	精进电动	湘电莱特	德威利新能源	比亚迪
	大地和	联合电子	方正电机	苏州朗高	湖南中车
	方正电机	华域电动	江苏微特利	精进电动	精进电动
	安徽巨一	麦格米特/大洋	精进电动	无锡华宸	大郡控制
	上海电驱动	上海电驱动	创驱新能源	湖南中车	绿控传动
	比亚迪	英博尔	无锡华宸	苏州艾麦电子	凯博易控
	德洋电子	合普动力	陆地方舟	绿控传动	福建万润
	德沃士	大地和	德沃士	大洋电机	南京越博
	芜湖杰诺瑞	大陆汽车	大洋电机	众联能创	武汉理工通字
集中度	TOP 9 集中度87.9%	TOP 9 集中度86.3%	TOP10 集中度90.7%	TOP10 集中度78.2%	TOP10 集中度83.4%

通过对工信部数据的进一步分析，可以梳理出不同整车产品领域内整车厂与电机及控制器供应商的对应关系（见表 2，统计时间为 2017～2018 年，仅限于 EV 市场）。

（二）新能源汽车电机及控制器供应商分类与特点

（1）国际汽车行业的厂商主要包括两大类：一是与整车厂形成密切战略伙伴的供应商，如丰田与电装；二是零部件巨头企业，如博世、德尔福、采埃孚、大陆、法雷奥－西门子、博格华纳等。这类国际厂商的特点是具有深厚的汽车技术基础和应用积累、丰富的制造经验、规范的管理体系以及品牌优势。

（2）转行进入汽车领域的国际知名公司如台达、日本电产等。这类企业具有雄厚的电力电子技术基础、完整的产品开发能力、大规模生产制造的丰富经验和强大的供应链管控能力，能够很快地切入新兴的新能源汽车领域并形成优势。

（3）国内整车厂关联的供应商，如上汽旗下的捷能（动力系统）、华域（电机）、联电（电机及控制器）和上汽变速器（机电一体化传动），北汽新能源公司旗下电驱动公司，比亚迪 14 事业部（电驱动总成）和 6 事业部（IGBT 及其他电子部件），江淮和安徽巨一，以及宇通和郑州智驱等。这类供应商与整车客户绑定合作关系，在了解汽车应用及客户需求、获取稳定的订单方面具有先天优势，从而可以专注于技术与产品开发，进步很快。

（4）由工业应用领域转型而成的电驱动厂商，如来自工业逆变器的汇川、蓝海华腾、英威腾等，来自工业电机的卧龙电气、大洋电机、方正电机等。这类厂商具有工业产品研发制造的长期积累，在规模化制造、供应商管理和成本控制方面具有一定的优势，但还需要一段时间来熟悉汽车行业，成长为汽车级供应商。

（5）以新能源汽车电驱动系统为主业创立并发展的独立电驱动厂商，如上海电驱动、大郡控制、精进电动、大地和、英博尔、天津松正等。这类厂商大多在中国的新能源汽车行业耕耘的时间比较长，具有一定的技术积累

表2　中国新能源汽车 EV 市场电驱动系统配套情况（2017～2018 年）

A00/A0级乘用车

车企	配套厂商
北汽新能源	大都控制
	英博尔
	巨一自动化
	上海电驱动
	芜湖杰诺瑞
奇瑞新能源	方正电机
	上海电驱动
通用五菱	上海电驱动
	江铃新能源
	创驱新能源
长安汽车	深圳大地和
	深圳大地和
	江苏微特利
	巨一自动化
江铃新能源	英博尔
众泰汽车	比亚迪
	杭州节能沃士
	杭州虹能电动
	华域电动
吉利汽车（知豆&全球鹰）	山东德洋电子
	上海电驱动
	永康斯科若
东风汽车	杭州伯坦科技
	格至控智能动力
TOP10 集中度	82.5%

A/B级乘用车

车企	配套厂商
比亚迪	比亚迪
上汽乘用车	华域电动
	联合电子
吉利汽车	精进电动
	联合电子
北汽新能源	北汽新能源
	大洋电机
奇瑞汽车	上海电驱动
	深圳大地和
	安川汽车
长安汽车	创驱新能源
	上海电驱动
东风乘用车	大陆汽车
	武汉乐创科技
广汽乘用车	精进电动
	大都控制
江淮汽车	巨一自动化
	英博尔
长城汽车	博格华纳
	精进电动
TOP10 集中度	84.2%

2.5t物流车

车企	配套厂商
奇瑞商用车	深圳大地和
	露笑科技
重庆瑞驰	深圳大地和
	湘电莱特
北汽新能源	大洋电机
	方正电机
	精进电动
东风汽车	蓝海华腾
	中电汽车
	合浦动力
河北长安	创驱科技
	深圳大地和
一汽客车	无锡大地和
	江苏微特利
湖北新楚风	江苏微特利
山西成功	航天新长征
	方正电机
	河南天勤
陆地方舟	广东高频电驱动
	广东陆地方舟
扬子江汽车	深圳依思普林
	武汉英康汇通
TOP10 集中度	81.3%

4.5t物流车

车企	配套厂商
东风汽车	精进电动
	民富沃能
	东风特汽
	苏州绿控
	湖南中车
	深圳德威利
	北京电动
湖北新楚风	湖南中车
	江苏豪沃吉博电器
	民富沃能
	大洋电机
	南京越博
成都大运	大运汽车
	民富沃能
	大都控制
吉利商用车	苏州艾麦电子
	无锡博世威
聊城中通	民富沃能
	大都控制
	无锡华宸
江铃汽车	大地和
南京汽车	湖南中车
江苏九龙	江特电机
上汽大通	众联能创
TOP10 集中度	77.8%

8～12m客车

车企	配套厂商
宇通客车	汇川技术
	朗高电机
比亚迪	比亚迪
	大洋电机
	湖南中车
中通客车	精进电动
	南京越博
	凯博易控
	苏州绿控
湖南中车	湖南中车
	银隆电器
珠海广通	湖南中车
上海申龙	大都控制
	无锡奕控
南京金龙	福建万润
	上海力信
	南京金龙
厦门金旅	福建万润
	大都控制
	蓝海华腾
厦门金龙	大都控制
	精进电动
北汽福田	金龙新能源
	金博易控
TOP10 集中度	70.3%

和产品开发能力，研发人才也相对充足，但在规模制造、供应链管理、资金实力等方面比较薄弱。

（三）新能源汽车电机及控制器供应商面临的挑战

尽管国内电机及控制器供应商已初具规模，但随着中国新能源汽车市场由政策扶持阶段转向市场驱动阶段，以及面对国外先进整车和零部件供应商的大量进入，中国电机及控制器供应商将面临更加严峻的挑战。

1. 当前中国新能源汽车市场宏观环境所带来的压力

国内新能源政策升级过频，导致整车产品变更频繁、生命周期短，开发投入难以为继。

由补贴政策退坡带来的整车压价及原材料价格不断上升对厂商形成双向挤压，而供应商本身通过技术升级来消化成本压力则需要合理的时间，因此导致盈利空间减小、产品力下降。

回款周期过长、资金紧张，尤其是中小企业缺乏有效的融资机会，面临丧失发展机会甚至无法生存的风险。

2. 来自国外的竞争压力

与国外同类产品相比，国产控制器在体积重量、功能性能、工艺水平甚至成本等方面有较大的差距。这实际上反映了国产供应商在核心能力方面与国外同行的差距。

（1）核心技术薄弱，产品力不足

由于国内整车和零部件企业普遍缺乏新能源汽车正向开发的经验和技术积累，整车需求、供应链层级定义不够清晰，产品定义不尽完整合理；汽车级产品的设计与试验验证等体系化能力有待提高；缺乏关键总成的集成优化设计能力，尤其是新能源汽车机电一体化集成能力不够，产品应用积累少，设计冗余较大；软件开发目前也大多停留在功能实现层面，在整车安全控制策略、故障诊断与监控功能等方面的开发能力较弱；知识产权布局还不够全面，尽管目前国内新能源汽车相关的专利申请数量不断增加，但难以形成技术壁垒，使产品缺乏差异化竞争优势。

（2）供应链基础薄弱，关键元器件受限

一是国内新能源汽车供应链尚不完整，如在芯片、IGBT模块、传感器、轴承等关键零部件层面严重依赖国外厂商，容易在供货稳定性、采购成本、产品交期等方面受到制约；二是国内汽车各级零部件供应商对汽车应用缺乏深入了解，缺乏汽车级产品设计与验证的经验以及如何实现高质量、高一致性、低成本制造的经验，而主机厂对国内供应商的扶持和指导也不够，导致大部分国产供应商并不具备汽车级的供应能力。

（3）缺乏汽车级精益化的管理与经营经验，成本居高不下，且盈利能力弱

与国外厂家相比，无论是整车企业还是零部件供应商，在企业运营、供应链管理理念、精益化制造、质量过程管控等方面能力严重不足。比如，现阶段新能源汽车质量问题PPM高达千元级，远高于国外传统车企百元级的标准，导致投入市场的产品售后维护成本居高不下，不仅给市场终端用户造成不良影响，也侵吞了宝贵的企业利润。

3. 应对策略与倡议

（1）坚定信心，扩大中国新能源汽车的发展优势

发展新能源汽车是重要的历史机遇。中国政府确立了节能减排的政策并大力推动新能源汽车发展。经过十多年的努力，中国新能源汽车行业有了长足进步，已经初步具备了开发与制造能力，形成了比较完整的产业链。中国市场的规模和特殊性也为自主产品提供了足够广阔的空间。

（2）企业层面，要坚持投入，苦练内功

企业的竞争力主要体现在能否有效地满足客户多样化、潜在的、不断更新的需求。因此洞察客户真实需求，以适用技术实现产品快速迭代、持续改善及精益经营、高效盈利等能力是企业保持竞争力的"内功"。只有老老实实地坚持投入，苦练内功，坚持自主开发具有特色、满足市场的产品，才能保持企业的竞争力。

（3）行业层面，要协同合作，提升产业链整体水平

由整车企业牵头，通过同步开发让国内供应商尽早参与整车开发和后续供货，从而推动、提携、督促供应商提升产品开发、生产制造及质量管理的

能力。零部件企业之间也需要密切合作、优势互补，共同打造系统级产品及竞争力。此外，应积极主动地引进国外先进技术，并与中国市场应用相结合。

（4）政府层面，要营造有利于企业生存和快速成长的环境

营造稳定的政策环境和预期，制定行业标准，打造公平竞争的商务环境，减少盲目扩产、无序竞争、浪费资源等现象；同时针对现阶段新能源汽车企业尤其是创新型中小企业生存困难的状况，制定有效措施，帮助企业渡过难关，与新能源汽车市场同步成长。

三　驱动系统及其控制器的技术发展

电驱动系统是新能源汽车"三电"核心技术之一。当前国内新能源汽车应用主要包括纯电驱动系统（含纯电动 EV、增程式 REEV）和混合动力驱动系统（含 PHEV、HEV）。这两种不同的应用对电机及控制器的结构布置、工作模式、工作环境和性能等的要求有所不同。

（一）纯电驱动系统的特点及技术趋势

1. 纯电驱动系统结构简述

纯电驱动系统构架（Power Architecture）可分为两部分：电驱动系统（Traction Drive）和能源管理系统（Energy Management），如图 11 所示。

2. 纯电驱动系统的标准化、平台化趋势

纯电驱动系统结构简单，必须与车轮物理相连的牵引电机驱动系统体积可以做得很小，而其他功能模块体积也不大，且相对独立，可以布置在车上任何部分。因此，纯电驱动动力系统很容易实现标准化和模块化。

随着国内新能源汽车发展逐步完善，各个类型的比较完整的纯电动汽车产品线已经逐步形成。通过对 2017 年和 2018 年国内纯电动乘用车动力系统匹配数据进行统计与分析，可以看出趋势比较明显的纯电驱动系统平台，如图 12 所示。

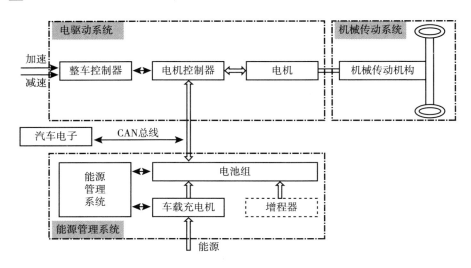

图 11　纯电驱动动力系统

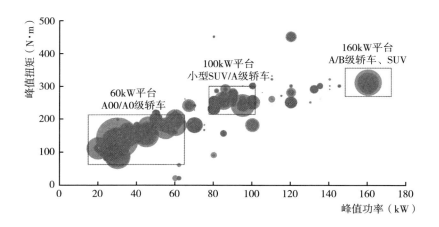

图 12　2017～2018 年纯电动乘用车动力系统匹配情况

资料来源：根据 2017～2018 年中国新能源汽车产量数据整理。

可以看出，纯电动乘用车所配套的电机控制系统大致可用 60kW（A00/A0 级）、100kW（A 级）、160kW（A/B 级）三种纯电驱动平台覆盖。这就形成了纯电动乘用车的三个标准驱动系统平台。值得一提的是，A00/A0 级产品族涵盖的功率范围比较宽。这是因为早期的 A00 级产品在续航里程、动力性能方面的升级，以及车型逐步从两座向四座 A0 级轿车升级。相应的，电机系统的峰值功率也从 30kW 向 60kW 升级。

3. 纯电驱动系统集成化发展趋势

伴随着纯电驱动系统的标准化进程，其物理集成度也在不断提高。目前，中国新能源汽车所采用的电机驱动系统大多由分体的电机、减速机和电机控制器拼装而成。而国外多采用电机 + 控制器 + 减速机一体化集成的驱动单元（Electric Drive Unit，EDU）。EDU 动力总成体积紧凑小巧，非常容易和电池集成，形成标准化、模块化的动力底盘。而标准化的动力底盘可以与个性化的整车上装相组合，形成多样化的整车产品，满足消费者对汽车个性化的需求。此外，EDU 的集成度高、成本较低，系统性能也有所提升。可以预见，机电一体化高度集成的 EDU 将在今后一段时间内成为电动汽车的标准动力系统总成。

采用轮毂电机的分布式驱动系统是纯电动动力系统的另一种形式。轮毂电机使整车布置更为方便，可以最大限度地为乘客提供使用空间，改善舒适性；同时轮毂电机系统也可以将驱动与制动功能、驱动与转向功能进行智能化融合，从而可以更有效地提升整车的驾驶性能，实现更高的主动安全功能，更好地支撑智能驾驶技术的发展与应用。

图 13 展示了纯电驱动系统集成化的发展趋势。

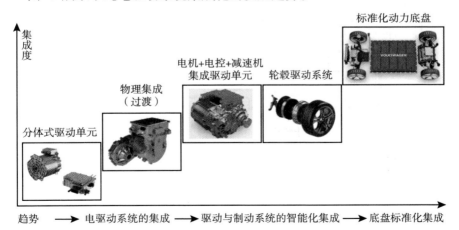

图 13　纯电驱动系统集成化的发展趋势

（二）混合动力驱动系统特点及技术趋势

1. 混合动力系统结构简述

当前国内外存在多种动力结构与运行策略的混合动力驱动形式，其中较有代表性的有如下。

（1）丰田第四代混合动力系统及其电力电子控制单元特点

THS 系统中电力电子控制单元（PCU）是一个由升压转换器（Voltage Boost Converter）、对应双电机的两组电机驱动逆变器（Inverter）和 DC/DC 转换单元组成的集成控制器。[1] 电机驱动逆变器分别驱动位于发动机输出轴变速箱总成中集成的两个动力电机。发动机以及驱动电机的动力通过行星齿轮动力耦合装置控制动力输出。通过 DC/DC 转换单元，将高压电池组的高压电源转换成传统的 12V 电源为传统用电器供电，同时也对位于发动机舱的附属 12V 电池进行充电。

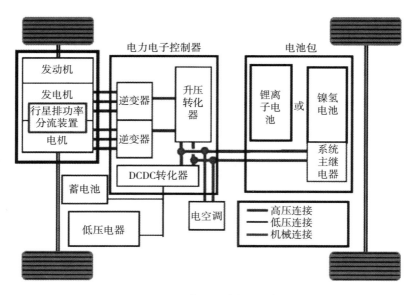

图 14　THS Ⅳ电驱系统整体电气架构

---

[1] 《深度解密丰田普锐斯电驱控制器》，车家号，2017 年 7 月 27 日。

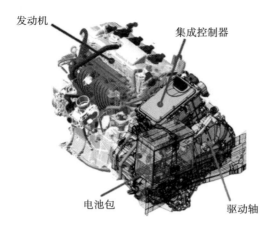

发动机　　集成控制器

电池包　　驱动轴

图15　THS Ⅳ电驱系统的物理结构

该电力电子控制单元的主要特点：一是控制器内部进行了高低压电力电子的集成，同时采用双面水冷 IGBT 方案，使得控制器整体体积较上一代减小33%。二是整个控制器又被进一步集成到了变速箱上、发动机侧，使得整套 THS 动力系统结构更为紧凑。但同时也对该控制器的抗发动机振动与热辐射的能力提出了更高的要求。

（2）P2 单电机混合动力及其电力电子控制单元特点

除了以丰田为代表的功率分流路线以外，P2 构型的混动方案近年受到了欧洲整车厂和零部件供应商的力推，如大众高尔夫 GTE、奥迪 A3 混动、舍弗勒等。国内长安逸动 PHEV 也采用了这种混动路线。

与丰田功率分流混动路线中采用双电机方案不同的是，P2 混动方案仅有一个位于发动机和变速箱离合器之间的单电机，因此其对应的电力电子控制器也是一个独立单元，并不必与发动机或者变速箱集成，可以直接装配在副车架上，工作环境和要求（主要是振动）相对良好。但由于控制器和电机之间采用三相电缆连接，成本和 EMC 方面有所损失（见图16）。①

① 《高尔夫 GTE 混动技术解析》，太平洋汽车网，2016 年 5 月 7 日。

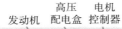

图 16　高尔夫 GTE 整车结构

（3）PX + P4 四驱混合动力及其电力电子控制单元特点

众多的插电混动 SUV 采用两套系统：前驱轴上为一个单电机的混合动力总成（通常为 P2 或 P1 结构），后驱轴上再放一个纯电驱动系统（P4 构型）。这样可以方便地实现四轮驱动。比亚迪的插电混动 SUV 唐就是采用这一典型结构（见图 17）。①

图 17　比亚迪唐底盘结构

2. 在不同混合动力驱动系统中，电力电子控制器是高度个性化的系统子部件

在混合动力驱动系统中电力电子控制器需要结合不同发动机、变速箱、

———————

① 《混动四驱 5 秒破百，比亚迪唐混动系统解析》，网易汽车，2014 年 4 月 24 日。

发电机的控制策略以及处于不同的工作位置和环境，因此不再具有通用性、互换性以及标准化的条件，而需要根据每个具体的车型产品进行个性化配套设计。换句话说，不同厂家之间的混动电机控制器无法共享，甚至同一厂家不同产品之间也无法共享。

此外，混合动力应用对电力电子控制器的技术指标要求更为严格，举例如下。

第一，要求更小的封装尺寸。因为要在原有传统车型同空间尺寸的情况下布置两套动力系统，并且往往是根据机电耦合发动机及变速箱的布置空间来确定对控制器的布置要求，因此要求控制器体积更小、形状更灵活。

第二，工作环境恶劣。一是发动机舱的最高工作环境温度一般设置在105℃（纯电动汽车的最高工作环境温度为85℃），二是混动系统对控制器的振动等级要求高达9g以上（当前主流纯电动控制器的振动等级为3～5g）。这些要求均需在控制器设计中进行特殊加强。

第三，性能要求更高。因混合动力驱动系统有多种工作模式和控制策略，要求驱动电机、发电机进行频繁地切换控制，对控制器的控制精度和动态响应要求比纯电动应用更高。

总之，在纯电驱动系统中，电机及其控制器可以是一个平台化和标准化的解决方案，而在混合动力系统中，电机及其控制器是一个服务于系统策略和结构的个性化子部件。

（三）控制器技术发展趋势

随着电动汽车技术的深入发展，整车功能需求越来越复杂，整车布置要求越来越紧凑，这也就对电机驱动系统提出了越来越高的要求——体积更小、重量更轻、结构更紧凑、能耗更低、安全可靠性更高。在这些要求的推动下，国内外电机控制系统在功率密度、集成度和功能安全等方面受到高度关注，实现了长足的发展。

1. 功率密度提升

国内外电机控制器技术发展的一个明显的标志是功率密度不断提升。引

领全球混合动力发展的丰田汽车公司，经过几代产品迭代，其控制器密度持续提升（见图18）。

a.2004年Prius	b.2010年Prius	c.最新的Prius
33kW+50kW/13.8L=6kW/L	42kW+60kW/9.2L=11.1kW/L	17kW/L
（without DC/DC converter）	（without DC/DC converter）	（without DC/DC converter）

图18 丰田控制器产品功率密度迭代

国产电机控制器功率密度也在快速提升。表3列举了国内外不同时期的几款控制器产品的数据，可以看到基于标准封装 IGBT 模块的国产控制器的功率密度已经接近国际水平。[①]

表3 国内外控制器功率密度指标对比

项目	2013 年 Camry IPU 控制器	2017 年 BOSCH 控制器	2017 年 汇川技术	2017 年 上海电驱动	2017 年 精进电动	2017 年 大郡控制
控制器功率密度 （kW/L）	19.0	24.0	14.0	20.0	22.4	21.7
控制器功率比重 量（kW/kg）	17.2	21.5	12.0	18.0	18.0	19.0
功率器件类型	IGBT	IGBT	IGBT	IGBT	IGBT	IGBT
直流电压等级 （V）	200～600	300～480	300～420	300～480	270～450	300～480
器件电流（A）	550	880	800	800	820	800
器件封装型式	定制	定制	标准模块	标准模块	标准模块	标准模块

资料来源：根据精进电动科技有限公司公开资料整理。

---

① 数据源自精进电动科技有限公司公开讲演内容。

提高控制器功率密度需要综合的设计能力（见图 19）。从控制器关键零部件的应用到不同器件对应的散热设计的开发，以及在提高电压、提升开关频率、降低控制器损耗的同时兼顾 EMC 等问题，都需要不断攻关。国外控制器多采用定制化零部件路线，电机控制器内部关键零部件如 IGBT、传感器等几乎全部采用定制化设计，使控制器内部更紧凑、更小巧。在散热技术方面，直接水冷的 Pin – Fin 结构以及双面水冷技术，都可以使 IGBT 模块的电流能力大幅提高，进一步提高功率密度。而国内的供应商则受到工业基础的制约，在定制模块以及冷却技术方面与国外同行有不小的差距，导致国产控制器在功率密度方面仍然落后于国外先进产品。

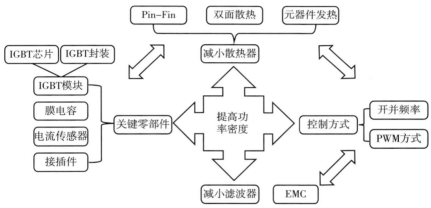

图 19　控制器功率密度提升的考量因素

2. 高度集成化

为减小系统重量和体积、有效降低系统制造成本、简化整车的生产制造过程，电力电子控制器产品呈现出功能高度集成的发展趋势。功能的集成大致可以分为以下两类。

一类是把所有的控制功能都集成在一起，包括：驱动电机控制器 MCU、DC/DC、车载充电模块（OBC）、高压配电单元（Power Distribution Unit，PDU）等，甚至包括整车控制器 VCU 和电池管理系统 BMS。采用这类集成技术的包括北汽新能源的 EU 系列，以及宇通、金龙客车的多合一控制器（见图 20）。

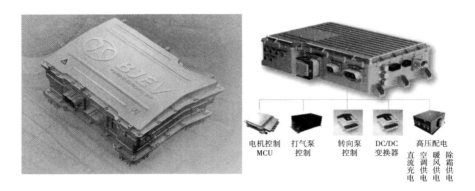

电机控制　打气泵　转向泵　DC/DC　高压配电
MCU　控制　控制　变换器
直　空　暖　除
流　调　风　霜
充　供　供　供
电　电　电　电

图20　集成控制器应用（北汽新能源 PDU、大郡控制商用车多合一）

这种集成方案最大限度地共享了直流母线上的部件（如高压电容和接触器），最大程度地简化了整车的生产工序，但也带来了一些问题，如把众多各自独立的系统集成在一个单元里，无论谁出故障，都要对整个系统进行维修，这就对系统的可靠性提出了更高的要求，也增加了维修服务的成本；由于多合一集成控制器一般不便与驱动电机一体集成，那么两者之间就需要三相动力线束连接，EMC 问题和成本均更难控制。此外，这种多合一的控制器通用性比较差，不方便适配多样化的不同平台的整车。因此如果单一车型产品批量有限，就会导致采购制造成本上升，抵消由共用元器件和部件所带来的降成本效果。

另一类则是把电机控制器、驱动电机和传动机构集成在一起，形成机电一体化的电驱动单元，如大众 MEB 平台所采用的 EDU 系统（见图21）。这种结构的优势是牵引电机和控制器一体联结，消除了两者之间的三相电缆，降低了成本，同时极大地改善了 EMC。因此，这种结构正在成为纯电驱动系统的标准结构。

混合动力汽车中，往往采用一个控制器总成把电机控制器和 DC/DC 集成在一起。例如，广汽新能源的 PHEV 中将主驱动电机与发电机的两套电机控制器和 DC/DC 集成为一体（见图22）。

总体而言，在提高电机控制器功率密度方面，我国基本掌握了电机控制

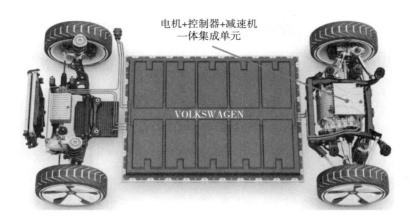

图 21　大众 MEB 平台及其采用的电驱系统集成单元 EDU

图 22　GA3S/GS4 PHEV 所采用的双电机集成控制器（含 DC/DC）

器的软硬件集成开发技术，电机控制器与 DC/DC、车载充电机的集成技术得到了产业化的应用，电机控制器的比功率接近 20kW/L，初步达到了《中国制造 2025》中提出的 2020 年第一阶段的要求，并且价格也有了明显的下降（见表 4）。①

①　节能与新能源汽车技术路线图战略咨询委员会、中国汽车工程学会：《节能与新能源汽车技术路线图》，2018。

表4 《中国制造2025》节能与新能源汽车技术

控制器的成本和功率密度指标			
项目	2020年	2025年	2030年
相对于2015年成本	降低30%	降低30%	降低50%
最高效率	>98%	>98.5%	>99%
功率密度	>17kW/L(IGBT) >30kW/L(SiC)	>24kW/L(IGBT) >30kW/L(SiC)	>30kW/L(IGBT) >45kW/L(SiC)

3. 功能安全要求

除了提高控制器的功率密度和集成度之外,提升电机控制系统的功能安全性是电机控制器技术发展的另一重要趋势。欧洲汽车厂商从2005年起就开始联合制定汽车电子功能安全标准ISO 26262,并于2009年颁布了初稿。2011年11月,ISO 26262正式为国际标准化组织的一项安全标准。随着ISO 26262的发布,功能安全在国际上受到关注,很多企业与高校纷纷展开对提高车辆电子电气功能安全的方法和措施的研究。国际大型车企也非常重视ISO 26262标准的应用和推广,建立功能安全管理体系,开发符合功能安全要求的产品已经成为进入这些国际车企配套体系的门槛。以博世、大陆、德尔福等为代表的国际零部件企业都宣称其控制器的力矩安全功能达到了ISO 26262的ASIL-C等级。

在国内,由中国汽车技术研究中心牵头制定了中国标准GB/T34590《道路车辆功能安全》,并于2017年发布实施。为推动功能安全标准的推广、普及和贯彻执行,关于电动汽车用驱动电机系统功能安全要求及实验方法的相关标准也在讨论和制定中;同时开展了针对新能源电控系统的ASIL等级、关键参数的研究,以形成行业通用的电控系统功能安全流程开发体系和评估准则。

主机厂和配套企业方面,长安新能源汽车有限公司2016年在国内率先完成了ISO 26262流程认证、新能源电控单元产品认证、整车厂级别认证;控制器配套商汇川技术、大郡控制也在2018年先后通过了ISO 26262的流程认证。总体来说,国内汽车厂家对ISO 26262标准的理解和应用都还处于初步阶段。

预计未来 ISO 26262 将成为汽车行业普遍要求中必须满足的一项标准。

（四）控制器核心部件及发展趋势

机电一体化电驱系统可以按系统、总成、部件、子部件和材料等不同层级的技术进行分解，从而形成一个完整的技术链。作为一个总成级部件，电机控制器主要包含功率组件、线路板组件、箱体组件、不同类型的传感器以及控制软件等部件（见图 23）。

在上述部件分解的基础上，我们可以根据控制器的主要物料成本进行分析。图 24 分别列出了采用分立器件和全桥模块的 A00/A0 级控制器、采用双面水冷模块与全桥模块的 A/B 级控制器的成本构成对比。可以看出无论是 A00/A0 级还是 A/B 级控制器产品，以 IGBT 全桥模块为功率模块的组件成本占比已经接近 50%。另一个现象是采用分立式 IGBT 单管或双面水冷半桥模块方案的不同级别控制器，功率模块组件物料成本占比大幅缩减，而控制器其他部分价值占比增长，说明可以针对应用特点，采用不同的功率模块方案，以优化控制器产品。鉴于功率器件是控制器中最为关键的部件，将在下文专门对功率器件的发展现状和趋势进行分析。

从控制器的物料成本结构看，包含数字处理芯片（MCU）、IGBT 驱动专用芯片和传感器及其处理芯片在内的 PCBA 组件成本占比为 20% 左右，这些芯片和传感器长期以来要依赖国外资源，从而在供货稳定性和成本方面对国内供应商有所制约。尽管国内在 IGBT 驱动芯片、电流传感器、旋变位置传感器等方面已经开展了积极的研发并取得了初步的成果，但还不能完全取代国外进口产品。

控制器成本占比排第三位的是箱体及结构组件，这是我国传统制造业的优势领域。

薄膜电容器是电机控制器中体积最大、单件成本仅次于 IGBT 的部件。其主要发展趋势为提高容积比和提升使用温度。减小薄膜厚度是提高容积比的重要途径。目前，松下可生产薄膜厚度为 2.5μm 以下的电容器。薄膜电

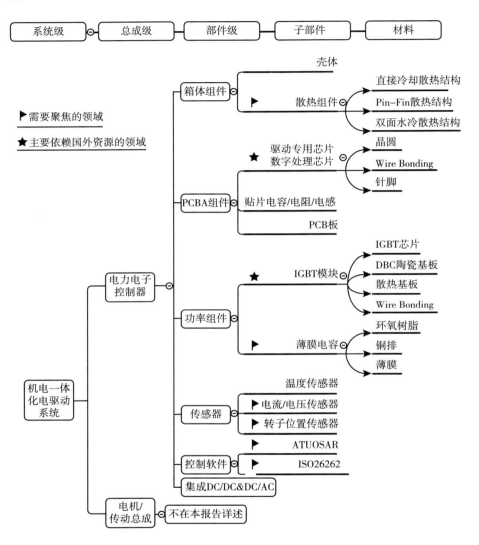

图23 控制器内部核心部件分解

容的工作温度为 105℃，将来需要进一步提升工作温度，以匹配宽禁带半导体 SiC 的高温特性。除了提高电容本身的工作温度能力之外，通过设计水冷电容，加强电容器的散热能力也是提高控制器密度的重要途径。

经过十多年新能源汽车发展的拉动，国内薄膜电容器供应商得到了长足

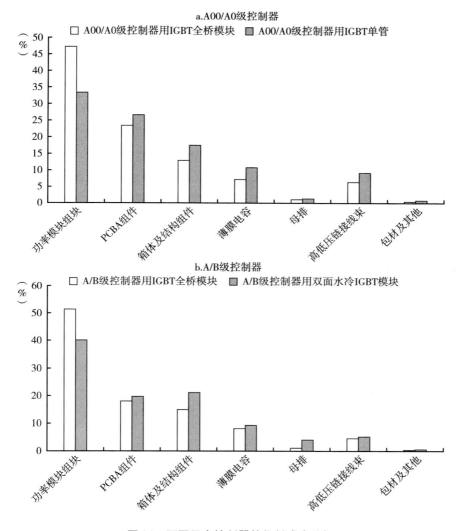

图 24　不同平台控制器的物料成本分解

的发展。作为国产薄膜电容的龙头企业，法拉电子是世界上少数可成熟生产 2.5μm 介质以下的薄膜电容器厂家之一，技术处于业内领先水平。表 5 是法拉电子批量生产的薄膜电容器与国外主流厂家的主要技术参数对比。可以看出法拉电子的产品在容积比、自感和等效串联电阻等主要技术参数上都处于领先水平。目前法拉正在全力研发 2.2μm 薄膜电容的生产工艺和产品。

表5 国内外薄膜电容器产品对比

项目	厦门法拉电子	EPCOS（TDK）	Vishay
规格	500V/500uF	450V/500uF	500V/500uF
代码	C362H507K003003	B25655J4507K	MKP1849750050KTSW
尺寸（mm）	240×62×50	237×72×50	180×85.5×59.5
体积（mL）	632.4	853.2	915.7
ESL（1MHz，nH）	14	14	15
ESR（10kHz，mΩ）	0.5	0.8	0.5

在接插件/母排领域，技术发展趋势是提高集成度，节省空间和用材。例如通过母排把共模电容、高精度电流采样电路集成在一起；定制三相电流传感器和IGBT模块配合集成（见图25）。

a.集成母排　　　　　　　　　b.电流传感器和IGBT高配合度设计

图25　控制器内部组件的物理集成

（五）电力电子模块的应用与技术发展趋势

如上所述，功率模块组件是电机控制器成本占比最高的部件，也是控制器中最重要、技术要求最高的部件，因此，也自然成为新能源汽车领域的一个技术热点。随着近年来新能源汽车对电机控制器的功能要求不断提高、成本越来越低，再加上整车产品及电力电子模块应用形式的多样化，推动了模块封装技术以及芯片技术的快速进步，催生了新型器件如SiC模块。

1. 电力电子模块应用形式的多样化

功率模块组件包括实现电能转换和控制的电力电子模块（Power Electronic Module）和为模块散热的冷却部件。根据整车的不同要求（如布置空间的大小、驱动系统的功率大小、总体成本的要求等），目前新能源汽车用电机控制器多采用三种封装型式的 IGBT（Insulated – Gate Bipolar Transistor）模块——三相全桥 IGBT 模块、分立式 IGBT 单管、双面水冷标准半桥模块。

（1）三相全桥 IGBT 模块

在这种形式的控制器中，三相逆变器的电能转化功能由一个含有 6 个 IGBT/反向二极管组件的三相全桥模块完成（见图 26）。

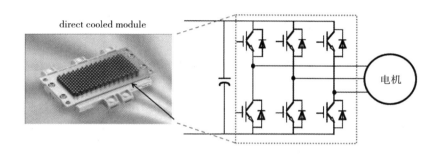

图 26　采用三相全桥模块的电机控制器

三相全桥模块是当前国内外绝大多数新能源整车厂和零部件厂所采用的主流技术，优势是体积小、性能可靠，散热部分结构简单，因而对控制器产品开发设计者而言简单易用，控制器装配生产也很方便；缺点是成本高、对模块供应商要求高，在国内外有能力封装好的厂家不多，供应商可选择性有限。此外，由于三相全桥模块的结构相对复杂，开发与制造投入很大，只适合于大批量生产，扩展灵活性较差。

目前国内新能源汽车用三相 IGBT 模块供应商主要有嘉兴斯达半导体和比亚迪，其已初步整合 IGBT 产业链，包括芯片设计、晶圆制造、测试、封装等。中车旗下的时代电气也积极开发汽车级 IGBT 模块。目前市场上具有

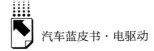

代表性的国产 IGBT 产品为斯达半导体的 400A/650V P3 模块和 800A/650V P4 模块及比亚迪 800A/1200V 模块。

（2）分立式 IGBT 单管

这种应用形式中，每一个 IGBT + 反向续流二极管部件都由多个小的 IGBT 单管和反向续流二极管器件并联搭成，而 6 个部件组成了三相逆变器（见图 27）。

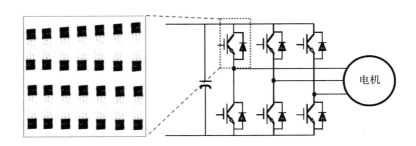

图 27　采用分立式单管原件并联拼搭的电机控制器

分立式单管方案的第一个优势是拓展性强，可以用不同数量的标准单管拼搭成为不同功率等级的控制器。特斯拉率先采用这种应用形式——因为现有的三相全桥模块无法满足特斯拉产品的功率要求。图 28 是特斯拉 Model S 所采用的分立式 IGBT 单管方式的逆变器功率组件电路。

分立式单管方案的第二个优势是低成本。中国的低压、低速电动车电机控制器几乎都采用分立式单管 MOSFET。近来有一些实力较强的低速电动车控制器生产厂商（如英博尔和上海创驱）在尝试把低压 MOSFET 单管换成高压 IGBT 单管，为高速微型电动汽车配套电机控制器。

分立式单管方案的第三个优势是单管器件制造门槛比较低，供应商比三相模块多，如国外的英飞凌、ONSEMI、ST 等与国内的比亚迪、斯达等均有比较成熟的产品。因此可选供应商比较多，货源有保障。

分立式单管方案的缺点包括设计难度比较大、多个元件并联、如何

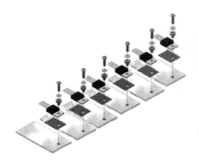

特斯拉Model S的分立式IGBT单管方案

图28　分立式 IGBT 单管及其散热结构

均匀分流考验设计能力。散热设计比较难，几十、上百个单管平铺在散热片上，散热效果远不如直接水冷的三相模块，导致控制器的体积比较大，不适宜封装要求比较严苛的产品。另外，产品制造过程复杂，对于并联在一起的器件的一致性要求较高，需要预先筛选配对，制造质量不易控制。

（3）双面水冷标准半桥模板

采用标准半桥模块是介乎三相全桥模块和分立式单管之间的折中方案。在这里，三相逆变器由三个半桥模块组成（见图29）。

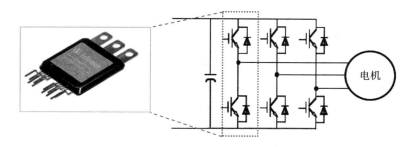

图29　采用标准半桥模块的电机控制器

丰田最早在普锐斯上启用了双面水冷的半桥模块（见图30）。德尔福、现代集团等国际巨头也纷纷开始应用。

如果把 IGBT 单管和标准全桥 IGBT 模块在易用性和可扩展性上看作两

图 30　丰田普锐斯所采用的层叠式双面水冷半桥模块控制器

个极端的话，标准半桥 + 双面水冷方案则继承了它们的综合优势。

一是由于采用了双面水冷的结构，增加了模块的散热能力，可以使控制器更加紧凑、小型化和高功率密度化；二是根据不同的功率和应用拓扑增加或者减少堆叠的模块和散热片数量就可以形成不同功率范围或不同功能的控制器，从而使控制器真正实现平台化和模块化，大幅减少开发验证时间；三是由于半桥模块本身的制造比全桥简单，制造门槛相对较低；四是一个控制器采用多个半桥模块，容易形成单一模块批量优势，降低成本。

双面水冷半桥模块在应用中面临的挑战在于双面水冷的散热结构比较复杂，不容易设计和制造。而与之相配的散热片的制造工艺也比较复杂。需要解决水冷板焊接或粘合、堆叠工装、压紧装置、导热硅脂涂覆、散热器的固定等大量制造技术上的挑战和风险点。

国内采用双面水冷模块的控制器领域才刚刚起步。当前大郡控制、上海电驱动先后在国家重点研发计划的支持下，开始进行双面水冷控制器的开发设计与验证，目标是实现装车和产业化。

我们可以对分立式 IGBT 单管、双面水冷 IGBT 模块、全桥 IGBT 模块这三种功率模块的应用形式做比较。从分立式 IGBT 单管依次到标准封装的全桥 IGBT 模块，易用性越来越高，这也就是国内市场多采用全桥 IGBT 模块的原因。相反依次到分立式 IGBT 单管，可扩展性却越来越高，供应链的可选择、可获得性越来越高，但是在应用难度、制造工艺方面的挑战较大（见图31、表6）。

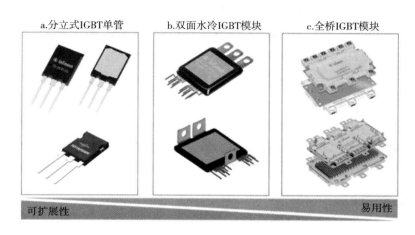

a.分立式IGBT单管 b.双面水冷IGBT模块 c.全桥IGBT模块

可扩展性　　　　　　　　　　　　　　　　　　易用性

图 31　几种不同形式的功率模块

表 6　不同形式的功率模块之比较

项目	分立式 IGBT 单管	双面水冷 IGBT 模块	全桥 IGBT 模块
系统体积	大	小	较小
应用难度	高	高	低
可扩展性	好	好	差
系统总成本	低	较高	较高
制造工艺	较复杂	复杂	简单
功率器件制造门槛	低	较低	较高

总而言之，分立式 IGBT 单管更适用于低成本、功率密度要求不高的产品领域；Pin - Fin 直接冷却的全桥 IGBT 模块更适用于功率密度要求较高、批量比较大的产品应用；而双面水冷 IGBT 模块则需要在技术开发、制造工艺和总成本等方面做进一步的工作，并经过产业化的验证。

2. IGBT 模块封装技术发展状况

IGBT 模块封装的难点之一是散热。在三相全桥模块领域，领军企业英飞凌率先使用 Pin-Fin 直接水冷结构。与传统的平板（Flat）模块相比，Pin-Fin 模块大大提升了 IGBT 模块的散热能力，进而提升了模块的电流输出能力，拓展了模块的应用范围（见图 32）。而且这种散热结构仅要求控制器具有良好的水道密封性，本质上不要求控制器硬件设计与制造工艺的大幅变动，因此在国内外得到广泛应用，已然成为高性能控制器的主流模块。

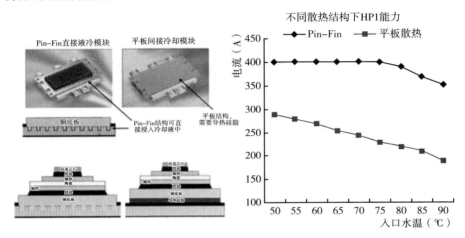

图 32　Pin-Fin 散热结构展示

资料来源：根据英飞凌科技公司公开资料整理。

目前国内多家供应商如斯达、比亚迪、中车、银茂等已经具备三相全桥模块的基本封装能力，国产的 Flat 和 Pin-Fin 模块已经开始投放市场。

双面水冷半桥模块的结构与三相全桥模块有所不同。双面水冷模块芯片上下层的 DCB（Direct Copper Bound）陶瓷基板构成两条散热通道，直接和两面的散热片接触导热，理论上可以使模块的散热效果加倍（见图 33）。然而，双面水冷模块去除了传统设计中的铜底板，也就消除了铜底板所带来的"热扩散"效应，减小了从芯片到散热片的热传导面积，因此，部分地抵消了双面水冷的散热效果。尽管如此，双面水冷模块的散热能力仍然要优于 Pin-Fin 结构的单面散热模块。此外，双面散热半桥封装结构还有一个优势，由于双面用 DCB 焊接，铜排和芯片回路很短，寄生电感和电阻相对采用绑定线的全桥封装显著降低。目前国外英飞凌、ONSEMI 均已拥有双面水冷模块；并且丰田、德尔福在双面水冷散热结构方面布局了相关专利；国内半导体厂家尤其是比亚迪也已经拥有封装的、性能可以与国外厂家相比的双面水冷模块（见表7）。

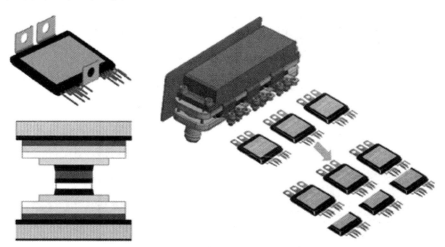

图 33　双面水冷模块及其散热结构

表 7　国内外双面水冷模块对比

项目	Prius 4G	Infineo	比亚迪
规格	1200V/200A	1200V/200A	1200V/200A
尺寸（mm）	58×50×5.2	42×42×4.7	58×50×5.2
模块热阻	小/无 DBC，厚铜	—	—
系统热阻	中	大	小
绝缘	NO	YES	YES
按规距离（爬电 & 电气，mm）	7.8&4.5	4.0&3.8	7.5&7.3

资料来源：根据 BYD 公开资料整理。

　　单面冷却模块封装的另一项重要技术是绑定线工艺（Wire Bonding）。随着芯片的电流密度不断增加，传统的铝质绑定线导电能力已临近瓶颈。导电能力更强的铜绑定线工艺正在成为高密度、高可靠性模块的工艺标准。图34比较了这两种工艺。

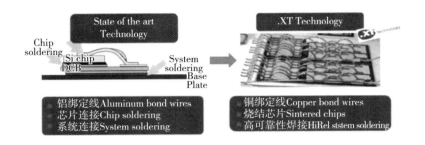

图 34　铝和铜绑定线键合技术

丹佛斯开发的专利技术 Danfoss Bond Buffer（DBB）采用烧结芯片和铜箔键合（见图 35），从而大大地提高了模块的电流密度和功率循环寿命。

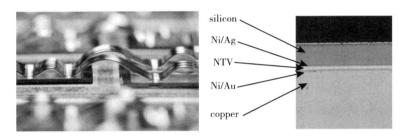

图 35　Danfoss Bond Buffer 键合技术

3. IGBT 芯片的技术发展状况

IGBT 功率模块的核心是 IGBT 芯片。IGBT 技术诞生于 20 世纪 80 年代。作为一个开关器件，IGBT 具有导通时饱和压降低（导通损耗小）、关断时阻断电压比 MOSDET 高、开关速度足够快、控制容易等比较理想的特性。经过 30 年的不断进步，历经了 Punch Through（PT）、Non Punch Through（NPT）、Field Stop（FS）、Trench + FS 等重要的结构变革（见图 36），[①] IGBT 技术和特性已经日趋完善，成为高压（300～1200V）开关器件的不二之选。

---

① 数据源自英飞凌科技公司公开资料。

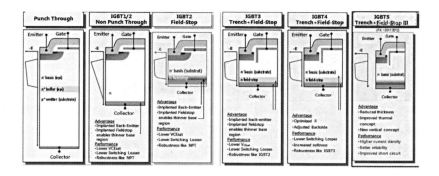

图 36　IGBT 芯片技术的变迁

资料来源：根据英飞凌科技公司公开资料整理。

　　IGBT 芯片主要的发展趋势是提高耐压、降低损耗（包括导通损耗和开关损耗）、提高电流密度、降低成本。通过材料技术的进步和单元结构的设计（如采用场截止沟槽结构），大大提升了单位厚度的耐压能力、电流密度和开关频率。以 600～750V 等级的器件为例，芯片耐压从早期的 6V/μm 提升到现在的 10.7V/μm；芯片载流能力从 0.5A/mm² 提升到 2.8A/mm²（@1.5V 150℃）；开关频率也可以达到 10kHz。在降低损耗方面，越来越精细的单元结构设计可以显著降低开关损耗；而采用芯片减薄技术可以大大降低器件的导通电阻，从而降低导通损耗。在降成本方面，主要趋势是增加晶圆的尺寸，由当初的 5 英寸变为 12 英寸，折算后每颗芯粒的成本也大大降低。

　　由于功率半导体芯片的技术含量高、投入大（如英飞凌新建的 12 吋晶圆 IGBT 工厂耗资 16 亿欧元），全球主要的功率半导体芯片制造商屈指可数，仅有英飞凌、三菱、富士电机、安森美等。其中，英飞凌是领头羊，尤其是在新能源汽车用功率模块领域。

　　在市场需求和政府政策的推动下，中国的 IGBT 芯片与模块发展迅速。中车集团通过并购英国的 Dynex（丹尼克斯半导体）进入了 IGBT 行业，并斥巨资建设了芯片制造和模块封装的生产能力。斯达半导体通过与华虹合作，自主开发了场截止沟槽型 IGBT 芯片，并已进入市场小批量使用阶段。比亚迪借助其在新能源汽车整车应用的优势，坚持自主开发 IGBT 模块和芯片，经过多年努力，其模块已经用于比亚迪的整车；而其芯片技术也不断进步，已接近英飞凌的水平（见表8）。①

表8　国内外芯片及双面水冷模块对比

项目	2012 年	2016 年	2019 年	英飞凌
芯片面积（mm²）	13.5 × 13.5	13.5 × 13.5	12.56 × 12.31	12.56 × 12.31
Vcesat@ 125℃（V）	2.75	2.65	2.15	2.0
Eon@ 125℃（MJ）	15	13.3	14	15.1
Eoff@ 125℃（MJ）	18	15.6	12.5	16.8
Tvj max（℃）	150	175	175	175
Tv jop（℃）	−40 ~ 150	−40 ~ 150	−40 ~ 150	−40 ~ 150

资料来源：根据比亚迪公开讲演资料整理。

4. SiC 器件的技术进展

尽管以硅半导体材料为基础的 IGBT 器件已经具备理想的开关特性，但宽禁带半导体材料碳化硅（SiC）进入实用阶段无疑是功率半导体领域的一项激动人心的革命性成果。与传统硅 IGBT 相比，SiC MOSFET 的潜在优势如下。

第一，高温。提高功率器件的结温，减少散热部件、降低散热系统成本。

第二，高压。减小电流从而降低对连接器和电缆的要求，并且可以与超快速充电系统的电压相匹配。

第三，高频。开关损耗低，可以实现 MHz 的开关频率，在应用中可以大大减小滤波元件（如电感）的体积。

第四，导通损耗低。特别是在轻载工况下，可以提高能源转换效率，减小散热部件。

这些优势使得基于 SiC 器件的功率半导体器件特别适合于工作环境苛刻，而对可靠性有着更高要求的车载高温、高频应用领域。基于现有 SiC 芯

① 数据源自比亚迪汽车公开讲演资料。

片的特性，通过采用新型拓扑、提高开关频率、提高母线电压、优化散热系统、集成电机与控制器等措施，可以提高控制器的功率密度1倍以上。据测算，在多种电动汽车工况下循环，采用SiC的控制器能源转换效率可以比Si IGBT控制器提高3%~8%，从而可以延长续驶里程或者减少电池用量和成本。

因此，目前各大国际整车厂和半导体制造商均在大力开发SiC的应用技术。日本丰田已开发出全SiC电机驱动控制器样机并装车试运行，其体积仅为相应的硅半导体器件的一半还不到（见图37）；特斯拉也在Model3上采用全SiC功率器件。

a.功率模块采用传统硅材料的控制器　　b.功率模块采用碳化硅材料的控制器

图37　使用硅材料与碳化硅材料的不同控制器的体积对比

我国在SiC材料及器件方面的技术研究起步较晚，中国电子科技集团公司第55研究所、中车株洲所、比亚迪、北京泰科天润等已经开展SiC功率器件的研究。泰科天润已向市场提供1200V产品，中车时代电气已开发出1700V Si IGBT + SiC Diode的混合模块样品。

目前，SiC器件所面临的挑战是成本太高，主要原因包括：材料制备成本高；大批量制造工艺尚不成熟，导致成本高而且产出率较低。然而，随着大量资源的投入，预计2~3年后，SiC MOSFET器件的制造工艺将趋于成熟，SiC器件应用也趋于优化。在此前提下，即使SiC材料成本比硅要高，SiC器件所带来的系统应用优势将使得其总体性价比可以媲美甚至优于硅

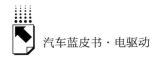
IGBT 器件。

综上所述，SiC 功率模块应用是新能源汽车领域明确的趋势，同时它又是一项正在快速进步的、革命性的技术，因此中国政府和汽车企业应重点关注。

（六）关于电机控制系统的热点技术问题

1. EMC 问题

电磁兼容（EMC）是对电子产品在电磁场方面干扰大小（EMI）和抗干扰能力（EMS）的综合评定。相对于传统汽车，新能源汽车更多地采用高电压大功率的汽车电子部件，尤其是驱动电机与电机控制器和 DC/DC 变换器，运用快速开关的电力电子技术，很容易产生强大的电磁干扰。另外，因为智能化的来临，电动汽车较传统汽车采用了更多的低压电子控制、无线通信等各种设备或传感器，而这些设备和传感器灵敏度很高，很容易受到电磁干扰。这就使得电动汽车电磁兼容性设计要求极为严苛。

电磁干扰的产生机理十分复杂。电力电子开关所导致的高 dv/dt 和 di/dt 产生高频内容十分丰富的电磁干扰信号（干扰源）。这些高频电磁干扰信号经过寄生电路或者空气发射（传导路径）传到不该去的其他电子设备。如果这些电子设备不能抵抗电磁干扰（抗干扰能力），则会出现工作不正常的状况（受到电磁干扰）。

为了保障车载电子设备不受电磁干扰而正常工作，可以通过设立电磁兼容标准，一方面限制所有车载设备所产生的对外干扰的强度，另一方面则要求所有车载设备具有足够的抗干扰能力。例如，我国汽车公告、3C 认证、推荐目录等均要求新能源汽车必须满足 GB14023 和 GB/T 18387 标准的要求。

由于电机控制器是新能源汽车中最大的电磁干扰源，电机控制器的电磁兼容问题最为突出。解决电磁干扰问题可以从降低干扰源强度或者阻断干扰信号通往其他车载设备的传导路径两个方面入手。目前车上采用的主要手段有屏蔽、接地、滤波，但这些是在控制器装车后根据主机厂的要求和检测的结果采取的阻断传导路径的方法，通常会增加体积和成本，并且效果也有限，面对未来对 EMC 传导辐射的更严要求显得捉襟见肘。因此，EMC 的问题特别需要在控制器设计之初就采取良好的硬件、结构和软件等 EMC 措施，对干扰源进行处理，如减小 di/dt 环路面积、降低 di/dt（dv/dt）开关速度等方式。由于 IGBT 模块本身是干扰源，这类从源头上解决 EMC 的方法甚至需要在功率半导体模块内部做文章。

未来新能源汽车 EMC 将面临更高要求和挑战：①面向未来智能化充电技术（V2X）在电力电子控制器上的集成趋势，需要尽快出台充电状态下的 EMC 标准；②SiC 功率器件普及后，会导致控制器功率密度更高、开关速度更快、EMI 更难抑制等问题；③EMC 对人体影响的测试标准等。因此，处理并解决 EMC 问题对标准制定者、整车厂和零部件厂商都是一个迫在眉睫的问题。

2. 800V 高压系统的趋势

目前绝大多数新能源汽车所采用的电池母线电压为直流 400V 左右。这一电压已成为电池包、电力电子模块、充电设施新能源汽车关键部件的设计标准。然而近年来，一些高端品牌如奔驰 AMG Project One、奥迪 AICON 以及保时捷 MissionE 等开始展示 800V 母线电压的概念系统。之所以要考虑 800V 高压系统，主要有两个原因：一是高端品牌车的动力系统峰值功率比较高（300~500kW），相比现在 400V 电压平台的纯电动乘用车，800V 高压平台使得同功率所传输的电流更小、控制器功率器件损耗更小、发热量更小，同时内部线束简化、控制器体积缩减。二是为了应用超快充系统。为了大大缩短充电时间，超快充系统的充电功率可达 300kW，因此需要采用 800V 的电压。

但是 800V 高压系统的应用还面临一些挑战：一是高压电池包每串的电池个数增加了一倍，对电池单元的一致性和电池包制造的质量管控要求更为严苛；二是将根本改变现有的电机控制系统以及充电设施的电压标准，这需要很大的投入；三是超快充系统所用的大功率直流充电桩不仅价格昂贵，而且对电网的负荷冲击很大，需要对电网加以改造。因此，短期来看，800V 高压系统仅能在一些细分高端新能源汽车市场出现，真正的推广应用还有一个过程。

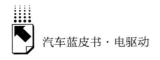

3. 关于软件架构方面的进展 AUTOSAR

AUTOSAR 是欧洲成熟车厂联合制定并使用的汽车开放系统架构，致力于为汽车工业开发一个开放的、标准化的软件架构，并以"标准上合作，应用上竞争"的思路提高基础平台的稳定性、降低开发成本、提高控制器产品的开发质量和速度。AUTOSAR 架构实现了对软件结构的统一，使得当底层软硬件配置升级时不需要更改整个系统，有利于未来整车系统软件的更新；同时也可以实现不同供应商的底层软硬件之间的互换性。目前各 OEM 都在着力研发的智能汽车、自动驾驶等技术，都对现有的汽车软件架构提出了较高的要求。零部件厂商也需要开发符合 AUTOSAR 要求的系统，以便进入主流车厂的供应链体系。因而 AUTOSAR 的推广成为汽车电子行业的趋势。但是该系统的推广应用需要芯片层、软件面乃至工具链层等一系列的上下游的配套支持。

国内主机厂如上汽、广汽、长安、吉利、奇瑞、一汽等众多厂家已经在车身控制器、空调控制器、新能源整车控制器、电机控制器、DC/DC 控制器、电子助力转向控制器等多种产品上进行尝试。2016 年同济大学中德学院、大郡控制、英飞凌科技公司及维克多联合宣布，成功研发出了基于英飞凌 AURIX 系列 TC275 单片机和维克多 AUTOSAR 4.0.3 规范（多核 OS）的电机控制器原型机，这也是国内首例 AURIX 系列单片机基于 AUTOSAR 架构的电机系统开发。

但是总体来说，目前国内主机厂及零部件供应商对软件的结构认识还不足，对实现一些功能的必要性也不完全清楚，因此需要继续投入和学习。

四 热点问题与发展建议

为了充分反映行业的情况和声音，报告编写人员对新能源汽车电驱动相关企业进行了调研，了解到各企业现阶段的主要经营困难和关注热点，以及对电驱动产业发展的建议。

热点问题一：新能源汽车控制器电子元器件受限，尤其是 IGBT 货少价高、可选性少，全球高功率半导体被国外企业占据。

发展建议如下：第一，引进国外先进的功率半导体厂商来中国合资建厂，联合开发适用中国汽车的产品。第二，国家应加大对国产功率半导体器件企业及下游电驱动企业的扶持力度。①营造鼓励国产 IGBT 器件制造商自主开发汽车用产品的环境。②设立机制鼓励整车厂指导并为国产 IGBT 的应用创造条件。③设立专项资金，制定减税或补贴政策。

热点问题二：新能源汽车政策调整多、变化快，超过汽车产品生命周期；同时补贴资金到位不及时，尚未惠及核心零部件企业，导致企业经营压力大，也对市场造成冲击。

发展建议如下：第一，提高政策的连续稳定和合理性。①重点做好补贴退坡策略：一方面注重补贴资金的延续和递减的合理性；另一方面，注重不同地区的特征和发展差异。制定有效的中长期保障措施，减轻企业压力，减少市场冲击和波动。②保持补贴退坡后的政策延续性，并尽早公布，以便企业做好有效的准备。从有利于核心技术的规划和市场推广的角度制定补贴政策。第二，加大对核心零部件企业的扶持力度。建议国家补贴政策重点应该由整车向核心零部件倾斜，核心零部件产业更需要培育和扶持，这样才能更好地保证整个产业链的协同发展。

热点问题三：国内汽车标准和技术数据库建设相对滞后，标准系统性不强，中国特色不明显，难以引导行业的技术发展。

发展建议如下：第一，重视标准的制定工作。紧紧贴近中国市场应用特点，并以此建立相应的产品标准是保护和推动本土工业发展的可靠途径。第二，标准要符合中国特色。在分析研究中国应用与国外应用差异的基础上，确定适用的、符合中国工业水平现状与发展前景的技术路线，并根据国内外技术情况适时修订产品标准。

五　总结

以新能源汽车为标志，汽车动力电气化已成为汽车行业不可逆转的趋

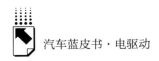
势。全球汽车工业巨头都在布局新能源汽车行业。在政府的大力推动下，经过十多年的努力，中国新能源汽车从无到有，进入了由政府补贴驱动转向政府法规主导、市场价值驱动的快速发展阶段，具有光明的前景。

电驱动系统是新能源汽车三大核心部件之一，具有竞争力的电机及控制器供应链是支撑中国新能源汽车发展的基础。借助有利的发展环境，国产电驱动产品在过去十多年中从无到有并取得长足进步，形成了涵盖从微型车到大型商用客车应用的完整系列；电驱动系统产业链上的国产供应商有 200 余家，国产电驱动系统及控制器的配套率高达 80%。但必须清醒地看到，随着新能源汽车市场由政策驱动转向市场驱动、国外先进整车和零部件供应商的大量进入，国产电驱动系统产业链在核心技术、产品开发、先进制造、经营管理等方面还有严重的不足，面临着巨大的挑战。要战胜这些挑战，既要求供应商企业扎扎实实苦练内功，也需要新能源汽车行业的通力协作和政策的大力支持。

随着电动汽车和智能汽车的深入发展，整车功能越来越复杂，安全要求越来越高。这就对电驱动系统尤其是电力电子控制器提出了越来越高的要求——体积更小、重量更轻、结构更紧凑、能耗更低、安全可靠性更高、成本更低。这些市场要求推动了一系列技术的进步：电驱动系统的机电一体化集成、功能安全的开发体系与产品认证、不断提高集成度和功率密度的电力电子控制器等等。而电力电子模块，包括今天的 IGBT 和即将到来的 SiC MOSFET，则是新能源汽车电驱动系统的核心技术，应该得到政府和行业的重视。

新能源汽车具有光明的前景，但道路是曲折甚至坎坷的。只有坚定信心，坚持投入，产业链上下游相互扶持，再加上政府政策的引导，新能源汽车事业才能爬坡过坎，取得成功。

本报告的撰写得到了中国汽车技术研究中心的指导和帮助。我们调研与访谈了国内外主要的电驱动系统厂家、行业内专家，伙伴的看法与问题对我们很有启发。报告中不少信息和技术参数来自典型企业的公开资料，市场数

据主要由中国汽车工业协会公布的数据整理而来，在此一并感谢。因受时间、篇幅所限，报告中的内容及分析未必全面、准确，疏漏及不当之处敬请专家、读者批评指正。新能源汽车电驱系统的市场、技术和产品迭代更新迅速，我们也将不断更新认识，为新能源汽车及电驱动系统行业发展尽微薄之力。

参考文献

［1］ IHS Markit. From Engine to Electrification.

［2］ 数据源自 MarkLines 汽车信息平台。

［3］ 数据源自中国汽车工业协会公布资料。

［4］ 国务院：《节能与新能源汽车产业发展规划（2012~2020 年）》，2012。

［5］ 节能与新能源汽车技术路线图战略咨询委员会、中国汽车工程学会：《节能与新能源汽车技术路线图》，2018。

［6］ 数据源自中国保监会公布资料。

［7］ 数据源自中国汽车技术研究中心。

［8］《深度解密丰田普锐斯电驱控制器》，车家号，2017 年 7 月 27 日。

［9］《高尔夫 GTE 混动技术解析》，太平洋汽车网，2016 年 5 月 7 日。

［10］《混动四驱 5 秒破百，比亚迪唐混动系统解析》，网易汽车，2014 年 4 月 24 日。

［11］ 数据源自精进电动科技有限公司公开演讲内容。

［12］ 数据源自英飞凌科技公司公开资料。

［13］ 数据源自比亚迪汽车公开讲演资料。

B.4
新能源汽车变速驱动产业发展报告

朱波　王兵　张农*

摘　要：　　目前市场量产的新能源汽车以直驱和单级减速器为主，这种驱动系统结构简单，但是难以达到性能的完美统一。电机高速化和传动系统多挡化被认为是电动汽车的发展方向之一，基于 AMT 结构的两挡变速器目前在商用车领域已实现产业化，但是在乘用车领域由于动力中断导致换挡平顺性变差，尚未大范围推广。多种耦合传动方式的乘用车多挡方案依然在尝试中。此外，轮边电机和轮毂电机也已被广泛研究，将成为驱动系统的发展方向。

变速驱动产业链，特别是自动变速器以及混合动力耦合传动系统一直以来被国外企业所垄断。但是电动汽车传动系统的特殊性，使得其设计和控制更为灵活、结构更为简单，也给国内传动系统供应商提供了机会，近年来出现了精进电动、松正、博越、绿控等国产供应商，对于打破国外垄断、促进国产技术的产业升级和大规模应用而言意义重大。

关键词：　新能源汽车　变速驱动　多挡传动　驱动系统

---

* 朱波，副研究员，高级工程师，合肥工业大学汽车工程技术研究院院长助理；王兵，合肥工业大学汽车工程技术研究院博士研究生；张农，千人计划专家，教授，合肥工业大学汽车工程技术研究院院长。

一　新能源汽车驱动系统技术

新能源汽车驱动系统主要分为纯电驱动系统和机电耦合驱动系统，驱动系统和整车控制对于整车性能至关重要。采用高效驱动系统可以在一定程度上减少电池用量，也可以改善因使用年限产生的电池性能衰减问题，驱动系统主要评价指标有动力性、经济性、安全性、平顺性等表征，这些指标直接与动力系统优劣密切相关。[①]

（一）纯电动汽车驱动系统

电机的输出特性和发动机有很大的不同：电机在低转速直到额定转速区间都能够保证最大扭矩输出，而发动机则是低转速时扭矩小，转速提升之后才能达到最大扭矩；驱动电机可以正反转且都能提供最大的扭矩输出，但发动机只能正转；发动机的高效区间比较小，需要通过变速器的换挡来维持工作在高效区内，但电机的高效区间比较大，即使是匹配单个速比的减速箱或直接驱动车桥也能满足电动汽车的基本行驶要求（见图1、图2）。所以纯电动汽车的底盘相较于传动汽车大大简化，电机和电机控制器取代了发动机和变速器等复杂的底盘系统，电动汽车的底盘布置和驱动控制也更加灵活。

纯电驱动从布置型式可以分为集中式驱动和分布式驱动。集中式驱动主要包括直驱、电机＋减速器、电机＋变速器（两挡、多挡），分布式驱动包括轮边电机、轮毂电机。目前纯电动乘用车主要使用单级减速的齿轮箱，对于比较重的纯电动客车或专用车，则有直驱、AMT 变速器和轮边电机驱动等驱动形式。[②]

---

① 罗本进、石照耀：《汽车专用混合动力变速器和电驱动系统及其变速器发展状况》，《汽车工艺师》2018 年第 9 期。

② 《纯电驱动技术详解》，https：//nev.ofweek.com/2017 – 06/ART – 71003 – 11000 – 30144594.html，2017 年 6 月。

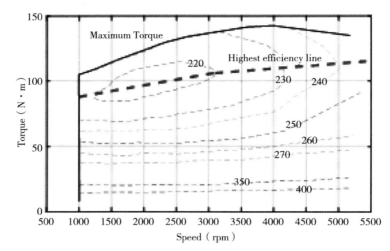

图 1　发动机效率 MAP 图

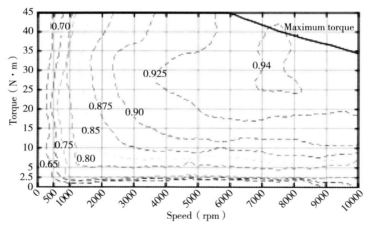

图 2　电机效率 MAP 图

1. 集中式驱动

（1）直驱

直驱是电动商用车使用最为广泛的方案之一。直驱电机直接与驱动桥相连，通过主减和差速后经左右半轴将动力传递给车轮，如图 3 所示。

这种驱动方式结构简单，但由于电机的动力性与高速性存在相互制约，为覆盖车辆在不同路况下的行驶需求，直驱电机必须选择整体较大的参数来兼顾

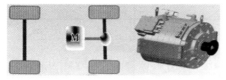

M-驱动电机

图3 直驱方案

所有区域，从而增大了直驱电机的重量、噪音和放电电流，降低了电机的使用效率，不利于轻量化和长续航。[①] 越来越多的纯电动客车开始在驱动电机与后桥主减之间匹配一个单级减速箱或 AMT 变速器，以减小对驱动电机功率和扭矩的需求，相应电机控制器的需求同步降低，整体系统成本反而没有因为增加一个 AMT 变速器或减速箱而增加，且电驱动系统效率更高。

（2）驱动电机与减速器集成

减速器主要是实现驱动电机减速增扭和差速输出的功能，当前市面上的纯电动乘用车和大部商用车基本是单级减速器，在中低端领域我国有很多厂家可以生产，但当转速提升至 12000rpm 以上的高端产品时，外资品牌的产品质量更优、性能更稳定。减速器需满足电机最大扭矩和最高转速输入的要求，总结目前市场上的纯电动车型减速箱的参数如表1所示。

表1 纯电动车型及减速箱参数

车辆类型	车辆型号	代表车辆	减速箱参数
乘用车	A00/A0 小型	北汽 EC180 知豆 D2 小蚂蚁 Nissan Leaf	130～200N·m 7000～8000rpm $i = 6.5～8$
乘用车	A 级紧凑型	吉利帝豪 EV 北汽 EU400	300N·m 10000～12000rpm $i = 8.23～9.5$
乘用车	中高性能	Tesla Mode 3 Bolt	350N·m 8000～16000rpm $i = 8～9.6$

---

① 曲荣海、秦川：《电动汽车及其驱动电机发展现状与展望》，《南方电网技术》2016 年第 3 期。

车辆类型	车辆型号	代表车辆	减速箱参数
乘用车	高性能	Tesla Mode S	$525\mathrm{N}\cdot\mathrm{m}$ 16000rpm $i=9.6$
乘用车	中型 SUV	宝马 I3 传祺 GE3 荣威 ERX5	$300\sim340\mathrm{N}\cdot\mathrm{m}$ $8500\sim12000$rpm $i=8\sim9.5$
乘用车	高性能 SUV	Tesla Mode X 蔚来 ES8 宝马 I8	$250\sim525\mathrm{N}\cdot\mathrm{m}$ $12000\sim16000$rpm $i=8\sim9.6$
专用车	小型物流车	东方 2.4t 箱货	$200\sim230\mathrm{N}\cdot\mathrm{m}$ $7000\sim8500$rpm $i=6\sim8.5$
专用车	中型物流车 轻卡	东方 4.5t 箱货	$300\sim350\mathrm{N}\cdot\mathrm{m}$ $8500\sim10000$rpm $i=2\sim2.4$

可以看出，对于乘用车来讲，随着车辆性能的提升，其减速器最大转速的要求提高，由于空间局限，需通过提高电机转速和增大减速比来满足动力性要求。对于专用车来讲，要求比较低、布置空间比较充足，目前很多专用车依旧使用前置后驱或中置后驱的动力布置方式，这种布置方式在驱动电机与后桥主减之间添加一个小减速比的减速器，也可以满足车辆的扭矩需求，典型的电机与单级减速器集成方案如图 4 所示。

（3）驱动电机与变速器集成

采用单一速比的减速器传动时，电动汽车的动力性能对驱动电机性能的要求较高，要求驱动电机既能在恒转矩区提供较高的驱动转矩，又能在恒功率区提供较高的转速，以满足车辆加速、爬坡、高速行驶的要求。驱动电机通常无法同时兼顾纯电动乘用车的动力性和经济性。尤其是在最高或最低车速以及低负荷条件下，驱动电机效率一般会降至 70% 以下。[①]

---

① 肖勇、吴星泰：《浅谈新能源汽车两挡变速器设计与实现》，《科学技术创新》2018 年第 20 期。

图4 驱动电机与减速器集成

Tesla 的第一个车型 Roadster 的最初设计是 180kW 电机匹配两挡变速器，后来由于变速器生产质量的问题被迫取消了变速器，但使电机功率增大到240kW 才能达到相同的性能。为了配合更大的电机，电池也需要从 60kW 增大到 80kW 以提供更大的输出功率。特斯拉 Model S 起步速度很快，但在中后段加速时动力不足，原因是受困于电机高速扭矩降低的特性。而宝马混合动力超跑 i8 的驱动电机匹配了 GKN 供应的两挡自动变速器（见图5），在纯电动模式下加速到 250km/h 的用时明显比特斯拉 Model S 短，综合电耗和动力性更具优势。

以某品牌汽车分别匹配单级减速器和两挡变速器为例，其一挡速比14.8、二挡速比 5.05。从图 6 可以看出，同样的电机转速，两挡箱在处于一挡时会获得更大的转矩，车速提高后，切换二挡又可获得较高车速。较小的二挡速比还能保证电机不会经常处于较高转速区间，不但避免了电机高速啸叫，获得了更好的 NVH，而且避免了高速电机难以解决的轴承润滑、密封和弱磁问题。

通过图 7 的仿真可以得出，使用两挡变速器后，电耗能够降低 6.3%、电池容量减少 8%、续航里程增加 6.4%。从性能来讲，两挡电驱桥有着诸

图5　GKN两挡变速器

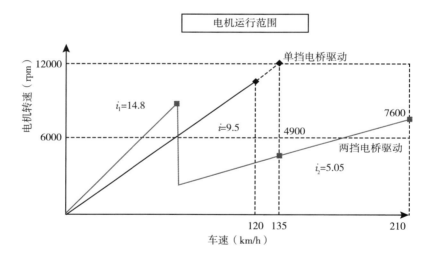

图6　单挡电桥驱动与两挡电桥驱动电机运行对比

多优势,但由于结构复杂必然带来成本的上升,换挡功能又带来了维护保养的困难。国际市场上吉凯恩、博世和舍弗勒等都已经推出两挡电驱动桥的产品,国内企业如苏州绿控也专注于变速驱动系统的研发和推广,变速驱动系统是未来的一个发展方向,电机、电控、变速器三合一的电驱动桥将会成为

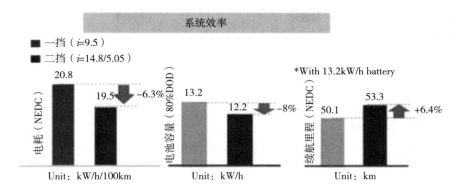

图7　单挡电桥驱动与两挡电桥驱动系统效率对比

未来新能源车型发展的趋势和目标。[①]

2. 分布式驱动

（1）轮边驱动

轮边电机是电机装在车轮边上以单独驱动车轮，两侧分别一个电机＋减速箱，取消了主减速器和差速器，有利于减轻动力传动系统质量，提高传动效率，有利于优化整车的总布置和动力学性能匹配，综合电耗较好（见图8）。

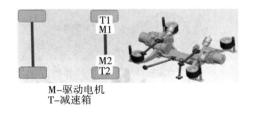

图8　轮边电驱桥方案

采埃孚是国际上第一家开发轮边电机电驱动车桥的公司，最早在沃尔沃客车上应用，国内陆续有比亚迪、长江客车（五龙公司），中植客车带独立悬架轮边电机的客车进入公告目录，宇通也在研发生产轮边电机。

---

①　盖世汽车网，http：//auto.gasgoo.com/。

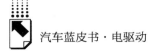

　　轮边电机要比集中驱动的电机技术要求更高。轮边电机居于簧下，需要更好的抗震性和密封性，小体积、低重量、低噪音、低发热，使设计难度加大。轮边电机通过控制两个电机来实现驱动和差速，整体技术难度比较高，尚未实现大规模的推广和应用，市场还需要给轮边电机更多的时间来验证和完善，但这是技术的发展方向之一。

　　（2）轮毂电机

　　轮毂电机的技术就是将电机集成在轮毂内，不经过任何机械结构的传递，直接驱动车轮（见图9、图10）。

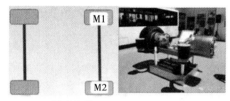

M–驱动电机

图9　轮毂电驱桥方案

图10　Protean 轮毂电机

　　轮毂电机的优点是高度集成化可提高传动效率、减轻重量、提高续航里程、节省车舱的布置空间、更容易地实现复杂的控制、制动能量回收率高、成本优势大、节省了复杂的传动机构、整车成本会下降。不过目前由于轮毂电机产业化还远远不够，而且技术被少数公司垄断，轮毂电机成本还居高不下。

轮毂电机的缺点是簧下质量增加使得悬架的响应会变慢，从而影响整车舒适性，由于电机内置在轮毂里，对于防水、防尘、防震设计的要求就很高，电机工作及机械制动时都会产生大量热量，冷却散热的问题待解决。

轮毂电机涉及机、电、热等很多技术难题，不过随着轮毂电机前景被各大车企看好，轮毂电机的技术攻克将加速产品的产业化进程。

（二）混合动力汽车变速器

混合动力汽车大类上可以分为串联式、并联式和功率分流式这三种方式，在实际的工程应用中并联式和功率分流式都有不同的布置结构，根据所使用的变速器不同，有基于 CVT、AT 和 DCT 的混合动力结构，根据电机布置位置的不同和对混合动力程度要求的不同，使用电机的型号和数量也不同，代号从 P0 开始到 P4 及 PS，可以分为弱混、中混和强混（见图 11）。

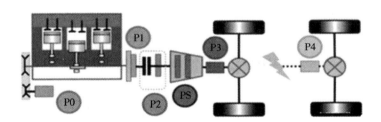

图 11　混合动力汽车布置结构

P0 电机置于变速器之前，皮带驱动 BSG 电机（启动、发电一体电机）；P1 电机置于变速器之前，安装在发动机曲轴上，在离合器之前，使用的电机一般称为 ISG 电机；P2 电机置于变速器的输入端，在离合器之后；P3 电机置于变速器的输出端，与发动机分享同一根轴，同源输出；P4 电机置于变速器之后，与发动机的输出轴分离，一般是驱动无动力的轮子；PS 一般使用两个电机且与变速器深度集成，也是功率分流式的布置结构。P0 和 P1

属于弱混范畴，使用的电机功率比较小，是 12V 或 48V 系统，其主要作用为辅助发动机运转，不能用在插电式混合动力汽车上，在我国不属于新能源汽车的范畴。P2、P3 和 P4 则属于中混或重混范畴，在 P4 系统中，后桥上会加一个电驱动系统，沃尔沃 XC90、长城 P8 即采取此种结构，这个后桥上的电驱动系统可与纯电动车上的相一致。混合动力汽车一般将电机集成进入变速器的壳体中，由于其机构复杂，价格比较昂贵。[①]

（三）典型混合动力汽车变速器结构分析

串并联和功率分流是混联式混合动力最常见的两种构型，最为典型的代表就是本田 iMMD（intelligent Multi-Mode Drive）与丰田 THS。两种构型最大的区别就是功率分流使用了行星齿轮排，也叫作功率分流器或者 eCVT，对发动机的输出功率进行分配；而串并联则通过控制离合器的开合实现不同的混动模式。

1. 丰田普锐斯专用混合动力变速器

最有名的专用混合动力变速器是丰田在 1997 年推出的普锐斯车上所用的混合动力系统 THS（Toyota Hybrid System），图 12 是 2009 年推出的第三代 THS。

其中的 Power Split Device（PSD）为一个行星齿轮组，实现功率、转矩和转速的分配。根据驾驶工况的不同可以实现纯电驱动和混合驱动等模式。电动机 M2 纯电行驶时，发动机通过电动机 MG1 给电池充电，实现串联混合动力模式；发动机也可以与电动机 MG2（或者 MG1）同时驱动汽车，形成并联混合动力驱动模式。所以普锐斯 THS 可以称为串并联混合动力系统或者功率分流混合动力。

由于行星齿轮副的双速度控制特点，普锐斯混合动力可以不锁止零件，而是通过电动机或发动机控制其转矩比例，从而无级调节传动比。所以其也被称为电动无级变速器（eCVT）。

---

① 罗本进、石照耀：《汽车专用混合动力变速器和电驱动系统及其变速器发展状况》，《汽车工艺师》2018 年第 9 期。

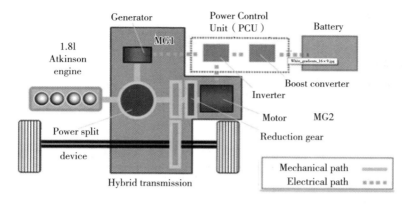

图 12　第三代 THS

　　THS 的变速器机构比较简单，但是通过与电动机的集成形成很好的混合动力系统，NEDC 工况下油耗可以降到百公里 3.4L 以下，整车可以在保证油耗性下也能实现很好的驾驶性能。

2. 本田 iMMD 混合动力系统

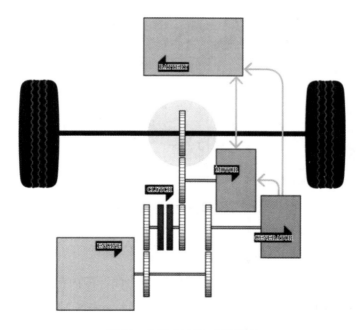

图 13　本田 iMMD 系统原理

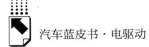

图 14 显示了 iMMD 的构成和工作模式：通过几副减速齿轮和一个锁止离合器实现电动机驱动和发动机的动力输出控制，如纯电驱动、混合动力、发动机驱动、驻车充电。

大众正在开发的专用混合动力变速器 TwinDrive 采用与本田 iMMD 近似的结构，构成和工作模式如图 15、图 16 所示。

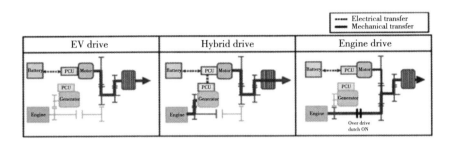

图 14　iMMD 多模式混合动力系统构成和工作模式

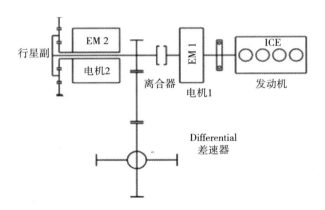

图 15　大众混合动力变速器 TwinDrive 结构

3. 上汽荣威电驱动变速器 EDU

双电动机结构的专用混合动力变速器（DHT）国内代表产品是上汽搭载在插电强混的量产车型荣威 e550 和 e950 上的电驱变速器 EDU（Electric Drive Unit）。

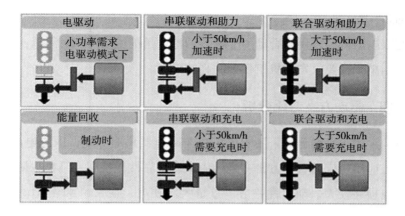

图 16　大众混合动力变速器 TwinDrive 工作模式

上汽电驱动变速器 NEDC 综合能耗据资料可以达到百公里 1.7L，纯电行驶 60km（见图 17）。

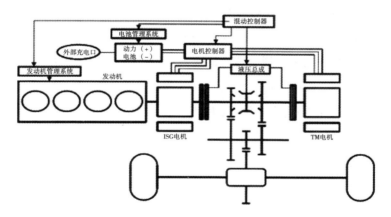

图 17　上汽荣威电驱动变速器 EDU

上海精进电动公司提出的 DHT 方案，利用双电动机实现串并联混合驱动，适用于串联增程系统或串并联混动系统，同轴双电机系统包括高转矩主驱动电机和薄型 ISG 发电机，双电机之间有自动离合器，可以实现纯电动、串联驱动、并联驱动、发动机直接驱动四种驱动模式。采用双电动机 DHT 的产品还有通用的 Voltec、爱信的 2 - Motor Hybrid、吉凯恩（GKN）的

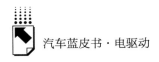

Multimode eTransmission 等。

配双电动机的专用混合动力变速器的特点是机械结构相对简单，一般不需要换挡单元，要求发动机工作区的高效工作。

（四）驱动方案对比分析

目前乘用车市场普遍采用永磁电机与减速器集成方案，国内电动客车、物流车上应用较广的直驱方案有结构简单、可靠性比较高、维护方便等优点但也有电损耗较大、动力性一般、重量大等缺点，在 4.5t 以上物流车上逐渐被电机匹配减速器和变速器系统替代。一体化电驱桥方案，由于电驱桥簧下质量重，在 2.5t 以下微卡或者 10t 以上重卡上应用较多；非一体化电驱桥因为布置方式可以解放电池布置的空间，目前在 3.5t 和 4.5t 级车型上有小批量的应用。

现阶段市场逐渐倾向于轻量化优势和成本优势更大的电机加变速器的方案，由于电机的高效区较宽，变速器一般采用两挡箱即可。中央电驱桥特别是带两挡的电驱桥因为取消了传统的主减速器，可以明显地降低电耗，在商用车或乘用车上有较好的应用潜力。

总之，新的补贴政策中并未针对动力系统提出明确的技术升级要求，但在补贴额度下降和续航里程提升的大环境下，实际要求电机电控系统降低成本，采用轻量化设计。

下面针对 4.5t 物流车常用驱动系统进行效率对比分析，在 CWTVC 工况下，以苏州绿控公司的 TED940（350N·m + AMT）变速驱动系统与 900N·m 直驱系统做对比分析。

表2　350N·m + AMT 系统与 900N·m 直驱系统对比

动力系统	电动平均效率(%)	发电平均效率(%)	百公里电耗(kW/h)	电耗对比(%)
900N·m 直驱系统	89.2	86.9	41.8	——
350N·m + AMT 系统	91.7	88.3	39.9	-4.6

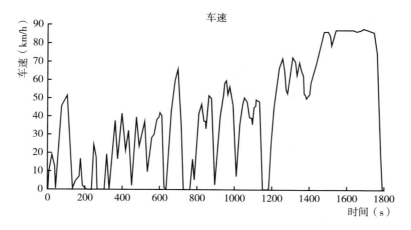

图 18　CWTVC 工况

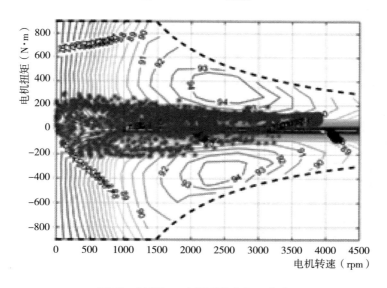

图 19　900N·m 直驱系统电机工作点

　　TED940 系统的电耗下降 4.6%，工况点更多地分布在高效率区。低速运行时，直驱效率更优；中高速匀速和工况运行时，变速器方案最优。从效率和整车成本角度，采用变速器可在不损失系统性的前提下减少对控制器的要求，从而降低成本，变速器方案对电动物流车来说是更好的选择。

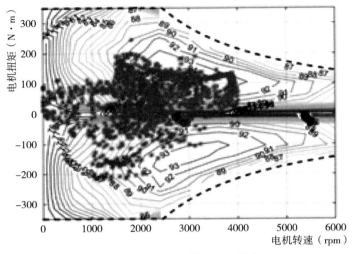

图20　TED940系统电机工作点

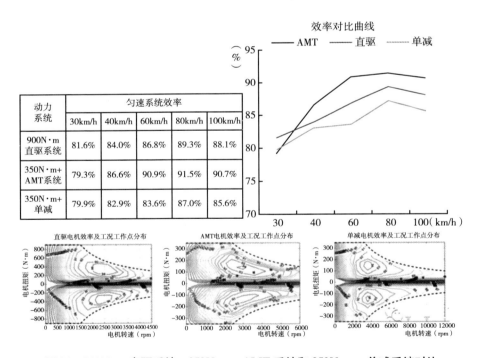

动力系统	匀速系统效率				
	30km/h	40km/h	60km/h	80km/h	100km/h
900N·m 直驱系统	81.6%	84.0%	86.8%	89.3%	88.1%
350N·m+ AMT系统	79.3%	86.6%	90.9%	91.5%	90.7%
350N·m+ 单减	79.9%	82.9%	83.6%	87.0%	85.6%

图21　900N·m直驱系统、350N·m + AMT系统和350N·m + 单减系统对比

表3　不同驱动方案对比

评价指标	直驱系统	电机＋减速器	电机＋变速器	整体桥驱动	轮边驱动
动力性	一般	较好	好	好	好
电耗	一般	较好	好	较好	较好
重量	重	轻	轻	轻	重
成本	大，扭矩高	大，扭矩高	大，扭矩低	较低	高
可靠性	高	高	较高	高	较高
舒适性	好	好	较好	较好	一般

（五）新能源汽车变速器技术发展趋势

1. 变速器与电机或电机控制器深度集成

纯电动乘用车使用的减速器或变速器结构简单、单价较低，与驱动电机和电机控制器联系紧密，在未来成本压力和集成化的趋势下很难成为独立的部件。国内外的减速器厂商纷纷推出集成化的产品，如博格华纳公司收购雷米电机公司后推出电机和齿轮箱共壳体的集成方案、GKN 公司推出与电机和齿轮箱同轴系统的深度集成方案、上海汽车变速器公司推出了电机与齿轮箱共轴、共壳体的方案、株齿推出了集成电机和控制器的三合一方案、鑫可精机也推出了减速器与电机和控制器集成的三合一方案。深度集成将成为未来纯电动乘用车变速器的发展方向。

混合动力汽车车上布置的空间较小，所以变速器与电机深度集成是必然的发展要求。国外的变速厂商基本都推出了与电机深度集成的前驱或后驱的混合动力变速器方案，并已经与整车厂战略合作开始量产装车投放市场。我国的变速器供应厂商如东安动力、万里扬、盛瑞传动等也纷纷推出了类似的产品。

2. 纯电动车上高速减速器的使用将越来越普遍，多挡箱会逐渐普及

电机高速化是未来的发展趋势，高速齿轮箱适配的车型会越来越多，很多国内外厂商尝试在纯电动乘用车上适配两挡或多挡的减速器，调节电机工作在高效区间以提高整车动力性和经济性能。但是两挡或多挡减速器在换挡

时电机转速变化率较高，换挡的平顺性是技术难点，在目前技术还未成熟的情况下暂时还没能够大范围地推广应用。随着技术的成熟，多挡箱的普及也是新能源汽车驱动系统的一个重要发展趋势。

在 P4 布置结构的混合动力汽车或者后驱的纯电动乘用车系统中，需要在后驱布置一个电驱动桥，这个后驱动桥的布置空间非常小，对电驱动系统的体积提出了新的要求。在这种情况下，行星齿轮系统由于体积小、传动效率高可被应用在减速器中，日本 NSK 公司已经推出了该类产品，但成本较高。此外，同轴系统也基于布置空间小的因素开始了一些应用，如沃尔沃 XC90 的车型中后电驱桥采用的是由 GKN 公司提供的同轴系统。

3. 分布式动力系统将会替代部分新能源客车的减速器或变速器系统，但其短期内在乘用车上很难大范围应用

分布式动力系统即采用轮毂电机或轮边电机的动力系统，这两种动力系统的特点是驱动电机布置在车轮上或车轮边直接驱动车轮或通过单级大减速比的减速箱驱动车轮，优势是传动系统比较简单，可提高传动效率，还能够节省布置空间，但劣势是增大了簧下质量，造成车辆的舒适性、操纵性降低，部件工作条件相对更恶劣，产品耐久与稳定性存疑，整车控制算法控制复杂，成本较高。采埃孚公司已经针对乘用车开发出一套轮边电机的驱动样机，不过基于以上劣势，短期内在乘用车上可能很难看到分布式动力系统尤其是轮毂电机系统大范围的应用。①

二 新能源变速驱动系统市场分析

（一）新能源汽车变速器企业及市场

1. 国外新能源汽车变速器企业和市场

数据预测，到 2030 年，汽车行业 1/3 的车型将是纯电动车和混合电动

---

① 曲荣海、秦川：《电动汽车及其驱动电机发展现状与展望》，《南方电网技术》2016 年第 3 期。

汽车。为此，全球各大零部件厂商纷纷加快布局新能源市场。目前，变速器行业领导者采埃孚、博世、大陆、爱信等集团纷纷布局新能源市场，并发布产业规划。吉凯恩、博格华纳、伊顿、博世、大陆电子、法雷奥等厂商在传统的变速器和新能源变速器领域有大量的技术积累，在国际市场也占据重要地位（见表4）。

表4 主流车厂新能源汽车变速器/减速器主要供应商

汽车生产商	变速器供应商	供应商与厂商关系
Tesla	In house	——
BWM	In house/GKN	战略合作
Chevrolet	In house/GM	——
Nissan	In house/Jatco	股权关系
Toyota	In house/Aisin	股权关系
Volkswagen	In house/ZF	战略合作
Renault	In house/Continental	战略合作
Mercedes	In house/BOSCH/Contiental/ZF	战略合作
Mitsubishi	In house/GKN/Jatco	战略合作
Hyundai	Mobis	——
Honda	In house/Jatco/Aisin	——
Ford	In house	——

（1）采埃孚（ZF）

作为全球三大变速器之一的采埃孚在新能源领域动作频频。为了满足合作车企实现电气化转型的需求，采埃孚已着手研究新型驱动技术，已有CeTrax"即插即用"系统、TraXonHybrid 并联混合动力系统等多项技术可供市场使用。

采埃孚中国市场走向方面，采埃孚早在 2016 年初，就已经在中国成立电动技术事业部，并将其所有的电驱动业务进行了全面整合。该部门主要侧重于在中国开发并生产高度集成的解决方案，主要产品为乘用车混合动力系统、纯电动车桥驱动系统。从采埃孚的客户目前发布的新能源车型来看，混合动力系统是其主要研发方向。从合作客户 BBA 的量产车型看，只有宝马

i3、i7 两款纯电动汽车，而混动汽车则多达十几款，公司未来将引入 10 款电动车型及 40 款混动车型。以中国为主导的亚太区市场是采埃孚股份公司最重要的市场之一。

2018 年采埃孚官方发布了一款用于前置前驱动力布局混合动力汽车的电动电控机械式自动变速器（EAMT）。该款变速器（见图 22）是将该公司的电驱动系统（EVD）与电控机械式自动变速器（AMT）集成为一个系统的产品。EAMT 与前置的动力单元组成车辆的动力系统。由于 EAMT 自带电驱动单元，不再受发动机牵引力中断的影响，可以持续地输出动力，并可以提升整车的加速能力。

图 22　采埃孚的 EAMT

EAMT 遇到的最大挑战就是成本以及安装空间限制，特别是对小型和紧凑型前驱混动车来说更是如此。针对商用车，采埃孚近期向福田汽车提供了 TraXon 自动变速器。除了福田外，包括 MAN、Iveco 以及福特卡车在内的卡车制造商都已采购了采埃孚独特的 TraXon 自动变速器。该变速器系统已在全新上市的福田欧曼 EST - A 重型卡车中首次亮相。对于采埃孚而言，中国是其最大也是最重要的市场之一。

（2）吉凯恩（GKN）

2014 年 GKN 推出其首款双速 e－Axle 传动模块（见图 23），投产后应用于宝马 i8 插电式混合动力跑车。作为第一家生产混动车型双速驱动模块的一级供应商，GKN 奠定了其在电力驱动技术和混合动力传动系统领域佼佼者的地位。

图 23　吉凯恩双速 e－Axle 传动模块

该模块为电动机额外增加一个齿轮传动比，可以提高车辆的加速性能，同时增加纯电动模式行驶里程，还使得电动机及其相连各系统的尺寸降低，重量减轻，进一步提高效能，显著降低二氧化碳的排放量。

宝马混动超跑 i8 的驱动电机匹配了 GKN 供应的两速自动变速器，使得宝马 i8 在纯电动模式下加速到 250km/h 的用时明显比特斯拉 Model S 短，平滑的电机激励换挡操作使得 e－Axle 成为标杆产品，该换挡机构已经在一系列产品中得到证实，工作稳定且性价比高。

2017 年 4 月 18 日，GKN 中国合资企业纳铁福（SDS）在上海工厂进行最新电力驱动（eDrive）技术的生产，预期到 2019 年中国将成为吉凯恩顶尖电动传动系统的全球生产中心。中国是全球增长最快的电动车市场，到 2025 年，市场预测中国电动车和混合动力汽车产量增长率将超过 400%，实现年产量近 400 万辆。吉凯恩预计，纳铁福 eDrive 生产中心将于 2025 年实现年产量超过 100 万辆。

（3）舍弗勒（Schaeffler）

舍弗勒开发的电桥为混合动力和纯电动汽车提供了一种模块化的解决方

案。德国舍弗勒研制出两挡DCT（见图24），通过装车对比试验，两挡DCT纯电动车可以比单级减速器纯电动车提高续驶里程10%。

图24　舍弗勒两挡变速器

针对插电式混合动力汽车，如果车辆要求高动态性能、高达120km/h的纯电动行驶速度和更高的车速，还可增加一个减速齿轮。此外，利用舍弗勒开发的两挡电桥，还可以通过转矩矢量分配单元来提升车辆的侧向动态性能。该功能通过增加一个变速器和7kW的电机来实现。

该产品优化了设计成本，可实现高达3000N·m的输出转矩，以及210km/h的最高车速。由于采用了两挡设计，可以让驱动电机始终工作在高效区域，系统效率更高，在EV模式下可以获得更长的续航里程。该电桥外形尺寸较小，同时提高了整车的承载能力。

采用舍弗勒两挡减速器的车型如下。

①长安CS75 PHEV

该首次应用P134技术平台，搭载前后三电机+1.5T涡轮增压发动机的组合，从而实现全时电四驱。P134结构的前双电机+后桥独立集成电机组成的三电机系统中，P1电机（70kW）与发动机曲轴相连，主要负责启动机+发电机的工作，不参与动力输出。P3电机位于前轴动力输出端，可输出70kW最大功率、200N·m的最大扭矩，前桥的减速器由GKN提供，是一个多模组的单级减速器。P4电机与舍弗勒提供的两挡减速器位于后桥，可以输出 80kW 最大功率、200N·m 的最大扭矩。

②长城 P8 PHEV

长城 P8 的后轴匹配了一部舍弗勒两挡减速器。长城 P8 能够在纯电模式下达到 130 公里/小时的车速，可以很好地配合前轴的汽油动力部分。

传统汽车变速器技术经过多年的发展，竞争格局基本确定，知名厂家——德国采埃孚（ZF）、舍弗勒、格特拉克（Getrag，Magna 收购）、日本爱信（Aisin）、日本捷特科（Jatco）占据了全球 80% 以上的汽车变速器市场份额，而这几家公司也是全球所有汽车主机厂的核心供应商。纯电动和混合动力新能源汽车的变速器需要在传统汽车变速器的技术上再次开发，且技术更复杂，原有的变速器零部件巨头优势明显，这些企业仍然是未来新能源变速器的主流供应商。

2. 我国新能源汽车变速器企业及市场

从车型功能区分为乘用车和商用车变速器厂家，其中乘用车新能源汽车变速器厂家有精进电机、重庆青山、上海变速器公司，商用车新能源汽车变速器厂家有南京越博、苏州绿控传动、武汉合康动力等。从市场推广情况发现，新能源商用车对变速器的应用更为合适，市场化比重高于乘用车。从总体市场情况看，新能源汽车变速器市场处于起步阶段，更多的主机厂对新能源变速器的市场应用认知加强，同时变速器企业仍然需要提高产品技术水平，在高转速、多挡化、平顺性、可靠性、NVH 水平方面继续提升，以满足市场的需求。

（1）精进电动科技股份有限公司（精进电机）

精进电机是我国新能源汽车电机系统和电驱动总成领域领军企业，技术路线覆盖纯电动、插电混合动力、混合动力等，驱动电机产品形成了高功率密度、高转矩密度和高可靠性的技术特色。

电磁换挡两挡自动变速器（EMAT）是精进电动专门为新能源汽车研制的变速器，在变速器内部采用两个电磁离合器，构成直接挡和一个减速挡，减速挡的速比达到 2.5 ~ 3.6。该创新设计用电磁操作机构取代了传统 AMT 变速器复杂易损的执行机构，大大提高了可靠性，降低了变速器的使用成本和维保成本，实现了直接挡99.5%、一挡98.5%的高传动效率。由于系统在绝大部分时间工作在直接挡，传动效率非常高。相对于直驱电机，两挡变速器改善了爬坡度和最高车速，系统减重1/3，目前已经全面用于单电机纯电驱动、高功率双电机动力分配纯电驱动、ISG混联插电混合动力系统。

图25　电磁换挡两挡自动变速器（EMAT）驱动总成

（2）苏州绿控传动科技有限公司

绿控TED系列基于AMT纯电动系统，永磁同步电机作为驱动，AMT自动变速器与电机同轴连接（见图26）。利用变速器调速增扭的特性，实现匹配较小电机达到直驱大电机的效果；同时让车辆具有更强的适应性和更高的效率。目前该系列的销量已突破10000台，绿控匹配纯电动物流车的产品能够实现从2.5t到55t的全覆盖。

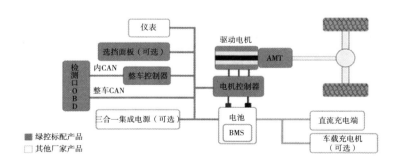

图26　TED系统方案

在国内混合动力客车驱动市场，绿控是领先的企业。数据显示，2017年，绿控传动在国内插电式混合动力客车市场的配套占有率继续超过30%。绿控传动经典的 6 挡 AMT + 电机混合动力系统，已经为国内几乎所有客车企业实现批量配套。

（3）南京越博动力系统股份有限公司（南京越博）

南京越博是国内领先的新能源汽车动力总成系统产品和解决方案提供商，2018 年 5 月 8 日在深交所创业板成功上市，总资产超过 10 亿元。越博动力目前主要产品为纯电动汽车动力总成系统，包括整车控制系统、驱动电机系统、自动变速系统，主要运用于纯电动客车领域、纯电动物流车等专用车领域。该公司研发的全球首个纯电动车双电机双自动变速器（DET）产品大幅提升了整车性能。

DET 系统采用两套不同性能的电机，工作过程中一个高效区在低速，一个高效区在高速，每个电机同时有两个挡位，保证电机在多工况下尽可能工作在高效区内。DET 系统将电机驱动单元与电机集成为一体，易于布置，双电机相比原来的单电机，尺寸大幅度缩小，电池的续驶里程也有很大提高。目前市场主流的 11m 以上通勤客车直驱系统 1km 耗电 1.2 度，南京越博做到了 1km 耗电不到 0.8 度，将续航能力提升 20% 以上。

DET 系统提高纯电动汽车爬坡度，噪音低，具有更好的驾驶体验。这套系统首先应用在商用车上。此外，越博针对轻型客车和 SUV 设计的纯电动四驱动力系统，提供了更强的动力性和高速巡航能力；针对微型面包车采用两挡桥箱一体化创新设计。

（4）上海汽车变速器有限公司（上汽变速器）

上汽变速器是国内最具影响力的汽车变速器专业生产企业。在混动车领域，上汽自动变速器技术有很大优势，eDCT 为所有混合动力汽车提供了解决方案。该混合动力变速器平台基于双离合变速器 DCT360 自主开发，集成高性能驱动电机，可以实现 3 个纯电动挡位和 9 种混合动力模式，提高了发动机和电机运行区间的效率（见图 27）。另外，电机与齿轴系统平行布置，

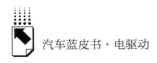

结构紧凑，易于整车布置，成本低，产品经济性高，可选48~360V电压方案，设计兼顾中混、强混、插电式混合和纯电需求。

图27　eDCT混合动力变速器

SH35E1A是其自主开发的一款高转速、大转矩（见图28）e-Axle电桥电驱单元总成，具有高集成度、高功率密度、高可靠性等特点，该产品可应用于纯电动、燃料电池及混合动力车辆。

图28　SH35E1A混合动力变速器

（二）新能源汽车变速器市场分析

新能源乘用车方面，我国变速器供应商产品主要集中在中低端减速箱领域，混动变速器力量薄弱，供应商参与度低。在新能源乘用车所配套的变速器中，纯电动一般会匹配减速器而混合动力需要匹配变速器。根据我国纯电动乘用车的销售结构，目前 A00 或 A0 级车型占据主导地位，而这些车型对齿轮箱的要求较低，转速一般在万转以内，国内厂商众多，竞争激烈。而对于转速要求在万转以上时，目前仅有几家第三方国内厂商能够实现批量供货，包括株洲齿轮、青山工业和上海变速器等，但产品质量还不够稳定。国内稍高端的车型一般选用博格华纳和格特拉格的齿轮箱作为一供，国内减速器厂商作为二供或备选方案。

我国自动变速器的起步比较晚，虽然有山东盛瑞、万里扬、东安动力、科力远、双林股份、江麓容大、上海汽车变速器、比亚迪等企业在努力实现变速器的国产化，但是产品的稳定性与质量依旧难以匹敌外资厂商，因此在混合动力领域上，我国的变速器发展比较滞后。目前市场上销量较高的混合动力汽车主要由比亚迪和上汽乘用车生产，所使用的变速器也是集团内部体系供应。除去这两个厂商外，长安汽车、长城汽车、广汽乘用车也有 PHEV 的车型发布，但销量还不多。当前主要还是整车厂主导混合动力系统的开发，借助厂商内部的资源进行整合，国内供应商参与度相对来讲较小、力量薄弱。

表 5 总结了 2018 年我国销量排名靠前的新能源汽车所匹配的变速器或减速器供应商。可以看到除博格华纳外都是国内的供应商，但从所匹配的车型可看出这些产品基本集中在中低端领域的纯电动乘用车。株齿、青山工业、上汽变速器相对来讲，配套的车型较多，出货量较大，可视为行业的纯电动乘用变速器的行业龙头企业。

随着新能源汽车中高端车型的陆续投放，电机转速逐渐增加，对所匹配的齿轮箱要求也会更高，外资厂商的市场份额大概率会继续提升，市场的竞争格局可能会有所变化。

对于新能源客车和新能源专用车来说，其变速器的技术要求相对新能源乘用车较低、单一型号量不大，外资品牌不是很关注这一市场，国内供应商又对此市场更熟悉，因此国内供应商占据该市场的绝大部分份额。根据车辆的重量与动力系统的架构不同，有使用 AMT 变速器的纯电动客车和纯电动专用车，也有使用小减速比减速器的纯电动专用车。

目前较大型的新能源客车和专用车变速器供应商主要有苏州绿控、南京越博、武汉合康动力、杭齿前进、陕西法士特、天津中德等，还有很多较小型的厂商，除苏州绿控在一汽解放 J6F 电动厢货车有批量供货、南京越博在东风汽车电动轻卡上有批量使用外，其他暂时还没有找到相应的厂商出货数据。

表5　2018 年我国销量排名靠前的新能源汽车所匹配的变速器/减速器供应商

单位：辆

车型	2018 年销量	变速器/减速器供应商	车型等级
BAIC EC – Series	78079	株齿	A00 纯电动
Zhidou D2 EV	42342	鑫可精机/株齿	A00 纯电动
BYD Song PHEV	30920	比亚迪	SUV
Chery EQ	27444	恒旺达/冀鑫	A00 纯电动
JAC IEV6S/E	25741	冠龙	A0 纯电动
BYD E5	23601	比亚迪	MPV 纯电动
Geely Emgrand EV	23324	博格华纳/鑫可精机	A 纯电动
BYD Qin PHEV	20738	比亚迪	A
SAIC Roewe eRX5 PHEV	19510	上汽变速器有限公司	SUV
Zotye E200	16751	上汽变速器有限公司	A00 纯电动
JMC E100	15491	江铃新能源	A00 纯电动
BYD Tang	14592	比亚迪	SUV
Changan Benni EV	14549	青山工业	A0 纯电动
BAIC EU – Series	13158	青山工业/株齿	A 纯电动
合计	366240		

（三）新能源驱动系统发展趋势

1. 一体化

目前纯电动乘用车的电机、电控、变速器等的一体化趋势比较明显，未来为了进一步降低重量、成本，纯电动商用车的驱动系统也会慢慢向一体化方向发展。

2. 多元化

针对不同车型采用最具竞争力的动力系统方案匹配。整体变速桥式系统会是未来新能源变速驱动主流的发展方向，同时分布式轮边变速驱动系统在重型车和乘用车上有很大的发展优势。

3. 高效率

提高动力系统效率，在不降低续航里程的情况下减少电池装载量，降低整车成本，而高效率即要求单电机的效率更高，优化动力系统的匹配和控制也是很好的方式，提高电机转速配合多挡变速器的方案正在成为主流。

4. 轻量化

轻量化已经成为整个行业的共识，对各种零部件都有轻量化的要求。需要提高电机的转矩和功率密度，以降低电机重量。同时选择合适的动力系统也是途径之一。

5. 低成本

低成本不是降质量，而是通过技术创新和批量化来降低动力系统成本。选择合适的动力系统方案是降低成本的主要方式。

参考文献

［1］董本云：《我国新能源汽车产业发展现状、问题及对策》，《企业经济》2015年第3期。

［2］刘露阳：《国家新能源汽车战略下格力新能源汽车战略分析》，《中国集体经济》2018年第10期。

［3］邵宏杰：《新能源汽车现状及发展趋势分析》，《中国战略新兴产业》2018年第10期。

［4］阿依波·达因别克：《政府补贴的法律规制——基于新能源汽车产业政府补贴政策周期的考察》，《中国战略新兴产业》2018年第10期。

［5］罗本进、石照耀：《汽车专用混合动力变速器和电驱动系统及其变速器发展状况》，《汽车工艺师》2018年第9期。

［6］《纯电驱动技术详解》，https：//nev.ofweek.com/2017-06/ART-71003-11000-

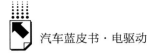
30144594. html，2017 年 6 月。

[7] 曲荣海、秦川：《电动汽车及其驱动电机发展现状与展望》，《南方电网技术》
2016 年第 3 期。

[8] 肖勇、吴星泰：《浅谈新能源汽车两挡变速器设计与实现》，《科学技术创新》
2018 年第 20 期。

[9] 杨良会：《纯电动汽车动力系统发展现状与趋势》，https：//mp. weixin. qq. com/
s/U9z672lG5B_ bEfgpxLmm0w。

[10] 赵慧超：《新能源电驱动系统发展趋势及关键技术》，https：//mp. weixin. qq.
com/s/tPq0yp1Q5nnZroaYYkOe6w。

B.5
扁线电机制造工艺装备产业发展报告

王淑旺　郗世洪　汪波　朱标龙*

摘　要： 2018 年，我国驱动电机产品技术进一步提升，电机、控制器和减速器三合一产品，高功率密度小型化产品，扁线电机等产品不断地迭代。随着对电机效率、功率密度需求的不断提升，扁线电机成为重要的发展方向。扁线电机不仅具有高槽满率、散热性能好、用铜量少等优点，而且方便批量生产。产品的发展必然带动工艺装备产业的发展。本文从扁线电机的特点、制造工艺过程和关键设备等方面进行论述。

关键词： 扁线电机　工艺装备　驱动电机产品

一　扁线电机应用现状

近年来，电动汽车发展迅速，已经成为汽车行业的主要发展趋势之一。为了推动行业不断发展，政府推出了一系列的规划及相关政策，对电动汽车用驱动电机提出了更高的要求，其中的功率密度指标需提高到4.0kW/kg 以上。

目前，国外的新能源电动汽车用驱动电机广泛地应用了扁线电机，扁线电机不仅具有制造工艺上的优势，而且是提升电机功率密度指标的一个重要方向。

（一）扁线电机国外发展现状

国外新能源汽车用驱动电机或发电机已经普遍地应用了扁线电机，如美

---

* 王淑旺，博士，任职于安徽巨一自动化装备有限公司；郗世洪，任职于合肥巨一动力系统有限公司；汪波，任职于安徽巨一自动化装备有限公司；朱标龙，任职于合肥巨一动力系统有限公司。

国的通用汽车、欧洲的宝马汽车、日本的丰田汽车和本田汽车等知名企业旗下的部分新能源车型均搭载了扁线电机。从现阶段来看,扁线电机在电动汽车领域逐渐有取代传统圆线电机的趋势。

通用汽车在新能源电动汽车上较早地应用了扁线电机,目前基本涵盖了所有系列的新能源车型,如雪佛兰 Voltec、Spark EV 和 Bolt EV,别克君越30H,凯迪拉克 CT6 混动等。

丰田汽车作为新能源电动汽车的领导者,其最新款的丰田 Prius IV 及 Prius C 等车型也搭载了扁线电机。

另外,还有本田汽车的雅阁混动及宝马 i5 等电动汽车车型也使用了扁线电机。可以说,国外新能源电动汽车上扁线电机产品的应用已经非常普遍。

市场上常见的扁线电机产品主要集中在混动车型,如图 1 所示。其中,几款电机的部分参数如表 1 所示。

a.通用混合动力驱动系统

b.通用纯电动驱动系统

c.丰田混合动力驱动系统

d.本田混合动力驱动系统

图1　国外扁线电机应用平台

表1 国外扁线电机产品部分参数

电机参数	丰田 Prius IV	本田雅阁	通用 Bolt NEV
峰值功率（kW）	53	135	150
峰值转矩（N·m）	163	315	360
峰值转速（rpm）	17000	12584	8810

国外已经形成了较成熟的扁线电机产业链，其中扁线电机主要供应商有美国雷米电机、日本电装、日本日立、韩国 LG 等；扁线电机制造设备供应商主要有意大利 TECNOMATIC、意大利 ATOP、德国 ES 公司、日本小田原机械工程株式会社和奥地利米巴集团等。

a.丰田扁线电机   b.雷米扁线电机

图2 国外扁线电机产品

（二）扁线电机国内发展现状

虽然近几年国内掀起了一股扁线电机研究开发热潮，但与国外成熟的技术和产业链相比，还存在较大差距。国内主要的新能源汽车企业和电机供应商企业均在开发可应用的扁线电机产品，但成功应用于新能源汽车车型上的产品还不多。其中，新能源汽车企业主要有上汽、长城、比亚迪、一汽等。

据了解，上汽荣威纯电动车型 ERX5 和某款混动车型上已成功应用了扁

线电机。

电机供应商企业主要有华域电动、联合电子、精进电动、巨一动力、天津松正、上海电驱动等，相关产品如图 3 所示。

图3　国内扁线电机产品

二　扁线电机发展趋势

顾名思义，扁线电机的最大特点就是绕组线为扁线，而传统圆线电机的绕组线为圆线。一般扁线电机定子槽中的扁线根数较少，所以线的尺寸相对来说较大。扁线数量越少，越有利于简化绕组成型工艺，但较大尺寸的扁线使电机在高速下交流电阻变大，对系统能耗和温升性能不利。

扁线电机绕组常见的绕线方式为波绕组，传统圆线电机绕组常见的绕线方式为叠绕组或链式绕组。因为扁线电机的绕组线和绕组结构与传统圆线绕组差异很大，所以绕组的成型工艺也有很大差异。扁线电机绕组的成型主要包括切断、成型、插线、扭头、焊接等。而传统圆线电机绕组的成型主要包括绕线、下线、焊接等。图4为扁线绕组和圆线绕组的线圈单元，线圈单元通过焊接的方式实现绕组的电气连接。

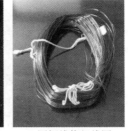

a.扁线绕组线圈　　b.圆铜线绕组线圈

图 4　绕组线圈

（一）扁线电机优势

1. 产品性能优势

扁线电机的槽满率高，能够有效提高槽空间利用效率。按裸铜计算，圆线的槽满率一般为 45% 左右，而扁线的槽满率一般能达到 60% 以上，相同体积下，能输出更大功率，从而提高功率密度。

扁线电机绕组线为矩形，槽里线的根数少，不仅增加导电面积、减少槽内股线间的间隙，而且增大了线与线间的接触面积。作为热源的铜线，其散热路径通畅，散热效果更好。温升是电机的一个重要性能指标，散热效果好将带来电机性能的提升。同时，扁线电机绕组端部可以做得更短，减少端部用铜量。端部用铜量的减少可以减小绕组的直流电阻，从而减小绕组损耗和发热，改善电机温升性能。除此之外，扁线电机更适合油冷冷却方式，因为油冷电机一般通过绕组端部喷油冷却。扁线电机绕组端部线间存在间隙，端部绕组与油的接触面积大。传统圆线电机绕组端部呈包裹状，与油接触的只是绕组线包的表面，散热面积小。

扁线绕组由于端部可以更短，且线尺寸大，有利于增加定子电枢的刚度，对电枢的振动噪音具有抑制作用。同时，绕组的成型工艺与圆线有很大不同，线是直接从端部插入定子铁芯槽中，定子铁芯槽口的设计灵活性大，有利于优化齿槽转矩，进一步降低电磁噪音。

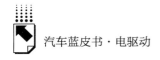

2. 材料成本优势

传统圆线电机由于工艺问题，绕组端部不适合做得太短，否则很容易在下线过程中对漆包线漆膜造成损伤，进而导致电机绝缘能力下降。但是对于扁线电机来说，由于线成型后形状基本固定，可以在制造过程中尽量使绕组端部更短，进而节省铜材，降低成本。

相同体积下，扁线电机能够输出更大的功率。这意味着输出单位功率的材料用量少，更具有成本优势。

3. 批量生产优势

相比传统圆线电机，扁线电机的批量生产更具有优势。传统圆线电机在生产过程中，存在绕组线的手动梳理、复杂的手动绕组端部处理，以及各种手工加强绝缘的工序，严重影响了定子的批量生产效率。但是扁线电机在生产过程中，基本上可以消除手工工序。因为扁线的强度较好，而且整个绕组扁线的根数不多，只要避免扁线成型过程中损伤漆包线漆膜，并且结构设计时保证线间的绝缘距离，就可以保证定子产品的合格率。较少的手动处理工序，能够使扁线定子的批量生产效率大大提高。

扁线定子不仅批量生产效率可以大大提高，而且由于绕组的结构特点，产品的一致性非常高。产品的一致性高将显著提高产品的稳定性和合格率。

（二）扁线电机劣势

扁线电机优点很多，但也有缺点，典型的就是高速集肤效应带来的散热问题以及发卡绕组带来的自动插线问题。相比传统圆线电机的圆线，扁线电机的扁线一般尺寸较大，较大尺寸的扁线在电机高转速条件下，高频电流产生的集肤效应明显。明显的集肤效应将导致绕组的等效电阻增大，使铜线产生更多的发热，进而降低电机的温升性能。

针对扁线电机高速集肤效应带来的散热问题，目前并没有很好的解决方案，只能通过方案的优化设计使这种影响尽可能减小。

而针对发卡（Hair－pin）绕组难以实现自动插线的问题，目前有较多的解决方案，如双端焊接（I－pin）绕组、波绕组等。

（三）扁线电机与圆线电机优劣对比

扁线电机与圆线电机的优劣势对比如表 2 所示。

表 2　扁线电机和圆线电机综合性能对比

项目	扁线电机	圆线电机
槽满率	优	差
低速性能	优	差
高速性能	差	优
NEDC 工况	优	差
产品一致性	优	差
批量生产	优	差
生产节拍	优	差
样机开发投入	差	优
制造设备通用性	差	优
材料用量	优	差

（四）扁线电机技术方向

扁线电机与传统圆线电机在电磁方案设计方面差别并不大，主要有几个关键点需要特别关注。例如前文提到的高速集肤效应，当电机转速较高时，导体中的电流将产生集肤效应，这将显著增加绕组的发热，容易使电机高速工况下温升过高。对于扁线电机高速集肤效应问题，可利用的主要手段还是优化转子的极对数、优化定子槽型尺寸，以及优化定子槽内导体数等。另外，扁线电机在定子绕组设计过程中，需要尽量消除循环电流，减少绕组的发热，改善电机温升。

考虑到扁线电机的绕组结构特点，"高电压平台 + 油冷冷却方式"成为扁线电机的一个重要发展方向。高电压平台的使用，不仅有利于优化绕组成型工艺，而且有利于提高电机高速区域的效率。而油冷的散热方式，对扁线电机是非常适合的，有利于改善电机的散热性能。

（五）扁线电机趋势发展

根据上文描述的扁线电机优劣势的对比，扁线电机不仅具有高槽满率、

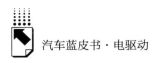
散热性能好、用铜量少等优点，还可以提升电机的效率、功率密度。

目前新能源电机行业对成本、批量生产的要求越来越高，扁线电机适合批量生产和一致性的控制，使汽车零部件批量优势较大。

扁线电机无论是技术方向发展还是产业化方向发展都符合当前产业的发展规划，是未来3~5年电机的主要发展方向。

三　扁线电机制造工艺

目前，常见的扁线绕组工艺可简单分为发卡绕组（Hair-pin）、双端焊接绕组（I-pin）和波绕组。发卡绕组，由多个预成型的发卡线圈插入定子铁芯，发卡线圈开口端折弯后通过焊接实现绕组的电气连接。双端焊接绕组，由若干直线段插入定子铁芯，直线段的两端折弯后通过焊接实现绕组的电气连接。波绕组，由预成型好的波浪形线卷入模子中，然后通过定子铁芯内径槽口挤入槽中后再焊接实现绕组的电气连接。

a.发卡绕组　　　　　b.双端焊接绕组　　　　c.波绕组

图5　绕组方式

（一）发卡绕组制造工艺

发卡绕组（Hair-pin）的制造工艺主要包括漆包扁线断线、发卡线圈成型、发卡线圈插入定子铁芯、发卡线圈开口端扭头、发卡线圈开口端焊接，以及焊接端粉末涂覆。

一般工艺流程如图 6 所示。

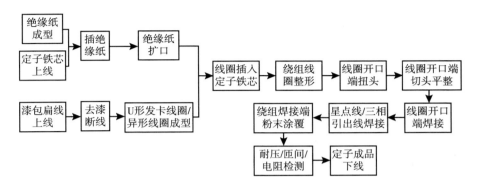

图 6　发卡绕组（**Hair – pin**）制造工艺流程

（二）双端焊接绕组制造工艺

双端焊接绕组（I – pin）的制造工艺主要包括漆包扁线切段、直线段插入定子铁芯、绕组线圈两端扭头、绕组线圈两端焊接，以及焊接端粉末涂覆。

一般工艺流程如图 7 所示。

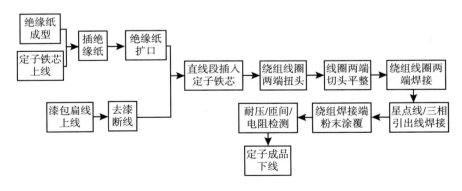

图 7　双端焊接绕组（**I – pin**）制造工艺流程

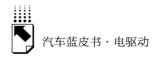
（三）波绕组制造工艺

波绕组的制造工艺主要包括波浪形线成型、波浪形线排列、绕组卷绕、绕组胀形、绕组挤压固定等。

一般工艺流程如图8所示。

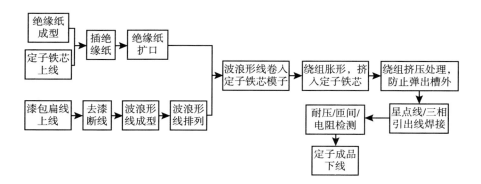

图8　波绕组制造工艺流程

（四）制造工艺比较

发卡绕组（Hair - pin）、双端焊接绕组（I - pin）和波绕组各有特点，如表3所示。目前，国外市场上常见的扁线电机以发卡绕组为主，双端焊接绕组产品比较少见，波绕组产品应用也很少。但从解决高速集肤效应和提升定子生产效率的角度来看，波绕组产品非常有潜力成为扁线电机的选择之一。

表3　不同类型绕组工艺比较

方式	发卡绕组（Hair - pin）	双端焊接绕组（I - pin）	波绕组
工艺比较	①需要预成型发卡线圈 ②绕组发卡端的端部高度较低 ③绕组只有一端焊接 ④绕组设计灵活性差	①绕组需要两端焊接 ②绕组端部高度较高 ③绕组设计灵活性好	①需要预成型波浪形线 ②定子槽需要设计为开口槽 ③绕组需要加强固定 ④生产效率高

四 制造工艺装备现状

新能源汽车驱动电机制造工艺的发展，必然带来相关装备的发展。扁线电机制造工艺装备与传统圆线完全不同。传统圆线电机制造装备国内外都已经比较成熟，但扁线电机制造装备国内外差异较大。

（一）国外发展现状

扁线电机制造设备的开发和供应，国外以德国、意大利、日本和美国为主，主流的供应商有意大利 TECNOMATIC、意大利 ATOP、德国 ES 公司、日本小田原机械工程株式会社等。它们的设备自动化水平较高，其中包含发卡成型、绝缘纸插入、发卡插入整线、发卡扭头、发卡切割整型、发卡端部焊接等工序设备，都采用了全自动化或半自动化（人工仅参与搬运工件）作业方式。其中发卡端部焊接多采用激光焊接，焊接过程中产生的热量少，对扁线漆膜的损坏很低，且生产节拍很快，达到300ms 一个焊点。国外的扁线设备在雷米、宝马、电装、丰田、日立和 LG 等电机制造工厂已实现批量化的应用，技术较成熟。但是，扁线电机的设计方案在快速更新，原来的成熟生产设备多集中在混动变速箱产品中的小功率电机，层级多集中在 4 层和 6 层，针对国内集中开发的大功率驱动电机和 8 层定子线圈，原来的设备技术也要更新才能满足技术要求。

对于发卡绕组（Hair‐pin）、双端焊接绕组（I‐pin）和波绕组，国外均已经开发出成熟的制造设备。发卡绕组制造设备企业有日本小田原机械工程株式会社、意大利 TECNOMATIC 等。双端焊接绕组制造设备企业有奥地利米巴集团等。波绕组制造设备企业有意大利 ATOP、韩国 LG 等。国外的扁线定子制造设备企业很多已经申请了相关专利，在三种不同的绕组工艺领域均有专利布局。

（二）国内发展现状

目前国内的配套厂家多是中小公司，且研发方向都是试制设备，不是整体解决方案，自动化程度不高。主流供应商有长沙华锐、常州铭纳阳、信质电机、福建艺达等。试制类的生产设备包含绝缘纸插入、槽口扩口、扁铜线发卡下线、去漆、成型一体机、扭头、发卡 TIG 焊接、星点及三相线钎焊接（电阻焊）、耐压绝缘检测设备等。其中扁线发卡的插线都是手动完成，发卡端部焊接多采用 TIG 焊接方式，工艺局限点很多，不适宜大批量生产，只能作为前期 A 样、B 样阶段的试制设备。上海华域、长城汽车等企业的批量产线都是采购国外的装备。目前受国家新能源政策的刺激，国内新能源主机厂及驱动电机生产企业的设备需求量很大，国产的新能源电驱动生产线供应商都在抓紧开发扁线绕组生产设备。

巨一自动化装备有限公司（JEE）从 2016 年开始扁线电机制造技术和成套装备的研发工作，着重对扁线发卡成型、插线、端部扭头、端部焊接等核心工序进行开发，目前已经具备整线规划能力和整体解决方案的提供能力（见图 9）。精进电动已经与设备供应商合作建成一条小批量扁线绕组产线。

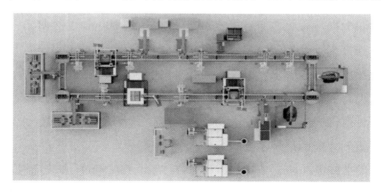

图 9　JEE 拟定的扁线绕组生产规划方案

五　关键制造工艺装备

（一）绕组工艺设备

扁线绕组工艺的制造设备有很多，有些与传统圆线绕组设备类似，如绝缘纸插入设备、耐压及绝缘测试设备、星点线及三相引出线焊接设备等，下面以发卡绕组为例，介绍几种典型的扁线绕组工艺设备。

1. 扁线发卡预成型设备

发卡的成型是关键的一步，扁线来料的状态是整捆样式，通过此设备将扁线拉直，采用机械或激光的方式去除端部的漆膜，最后是通过固定工装或伺服夹爪的方式将指定长度的扁线成型至预定形状的发卡零件。此设备的工艺难点有：扁铜线发卡数量较多（如4层，48槽的定子发卡数量达到96个）且多种多样，节拍的控制是关键；线圈成型过程冲击压力需精确控制。

目前国内设备采用固定工装模具的形式，结构简单。但若模具修模不好，容易造成漆包扁线漆膜损坏，导致电机定子绝缘不过或运行寿命短。国外先进的设备方案是采用伺服夹爪的方式，通过多个组合伺服电机的空间矫正来达到扁线成型的目的，具有较强柔性。

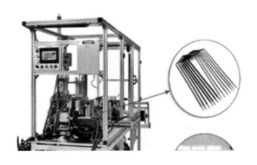

图10　发卡预成型设备

2. 扁线发卡插线设备

发卡插线设备是整套工艺中最难实现的，因为发卡插线工艺有以下诸多难点：

线圈和槽间的间隙小，对设备的位置精度有较高要求；

线圈之间的间距小，插线过程中要防止线圈漆膜出现损伤；

单端焊接工艺中最后几个线圈与已插入线圈形成干涉，插线难度大。

目前此工序自动插线的难度很大，与产品设计有很大关系，国内厂家一

般采用手动装配；国外厂家的设备需要产品在设计时给出足够的间隙，才能实现设备自动插线。

3. 发卡端部扭头设备

发卡端部扭头设备（见图11）是根据产品图纸将出线端部同一焊点的两根扁线对接在一起，并扭曲成倾斜状，降低端部出线高度。此设备需要控制旋转和移动两个自由度。JEE自制的设备达到国内领先水平，特点如下：

每一层线都能实现顺时针和逆时针两个方向的旋转扭头；

每一层线的旋转扭头角度可调；

旋转扭头过程，扭头工装能够跟随移动；

跨槽距可调和更换工装后适用多品种产品；

扭头过程具有插片保护功能，确保铜线与定子铁芯之间不短路；

采用双伺服电机驱动，扭头角度准确、精度高；

具有回弹位置自动消除功能。

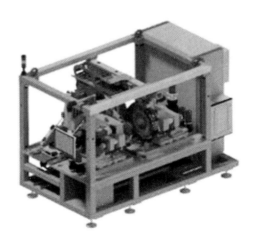

图11 扭头设备

4. 发卡端部焊接设备

发卡端部焊接设备（见图12）是将出线端两根扁线焊接在一起，形成电流的互通。焊接方式有氩弧焊和激光焊两种。激光焊由于具有焊接性能好、节拍高、对扁线漆膜产生的影响小等特点，逐渐成为未来此项工艺设备的发展方向。此设备需克服以下工艺难点：

铜的熔化温度很高，焊点发热难带走；

焊接过程绝缘层易损坏；

端部焊点较多，焊接质量和稳定性需要保证，节拍长；

各焊点间隙较小，需要采取措施扩大间隙；

此工艺设备采用了激光焊接头加振镜的方式，利用视觉引导功能实现激光束与焊接点的精准对接。

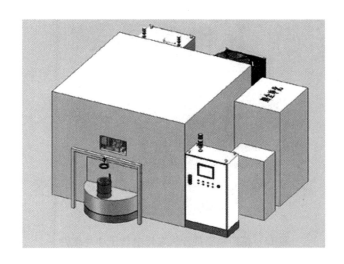

图12　发卡端部焊接设备

（二）转子工艺典型设备

扁线电机转子的装配设备中，对于转子磁钢的装配，动平衡的检测设备一直是重点设备，直接关系到转子的下线质量和后续的电机性能，以下就此两种设备进行详细介绍。

1. 转子磁钢装配系统

新能源汽车扁线驱动电机（永磁同步电机）转子的核心部件是带有永磁性的转子组件，主要包含转子冲片、磁钢、转轴及固定环等部件。在装配过程中由于磁钢数量较多、磁性强，装配难度较大（见图13）。转子磁钢自动装配是电机装配生产线上的核心工艺，该技术一直被欧、美、日垄断，国内一般采用手动装配，劳动强度大，装配效率低，一套转子的磁钢装配需要单人花费10分钟才能完成。转子磁钢的装配方案主要包括不同磁极方向按照指定的布局插入，一对N级和一对S极间隔分布，磁钢的间隔小，压头的布置难度大，并且由于新能源汽车驱动电机的转子冲片层数较多，每层冲片需要装配16～32片磁钢，单台设备可采用多个压头同时装配，串联布置，实现生产节拍的提升。

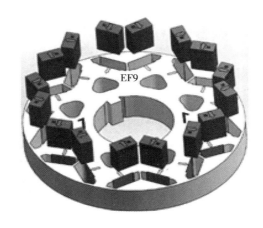

图13　某厂家新能源汽车电机转子冲片组件

为避免装配好的磁钢在后续的动平衡测试以及整车测试中出现位置滑移，需对磁钢进行粘接固定。由于人工涂胶粘接耗费时间长，并且涂胶质量、均匀性较差。大多数厂家采用自动涂胶系统，通过定量泵控制涂胶量，快速完成凝固粘接，也可以使用自动灌胶系统或注塑系统，将转子磁钢与转子冲片之间的间隙灌满粘接介质，通过热烘的方式实现凝固。同时配置智能视觉系统，完成涂胶或灌胶之后对每个涂胶位置的质量检测，确保磁钢粘接的质量。

装配好的冲片组件需要与转轴及端盖组装，实现转子的装配。针对整个装配过程中组件带磁、人工装配难度大的情况，采用六轴机器人在多个工位之间搬运操作，采用两个转台配合涂胶和插磁钢工位完成转子冲片涂胶和磁钢插入，合装压机完成电机轴、冲片和压盖的合装。

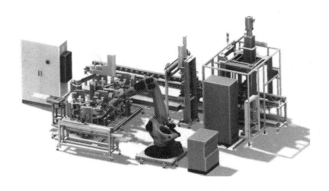

图14　转子磁钢装配系统布置

转子整体充磁是先将未充磁的磁钢插入转子铁芯相应的槽中，然后采用整体充磁机对转子整体实施充磁，优点是可以保证永磁体的极性无误，但是面临的挑战是如何保证插入转子中的每块磁体得以充磁到全饱和，以免因充磁不足而影响电机性能，甚至导致不可恢复退磁。

2. 转子动平衡检测设备

随着新能源汽车的性能要求越来越高，对驱动电机的转速也提出了更高的要求，同时高转速要求转子具备更高的动平衡性能。常规电机的峰值转速普遍在9000rpm以下，后续开发的驱动电机峰值转速高达15000～20000rpm，由于电机转速越来越高，整机对降低噪音要求趋严，而改善这一性能的重要途径就是提高动平衡的精度和效率，动平衡等级需要从G2.5提高到G1，对电机转子进行动平衡检测和校正是降低电动机运行噪声的有效方法。对动平衡检测的精度及节拍提出了更高的要求。为实现自动检测，自动上料，自动去重，减少人工干涉的不确定性。高精度的动平衡检测设备主要由SCHENCK和HOFMANN等进口厂家掌握。转子动平衡校正工艺设计中，确定电动机转子总的剩余不平衡量，并将其分配到若干个校正平面是转子动平衡工艺设计的关键。大部分厂家采用卧式机械方案，方便上下料和自动去重，并采取了自动跟踪滤波技术、自动补偿技术、程控技术和自学习技术，保证动平衡性能稳定。电机转子动平衡检测数据需存放在固定的位置，生产管理系统（MES）自动寻址，采集实时的检测数据，并进行大数据分析，形成数据检测报表，从而指导新能源汽车转子的产品开发及工艺流程改善，最终目的是缩小转子的初始不平衡量，提升产品质量。

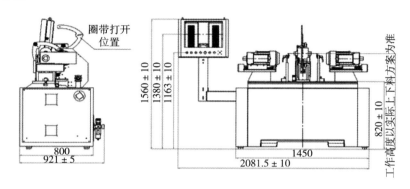

图15　卧式动平衡检测设备

（三）总装工艺典型设备

扁线电机总成的装配测试设备中，对于转子与定子组件的合装和电机总成的下线测试设备一直是重点设备，直接关系到总成的下线质量和后续的电机性能，以下就此两种设备进行详细介绍。

1. 转子与定子合装系统

在扁线绕组电机定、转子总成装配过程中，永磁性转子和扁线定子之间磁性相吸，装配难度较大。目前大部分厂家的方案是在转子和定子结合的时候，增加导向机构，防止两者相吸附。此合装过程中还需要一定的压装力，因为转子的前轴承外圈与定子壳体的轴承之前多是过渡配合，需要配备压力缸。为了达到转子、定子合装系统的精确控制及合格率监控，建议采用电动伺服缸配备压力位移监控系统来测试。某设备厂家典型的方案是：转子和定子同时通过机械手的抓取定位在托盘工装上，进入合装系统后，伺服柔性夹爪自动抓取转子组件，移位至定子工位处，夹爪下行，下导向机构上行接住转子，带导向的伺服压缸下行，压装转子入定子，整个压装过程汇总由上下导向机构克服转子磁力，同时利用压力位移监控系统实时显示压装力与运行位移的关系曲线，实现定子转子柔性合装。此伺服压装方案在经过产业化批量生产后，可以搜集确定出合装系统合格状态下的压力与位移的包络区，保证产品装配的合格率。

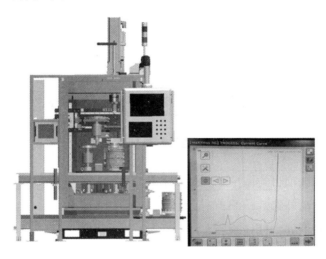

图 16　转子与定子合装设备案例

2. 电机下线性能检测系统

扁平线电机的批量化生产，需要下线检测系统对电机的性能进行测试标定，从而使其达到出厂条件。由于新能源电机产品的上市时间还不是很长，技术上远不如传统动力总成成熟，新能源电机的下线测试的覆盖率要达到100%，测试项目也要全面。通过台架厂家合理的设计规划，应用先进的自动化性能测试技术，采用满足高节拍、高可靠性的工艺技术，对装配过程中易出现的问题点以及产品的性能问题进行智能化检测，控制不合格产品的下线率，同时在线监测查找生产过程中装配问题出现的根源所在，及时对相关产品进行返修，确保产品的出厂质量。综合性能测试曲线如图17所示。为了兼容多品种，保持测试软件的柔性切换，整体测试系统采用参数化配置，

后台配置之后可以一键切换测试品种，测试系统的控制系统通信采用高速的CAN 通信实现，性能可靠。

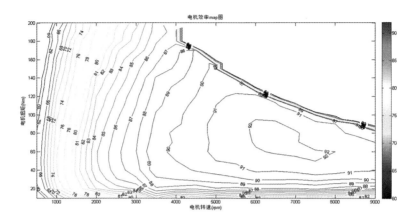

图 17　电机效率 MAP 图

常规的测试项目类型主要包括以下几个方面：

电机的电动外特性检测；

电机的发电外特性检测；

电机的反电动势检测；

电机的堵转检测；

电机的温升检测等。

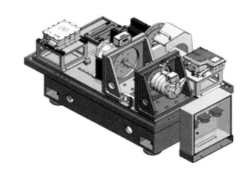

图 18　下线检测台架

六 产业发展展望

（一）市场需求为产业发展助力

随着全球汽车电动化，新能源电机行业将会迎来整体规模的迅速扩张，根据《2030 年全球驱动电机市场分析》估测，新能源汽车电机系统市场规模有望从 2015 年的 23 亿美元增长到 2030 年的 318 美元亿。新能源汽车电机系统主要包括电动机和逆变器两部分，由于新能源汽车总量的上升，行业总体还是具备较大上升空间的。预测 2030 年市场规模年均增速将达 18% ~ 20%。

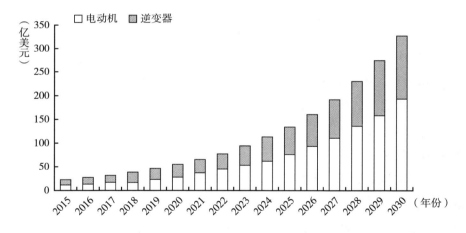

图 19　2015 ~ 2030 年电机系统销售收入趋势

通过研究过去 20 年电机的技术演进趋势，可以发现电机技术还有较大的提升空间。首先，机芯用钢的厚度方面，对于定子和转子来说，其主要是由薄电磁钢层叠加组成，1997 年第一代的丰田普锐斯使用的是 0.35mm 的钢层，随后减到 0.3mm，2016 年降到 0.25mm。一般来说，薄钢层数的提升能够提升电机效率，同时有利于控制电机温度。

目前，制造薄钢是行业的一大技术难题，主要的难点在于控制压铸中的

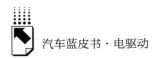

回弹，以及钢片材料的一致性保持。当前，旋锻加工技术得益于成本和生产效率方面的优势将会成为行业的主流制造方式。

另外，在绕线密度方面，总体上定子中绕线的量是决定电机功率的重要因素。而决定绕线量的则主要是在有限空间内铜线可以绕机芯的圈数。技术方面目前插入器的使用由于适合高功率的定子加工，逐渐成为行业生产标配的趋势。

而线圈类型方面，主要有方形和圆形两种，目前主流厂商使用的是圆形，但是方形技术由于具备较高的空间利用率，正逐渐替代圆形成为行业大方向，而丰田和本田目前已经开始批量采用方形绕线技术。

扁线电机是新能源驱动电机未来的产品发展方向，有利于完善整个驱动电机产业链。

（二）"智能制造2025"为产业发展助力

"中国制造2025"是中国政府实施制造强国战略的第一个十年行动纲领。2025年，制造业整体素质大幅提升，创新能力显著增强，全员劳动生产率明显提高，两化（工业化和信息化）融合迈上新台阶。

在"智能制造2025"国家政策的引导下，智能制造为新能源电机智能制造做好铺垫。

扁线电机的发展，势必带动扁线电机设备产业的发展，将智能化、柔性化、信息化集成在一起，实现智能化生产线、智能化仓库，将人工难以实现的工艺手段，用机器人来代替。扁线设备是未来3~5驱动电机行业的主要发展趋势。

（三）电机制造工艺装备的发展

随着新能源市场和智能制造的发展，扁线电机成为新能源驱动电机的发展趋势，扁线电机制造公司装备将是新能源装备行业关注的重点。

虽然国内电机制造装备领域存在很多问题，电机制造的大部分企业仍采用人工密集型流水线生产方式，工序环节多、功率低、人工成本高、质量一致性难以控制。

目前无论是圆线电机还是扁线电机，国内电机全自动化产线都少之又少，工艺过程相对独立，而扁线电机工艺装备的发展还是需要圆线电机工艺技术做支撑。电机绕线、定子热套、电机合装均未将整个工艺过程关联在一起，我们需要更深入地了解电机，才可以做出更好的电机。

扁线电机成为新能源汽车电驱动系统的重要发展方向，随着扁线电机市场需求的增加、扁线电机开发和应用技术的成熟，扁线电机制造工艺技术和装备的开发和产业化逐步走向成熟，为新能源汽车电驱动系统的技术升级和产业化提供了装备保障和支持。

技术篇

Technology Trend Reports

B.6

新能源汽车轮毂电机研究
热点及趋势分析

王晓远　谷雨茜　蔚　盛*

摘　要： 随着国内外新能源汽车的快速发展与普及，分布式驱动作
为未来新能源汽车的驱动方式已经得到广泛的认同，而作
为分布式驱动的核心——轮毂电机，以其在新能源管理、
动力分配以及智能化方面的突出优势已成为企业、研究机
构等关注的焦点。首先，介绍了轮毂电机的定义，根据轮
毂电机的驱动方式和电机类型进行了分类，并分别介绍了
不同分类的特点。其次，介绍了近年来国外在轮毂电机关

---

* 王晓远，教授，博士生导师，天津大学电气工程系副主任，中国电工技术学会永磁电机分委
会委员，中国电工技术学会小功率电机分委会副主任委员，天津市电机工程学会副理事长；
谷雨茜，博士，天津远科科技发展有限公司技术总监；蔚盛，硕士，天津远科科技发展有限
公司研发部长。

键产品和关键技术方面的进展情况以及国内轮毂电机技术发展概况。再次，重点介绍了近期国内外主要轮毂电机产品及应用情况，并给出了产品的主要参数和应用车型。最后，从新型电机的应用、高度集成化、轻量化与高功率密度、高性能永磁体开发应用、热管理技术以及振动噪声方面对轮毂电机未来发展的趋势进行分析。轮毂电机作为未来驱动方式的主要技术路线，将有力地推动新能源汽车的电动化、智能化发展。

关键词： 直接驱动 永磁同步电机 开关磁阻电机 轴向磁通电机

一 轮毂电机的定义

轮毂电机是将轮毂和驱动装置直接合并为一体的电机，也就是将电机、传动和制动装置都整合到轮毂中，俗称电动轮，又称轮式电机、车轮电机。[1] 与传统的集中动力驱动相比，轮毂电机的布局更为灵活，不需要复杂的机械传动系统，并且可以实现多种复杂的驱动方式，甚至可以实现原地转向，轮毂电机驱动技术将在未来的新能源车中拥有广阔的前景。

二 轮毂电机的分类及特点

轮毂电机外形基本一致，大都为扁平型，但电机类型、结构形式、驱动方式差别较大，[2] 主要分类如下。

---

[1] 何仁、张瑞军：《轮毂电机驱动技术的研究与进展》，《重庆理工大学学报》2015 年第 7 期。
[2] 辜承林：《轮毂电机发展思考》，《电机技术》2006 年第 3 期。

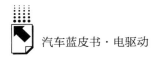

（一）电机驱动方式及其特点

从车辆的驱动方式及能量传输路径角度，直接驱动（以下简称为直驱）和减速驱动是当前轮毂电机的主要驱动类型。图1显示了直驱和减速驱动轮毂电机的原理。

直驱轮毂电机一般采用低速外转子电机，外转子直接与轮毂连接，电机转速一般在2000r/min以内，无减速机构，车轮转速与电机转速一致。轮毂电机起动时需要输出大转矩，此时需要较大的电池放电电流，容易导致电池过放和永磁体退磁。由于轮毂电机省去了减速机构，整体结构更加紧凑，缩短了轴向尺寸，提高了电机效率。

图1 直驱轮毂电机和减速驱动轮毂电机的原理

相对于直驱轮毂电机，减速驱动轮毂电机通常采用传统的内转子电机，当前内转子电机的最高转速高达15000rpm。整个电机系统通过连接固定传动比的减速装置，达到减速增扭的效果。减速驱动轮毂电机由于采用了高速电机，功率密度较高。电机和轮毂之前的减速装置一般使用的是行星齿轮结构，系统通过减速装置驱动车辆行进。虽然相对直驱轮毂电机，减速驱动的高速电机体积和质量优势较大，且输出功率大，加速性强，但是减速驱动润滑困难，行星齿轮磨损严重，使用寿命较短。

直驱和非直驱是完全两条不同的技术路线，直驱的电机转矩很大，转速很低，一般乘用车最高转速不超过 2000r/min、商用车不超过 1000r/min。而非直驱的电机，为了发挥功率密度优势，降低电机成本，补偿减速器成本，一般会把转速做得很高，比如 NTN 公司把电机转速提到了 15000r/min。

直驱轮毂电机和减速驱动轮毂电机的主要特点及应用情况如表 1 所示。

表 1　直驱与减速驱动轮毂电机的主要特点和应用

项目	直驱轮毂电机	减速驱动轮毂电机
电机结构形式	外转子	内转子
减速器	无	固定速比减速器
优点	结构简单、轴向尺寸小、调速范围宽、响应速度快、效率高	功率高、质量轻、体积小、噪声小、成本低
缺点	要得到较大的转矩，须增加电机的体积和质量，导致成本高	采用减速装置，效率降低，簧下质量增加，电机的电高转速受到线圈损耗、摩擦损耗以及变速机构的承受能力等因素的限制
应用	Protean Electric、Elaphe	米其林、ECO 和 KAZ

（二）电机类型及其特点

按电机类型分，目前应用于电动轮毂的传统电机主要有三大类，即永磁同步电机（PM）、异步电机（IM）和开关磁阻电机（SRM）；[①] 在传统轮毂电机结构的基础上发展的非传统电机主要有三大类，即横向磁通电机（TFM），磁通切换电机（FSM），基于磁场调制原理的集成磁齿轮电机（IMGM）、永磁磁场调制电机（PMFM）或永磁游标电机（PMVM）。异步电机结构简单、坚固耐用、成本低廉、运行可靠，转矩脉动小，噪声低，转速极限高；缺点是驱动电路复杂，成本高，相对永磁同步电机而言，异步电机效率和功率密度偏低，特别是高效区范围小得多，功率因数较低。永磁同步电机可采用圆柱形径向磁场结构、盘式轴向磁场结构、横向磁通

---

① 辜承林：《轮毂电机发展思考》，《电机技术》2006 年第 3 期。

结构，具有较高的功率密度和效率以及宽广的调速范围，[1] 发展前景十分广阔，已在国内外多种电动车辆中获得应用。开关磁阻电机具有结构简单、制造成本低廉、转速/转矩特性好等优点，适用于电动汽车驱动；缺点是设计和控制非常困难，转矩脉动大，运行噪声大。[2] 当前主流电机类型依然是永磁同步电机。

轮毂电机的应用电机类型仍以永磁同步电机为主，以日本为代表的一些国家为了摆脱对稀土的严重依赖，近些年来积极研发少稀土及无稀土电机，因此轮毂电机的主流研究方向转向开关磁阻电机，但是现在还没有装车应用的产品。

三 轮毂电机国外研究进展

在车用轮毂电机领域，美国、英国、日本、荷兰、斯洛文尼亚等国家颇有建树，虽然目前轮毂电机还没有批量应用，但是对于电动汽车来说，轮毂电机是新能源汽车电驱动系统的重要技术路线之一。

20 世纪末 21 世纪初，日本在轮毂电机研究领域居于前列，从 1991 年到 2011 年，日本庆应大学的清水浩教授陆续推出了搭载外转子永磁同步轮毂电机的 IZA、搭载永磁同步电机及行星齿轮减速的 ECO 以及搭载 4 个 25kW 永磁轮毂电机的 KAZ 等一系列电动汽车，单个电机的驱动功率为 20kW。从 2011 年到 2014 年，SIM - DRIVE 团队陆续推出了 SIM - LEI、SIM - CEL 和 SIM - HAL 三款样车，除加速性及续驶里程大幅提高外，轮毂电机设计水平明显提升，采用直驱的轮内永磁同步电机，通过对永磁体、线圈密度以及铁芯的优化，使电机的最高输出功率达到 65kW，最大转矩达到 700N·m，转矩密度由之前的 3N·m/kg 增大至 14N·m/kg，有力地推动了直驱轮毂电机技术的发展。在此期间，普利斯通、本田、三菱以及丰田也分别

---

[1] 贡俊、黄苏融：《电动车电机驱动系统的现状和展望》，《中国电工技术学会第八届学术会议论文集》，2004。
[2] 莫会成：《微特电机》，中国电力出版社，2015。

推出各自开发的轮毂电机，以外转子永磁同步电机为主，但是均未超越 SIM
- DRIVE 团队的水平。

2016 年末 NSK 公司开发出带有一体式传动机构的新型轮毂电机。单个电
机的最大功率为 25kW，最大驱动转矩 850N·m，重量 32kg。这种创新型驱动
装置由两台电动机、两个行星齿轮系统和一个单向离合器组成，可以达到加
速和上坡时所需的高转矩及公路上行驶时需要输出的最大转速。该产品所采
用的电机能被安装到 16 英寸的车轮内。图 2 为 NSK 公司实现的减速方案。

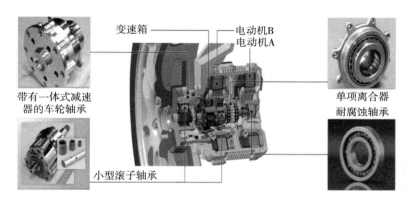

图 2　NSK 采用一体式结构的紧凑型轮毂电机

欧美国家的轮毂电机研究在经过 21 世纪初 TM4 公司峰值 80kW 的外转
子永磁同步轮毂电机的横空出世以及法国米其林公司的主动轮技术的基础积
累之后，英国的 Protean Electric 公司、荷兰的 E-Traction 公司、斯洛文尼亚
的 Elaphe 公司以及英国的 YASA 公司均具有代表性技术及产品。另外，德
国的舍弗勒在原有技术的基础上通过不断优化，推出了最新研究成果。

英国的 Protean Electric 公司是专门研发、生产及销售轮毂电机的行业领
导者，设计开发和制造了 PD（Protean Drive）系列轮毂电机产品。Protean
Drive 是一个完全集成的轮毂驱动方案，其结构及工作方式为轮毂电机外转
子与标准轮胎轮辋相连，通过电机外转子驱动车轮旋转。PD 系统产品的结
构如图 3 所示。

荷兰的 E - Traction 公司专注商用车轮毂电机系统 36 年。不同于传统商

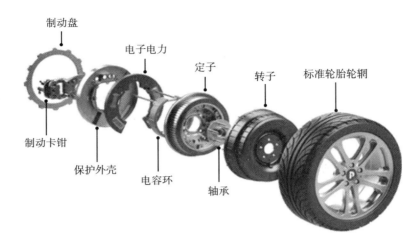

图3 Protean Electric 公司的 PD 系列产品的集成结构

用车轮毂电机的减速驱动技术方案，E – Traction 公司采用的是外转子直驱轮毂电机方案，电机的最高转速为 500r/min，直驱轮毂电机的传动效率比减速驱动电机的传动效率提高 15%。E – Traction 公司是首家在商用车上应用直驱轮毂电机方案的公司。图 4 是 E – Traction 的直驱轮毂电机方案。

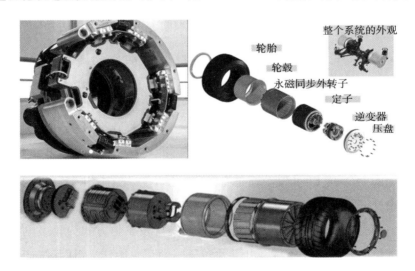

图4 E – Traction 轮毂电机整机及分解

斯洛文尼亚的 Elaphe 公司在电机结构设计、控制系统算法以及全套驱动系统集成方面已具备十几年的研发与市场应用经验，与沃尔沃、雷诺均有紧密合作。公司取得了包括电机磁路与绕线在内的 4 项关键技术专利，另外在电机的冷却方面具有独特的解决方案。Elaphe 公司开发的轮毂电机功率度达到 3.5~5kW/kg，转矩密度达到 40~45N·m/L，能量转换效率 93%，电机效率高效区在全功率段比例超过 85%，能量回收效率在 85% 以上。

英国的 YASA 电机公司是世界领先的轴向磁通电机和控制器制造商，产品用于汽车、航空和船舶领域。公司运用专利技术，能够为给定功率和转矩要求的客户提供最小最轻的电机和电控产品。YASA 的电机采用了轴向磁通的拓扑结构，在同等条件下（功率/转矩输出），电机的尺寸仅相当于径向电机的 1/2、质量仅相当于 1/3，由此可以使用更少的铜和铁，降低成本。YASA 创造性地省去了磁轭设计，代之以分段式极靴来集中磁通。公司开发的 YASA750 是一款具有大功率和高转矩密度的低速大转矩电机。该电机可以在轴向长度仅为 98mm 的情况下，产生 790N·m 的峰值转矩，200kW 峰值功率，最高效率达到 96%，而质量仅为 37kg，功率密度达到 5.4kW/kg。图5 为 YASA750R 电机。

图5　YASA 推出的 750R 轮毂电机

全球知名的汽车部件供应商德国舍弗勒集团（Schaeffter AG）也推出了创新产品 E – Wheel Drive，完成了驱动系统从汽车中心向轮内的转移。该公司采用外转子结构，两台电机直接安装在 Ford Fiesta 的两个后轮上，并在概念车的路面测试中取得了非常好的效果。E – Wheel Drive 轮毂电机采用水冷设计，性能测试显示，电机峰值功率 40kW，持续功率 33kW，峰值转矩 700N·m。虽然如此，但是相比于传统汽车，每个电机总成的质量为 52kg，显然，比替换掉的车轮轴承以及制动装置等总体的质量还重。图 6 为舍弗勒电机 E – Wheel Drive 产品。

图 6　舍弗勒 E – Wheel Drive 产品

法国米其林主动轮技术是典型的减速驱动方案，轮毂电机的驱动功率 30kW，电机的安装方式为主动悬挂电机，且集成了主动悬架、减震器弹簧以及刹车卡钳。

双转子轴向电机也是轮毂电机的主要技术研究方向，美国通用汽车公司在这个领域走在前列，其开发的电机可输出 500N·m 的峰值转矩，在峰值转速 1200r/min 的条件下可以输出 25kW 的峰值功率。电机的极对数为 15。图 8 为电机的原理和实物图片。

轮毂电机在军用轮式车辆领域具有非常重要的意义，尤其是对于 8 × 8 轮式战车而言，省去了复杂的传动系统，减轻了自重，腾出了车体中部巨大的空间（见图 9）。韩国、日本及俄罗斯均采用带有行星排减速器的轮毂电机。

图 7　米其林主动轮技术

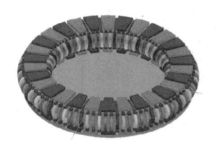

图 8　通用的双转子轴向磁通轮毂电机

图 9　军用轮式战车用轮毂电机

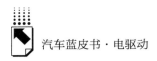
近年来随着轮毂电机驱动技术的进一步成熟，国外轮毂电机的技术研究多针对轮毂电机的关键技术，如电机冷却、新的拓扑结构与功率密度的优化等。

电机冷却是轮毂电机当前研究的热点，主要的冷却方案为风冷和液冷。2008～2009年韩国汉阳大学教授Byeong - Hwa Lee、Sung - Il Kim等人设计了一款小型电动车用内转子永磁同步轮毂电机。该电机损耗为2kW左右，机壳上加有散热筋，以增加散热面积，采用自然风冷的冷却方式进行散热。[①] Royji Mizutani等于2010年申请了名为"高效冷却的轮毂电机"的美国发明专利，即在轮毂电机转轴的末端设置了一个油泵，通过油泵的作用使得油箱内的油进入专门设置的冷却通道直接到达电机定子，通过油与定子的热交换冷却定子。[②] Naoki Moriguchi等于2012年申请了名为"轮毂电机的冷却结构"的美国发明专利，即采用外转子直接驱动的轮毂电机，电机的外壳做成有利于空气流动的网状结构，能够加速轮毂内空气的循环流动，从而使电机达到较好的散热效果。[③] 2012年，英国纽卡斯尔大学C. J. Ifedi、B. C. Mecrow、J. D. Widmer等人对高转矩外转子永磁轮毂电机进行研究。该电机损耗为5kW左右，定子里设有水路，采用水冷方式散热，散热效果很好。此方案后期应用于Protean的轮毂电机。[④] Gwang - Ju park等于2013年申请了名为"外转子电机与外转子轮毂电机"的美国发明专利，即轮毂电机的外转子同轮毂刚性连接，直接驱动轮毂转动，定子由定子支架支撑在车轴上，在定子支架上设置有导风槽、冷却槽，能够促进轮毂内空气循环流

① Byeong - Hwa Lee, Sung - Il Kim, Jeong - Jong Lee, Jung - Pyo Hong, Chang - Soo Park, "Design of an Interior Permanent Magnet Synchronous In - Wheel for Electric Vehicles", Conference on ICEMS, 2010: 1226 - 1229.
② Royji Mizutani, Nishikamo - gun, In - wheel Motor ca - Pable of Efficiently Cooling Motor, US Patent, 7, 819, 214 B2, 2010.
③ Moriguchi N. , Cooling Structure for In - wheel Motor, US Patent, 8, 251, 167 B2, 2012.
④ C. J. Ifedi, B. C. Mecrow, J. D. Widmer, G. J. Atkinson, S. T. M. Brockway, D. Kostic - Perovic, A High Torque Density, Direct Drive In - wheel Motor for Electric Vehicles, Conference on PEMD, 2012: 1 - 6.

动，强化气体对定子的冷却。[①]

在轮毂电机新的拓扑结构及功率密度优化方面，2018 年美国肯塔基大学的 Narges Taran、Vandana Rallabandi 等学者一直致力于轴向磁通电机的研究，如图 10 所示，不仅对单转子单定子的轴向磁通电机在太阳能电动汽车上的应用进行了多物理场分析，还对整车进行了建模，找到最优的电机设计与控制。随后，该团队提出了新的无铁芯多定子的轴向磁通永磁同步电机，并通过前后对比，从最小损耗、最大输出以及大气隙的条件出发完成优化验证。[②] 而荷兰的埃因霍温科技大学同样提出了无铁芯轴向磁通电机方案。[③]

Plastic composite material

图 10　肯塔基大学的轴向磁通电机研究

近期，在电动汽车电机的无稀土化趋势影响下，开关磁阻电机以及交流感应电机重新进入企业家和学者的视野，北海道大学的 Tomohira Takahashi 等人研究的采用铁氧体双定子轴向磁通电机已经在短程小型电动汽车上得到应用。[④] 印度的 Nikunj Ramanbhai Patel 等学者以及中国香港理工大学的 Jingwei Zhu 等人一直致力于外转子直驱型开关磁阻轮毂电机的研究与

① Gwang – Ju Park, Gyeongsangnam – do, Outer – Rotor Type Motor and Outer – Rotor Type In – Wheel Motor, US Patent, 8, 403, 087 B2, 2013.

② Taran N., Rallabandi V., Heins G., et al., "Coreless and Conventional Axial Flux Permanent Magnet Motors for Solar Cars", *IEEE Transactions on Industry Applications*, 2018.

③ L. A. J. Friedrich, K. Bastiaens, B. L. J. Gysen, D. C. J. Krop and E. A. Lomonova, "Design of an Axial – flux Permanent Magnet Machine for a Solar – powered Electric Vehicle", 2018 Thirteenth International Conference on Ecological Vehicles and Renewable Energies (EVER), 2018.

④ T. Takahashi, M. Takemoto, S. Ogasawara, W. Hino, K. Takezaki, "Size and Weight Reduction of an In – Wheel Axial – Gap Motor Using Ferrite Permanent Magnets for Electric Commuter Cars", *IEEE Transactions on Industry Applications*, 2017, 53 (4).

开发,①② 通过与永磁外转子轮毂电机的性能对比以及不断的性能优化，得到了明显的成果。另外，克鲁日－纳帕卡技术大学的 Claudia Violeta Pop 等学者将磁齿轮集成到直驱轮毂电机内，通过扩大转速范围来进一步提高直驱轮毂电机的功率密度。③

四　轮毂电机国内研究进展

我国针对轮毂电机技术的研发起步较晚，随着国家大力扶持新能源汽车产业及推进相关技术进步，尤其是在"十五""十一五""十二五"期间均重点扶持轮毂电机驱动系统的研发项目基础上，"十三五"期间，国家又专门将轮毂电机作为国家重点研发计划项目，推动新能源汽车轮毂电机方向的科技进步。

在国家的有力推动和支持下，近年来以轮毂电机系统为代表的分布式驱动产品发展热度迅速增加，多家汽车企业与国外厂商通过合资合作，以期快速推动分布式驱动产业发展。近年来，浙江亚太机电与斯洛文尼亚 Elaphe Propulsion 公司、浙江万安科技及威孚高科与 Protean Electric 公司先后成立合资公司生产乘用车轮毂电机和电动轮总成。万安科技同 Protean 合资公司主要经营 PD14 和 PD16 的轮毂电机产品。威孚高科同 Protean 合资公司主要经营业务为 PD18 及以上规格的轮毂电机的开发、产销。山西东辉新能源汽车研究院有限公司与日本株式会社 e－Gle 就轮毂电机的生产展开合作。华

---

① Nikunj Ramanbhai Patel , Varsha Ajit Shah, Makarand M. Lokhande, "A Novel Approach to the Design and Development of 12 － 15 Radial Field C － Core Switched Reluctance Motor for Implementation in Electric Vehicle Application", *IEEE Transactions on Vehicular Technology*, 2018, 67（9）.

② Jingwei Zhu, Ka Wai Eric Cheng , Xiangdang Xue, Yu Zou, "Design of a New Enhanced Torque In － Wheel Switched Reluctance Motor With Divided Teeth for Electric Vehicles", *IEEE Transactions on Magnetics*, 2017, 53（11）.

③ Pop C. V. , Fodorean D. , In － Wheel Motor with Integrated Magnetic Gear for Extended Speed Applications, International Symposium on Power Electronics, Electrical Drives, Automation and Motion. IEEE, 2016.

人运通与威孚集团、Protean Electric 公司深入合作，共同推动实现轮毂电机在新能源智能汽车上的应用与量产。

天津的天海同步集团并购了荷兰的 E-Traction 公司，在商用车领域引进了分布式控制系统，即轮毂电机驱动系统总成。这是国内首次引进新能源商用车的关键技术。图 11 为该集团生产的两款轮毂电机总成。同时，天海同步集团还通过跨国投资的方式，收购了 Protean 公司 2.59% 的股份，成为国内研究制造轮毂电机的强势企业之一。

图 11　天海同步集团子公司泰特机电推出的产品

国内自主研发方面，轮毂电机也建树颇多。瑞麒 X1-EV 纯电动汽车是奇瑞推出的四轮驱动汽车，4 个轮毂电机分别装在车的 4 个车轮内，可以独立驱动。比亚迪一直致力于商用客车轮毂电机的研发与应用，其减速驱动电机方案已经在比亚迪的 K9 公交车得到充分的验证。同济大学继"春晖"系列之后，2013 年又推出了自主设计开发的四轮驱动电动汽车，前轮由直驱式轮毂电机驱动，后轮则由减速驱动式电机驱动。一汽在 2017 年广州车展上展示了其自主研发的轮毂电机驱动技术底盘，根据官方数据，该底盘采用了前双叉臂加后 E 型多连杆的悬架组合，通过轮毂电机实现四轮驱动和四轮独立控制。基于这一底盘平台，能够使车辆在半载情况下百公里加速缩短至 6s 内。该底盘搭载解耦式制动系统以实现制动能量回收功能，一汽在此基础上通过电机实现电动牵引力控制功能，优化车轮附着率，增强车辆加速、转向和爬坡性能。

天津大学的王晓远等在"十二五"期间完成国家"863"计划的轮毂电机项目的同时，一直致力于盘式轮毂永磁同步电机的开发。为了提高电机的功率密度、减小电动汽车的簧下质量，团队开发了基于 Halbach 结构的盘式无铁芯电机，主要参数为外径360mm、额定功率4.5kW、额定转速为650r/min。[1] 哈尔滨工业大学的柴凤等研发了一台轴向磁通永磁同步电机，主要参数是外径350mm、额定功率10kW、额定转速500r/min，结构为40极36槽。[2] 浙江大学的黄晓艳等在外转子直驱的磁场调制轮毂电机方面有较丰富的研究经验。[3] 东南大学的花为等在外转子磁通切换的基础上研发的模块化轮辐式永磁同步电机过载能力较好。[4]

通过以上分析可以看出，随着轮毂电机驱动车型的发展，轮毂电机呈现着多规格、高功率密度的发展趋势。虽然轴向磁通结构已经逐渐成为当前研究的热点，且如 YASA 等轴向磁通的技术方案已经在轮毂电机系统中得以应用和推广，但是径向外转子永磁同步电机仍然是当前市场推广和应用的主流。另外，欧美、日本等国家和地区在轮毂电机的研发和推广方面虽具备先发优势，但我国在新能源汽车的战略背景下，通过合作和收购等，使轮毂电机逐渐达到先进水平。目前来看，无论是国内还是国外，轮毂电机技术都未成熟，市场也未有批量的产品配套应用，因此轮毂电机技术实现产品化应用还有相当长的路。

五　轮毂电机主要产品及应用情况

（一）国外轮毂电机主要产品及其应用情况

1. Protean Electric 公司的 PD 系列产品及应用

2012 年以来，Protean Electric 公司陆续推出不断优化的 PD18 和 PD16

---

[1]　王晓远、唐任远、杜静娟等：《基于 Halbach 阵列盘式无铁芯永磁同步电机优化设计——楔形气隙结构电机》，《电工技术学报》2007 年第 3 期。

[2]　倪荣刚、柴凤：《轴向磁场永磁同步轮毂电机研究》，哈尔滨工业大学硕士学位论文，2012。

[3]　Wang Y. , Li Y. , Huang X. , et al. , "Comparison of Direct – drive Permanent – magnet Synchronous Motor and Permanent – magnet Flux – modulated Motor for Electric Vehicles", International Conference on Electrical Machines and Systems. IEEE, 2017: 1 – 5.

[4]　Zhang H. , Hua W. , Wu Z. , et al. , "Design Considerations of Novel Modular – Spoke – Type Permanent Magnet Machines", *IEEE Transactions on Industry Applications*, p. 99.

系列轮毂电机。PD18 主要是针对车轮轮径为 18 寸的车辆，如货车、中巴、SUV 等。而 PD16 则主要针对 B 级乘用车、SUV 等中型车。两款电机的主要参数如表 2 表示。

表 2　**Protean Electric 公司的 PD18 和 PD16 轮毂电机参数**

项目	PD18	PD16
最大转矩（N·m）	1250	800
峰值功率（kW）	80	40
最大速度（km/h）	225	150
电机重量（kg）	36	28
连续功率（kW）	60	26
车辆重量（kg）	<4500	<3200

目前 Protean Electric 公司已与多家整车厂商合作研发了多款装配轮毂电机的样车，包括福特 F150 - EV、VolvoC30 Series HEV、沃克斯豪尔 Vivaro 货车、广汽传祺 mmpchiEV 以及基于梅赛德斯奔驰 E 级的巴博斯纯电动与混合动力车型。[①]

表 3　**Protean Electric 公司的合作厂家**

应用车型	主要技术	图示
大众高尔夫 PHEV	·两个 Protean Drive 轮毂电机 ·纯电动续航里程大于 50km ·综合续航里程大于 900km ·最高车速高达 190km/h ·百公里加速时 7s 以内	
基于梅赛德斯奔驰 E 级的巴博斯纯电动车	·全新纯电动系统峰值 320kW，峰值转矩 3200N·m ·采用四台 Protean Drive 直驱轮毂电机系统，每个轮毂配置一台电机	

---

① 谌洁：《探秘汽车电力驱动领先技术——ProteanDrive TM 轮毂电机》，《中国工业报》2012年 12 月 7 日。

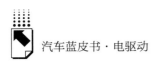
续表

应用车型	主要技术	图示
沃克斯豪尔 Vivaro 插电式混合动力 商用面包车(2010)	·后轮配置两台 Protean Drive 轮毂电机 ·插电式混合动力车具备 55 英里增程 纯电动驱动里程	
广州汽车集团 广汽传祺纯电动轿车	·后轮配置两台 Protean Drive 轮毂电机 ·后驱纯电动汽车	
福特 F150 纯电动皮卡	·采用四台 Protean Drive 轮毂电机 ·每个轮毂配置一台电机 ·全时四驱纯电动车 ·超过 7000 磅的纯电动皮卡 ·无传统车引擎	
沃尔沃 C30 系列 混合动力轿车	·采用四台 Protean Drive 轮毂电机 ·每个轮毂配置一台电机 ·全时四驱纯电动车 ·60 英里加速时间 5s	

2. 斯洛文尼亚的 Elaphe 公司的产品及应用

斯洛文尼亚的 Elaphe 公司推出了 S400、M700、M1100、L1500、LEV 等系列主要运用于电动汽车领域的轮毂电机，其中 M700 主要用于乘用车，M1100 主要应用于高功率需求的商用车或专用车领域，L1500 适用于高功率需求的轿车与 SUV，而 LEV 具有独特的空气冷却系统，更适用于城市轻型电动汽车。Elaphe 公司的电机技术方案为外转子轮毂电机方案。

3. 德国舍弗勒电动轮产品及应用

2013 年，搭载舍弗勒 E – Wheel Drive 电动轮的福特嘉年华纯电动汽车问世，这对于未来电动汽车有着至关重要的意义，甚至可以开发出同目前两座车型类似尺寸的四座车型，而且在驱动效率方面比传统电机更高。此外福特还展示了一项非常独特的功能，轮毂电机的特性意味着其可以实现轮毂的自由位置转向、原地平行移动。

图12　Elaphe 公司推出的系列产品

4. 英国 YASA 公司的产品及应用

YASA 公司创新的轴向磁通电机设计实现业界最高的功率密度和转矩密度，是混合动力和纯电动汽车应用的理想选择。借助 YASA 公司的技术，汽车制造商能够拥有更大的设计灵活度，从而提高汽车性能并降低汽车重量。YASA 公司生产的电机主要包括 P400 系列电机和 YASA750 系列电机。

YASA750 系列是一款具有大功率和转矩密度的低速大转矩电机。该电机可以在轴向长度仅为 98mm、重量 37kg 的情况下，产生 790N·m 的峰值转矩、400N·m 的额定转矩、100kW 的峰值功率、70kW 的额定功率，最大转速可达 3250r/min，最大效率高达 96%。

中国超跑品牌泰克鲁斯·腾风的车型"至仁"采用了 YASA 电机。"至仁"的最顶配车型同时搭载 6 台电机以及 1 台负责发电的柴油涡轮发动机，可以提供最大 960kW 和 2340N·m 的动力输出，该车辆从零加速到 100km/h 用时仅需 3s，车速最高可达到 330km/h。同时用户还可根据需要选择两个、四个电机的配置。可配置的电机输出两台电机 320kW/780N·m、四台电机

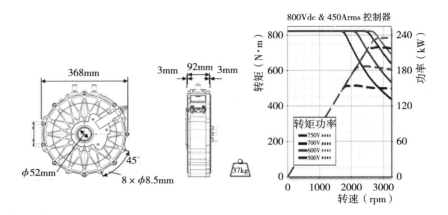

图13　YASA750系列的电机尺寸和性能曲线

640kW/1560N·m；每台电机使用YASA的P400系列电机，峰值功率为160kW，峰值转矩为390N·m。

图14　应用YASA轮毂电机的"至仁"车型

5.其他产品及应用

2013年法国标致-雪铁龙集团研制了装配电动轮的汽车quark。该车电动轮采用减速驱动轮毂电机，并通过与轮辋集成传递动力，电机的最大转矩可达到102.2 N·m，从零加速到48km/h的时间为6.5s。2015年，德国明斯特市已成功配置了5辆配备E-Traction直驱轮毂系统纯电动公交车，在长达 12km 的 14 号线路上日常运。此外，E - Traction 在卡车改装方面的应用获得技术突破，2016 年在 Elvagen 计划支持下完成了 DAFLF 卡车的改装，将原先车辆自带的柴油发动机、变速箱、传动轴、后桥和油箱替换为轮毂系统、逆变器和电池组等。

（二）国内轮毂电机主要产品及其应用情况

广汽集团与 Protean Electric 公司共同打造了最新的传祺系列纯电动车。该车是在名车的底盘基础上进行改装的，增加了后轮驱动的两个轮毂电机，其电机均采用 Protean Electric 公司的最新技术的 PD 系列电机，最大功率达到了 83kW，最大转矩是 825N·m。而奇瑞的瑞麒 XI - EV 纯电动汽车（见图 15）采用 336V 的电池平台，同样是轮毂电机的方案，从而使得车辆的制动回馈率更高，减少了不必要的机械效率损失，从而在电池容量不变的情况下，大幅度提升了续航里程。

图 15　奇瑞汽车的瑞麒 XI - EV 纯电动汽车

一汽自主研发轮毂电机驱动技术底盘的主要技术参数如表 4 所示，该底盘搭载了解耦式制动系统以实现制动能量回收功能。一汽还在此基础上通过电机实现 E - TCS 电动牵引力控制功能，优化车轮附着率，增强车辆加速、转向和爬坡性能。

LVCHI（绿驰）电动车在 2018 年日内瓦车展上推出了全新超级轿跑车型 Venera，搭载 4 个轮毂电机，综合最大功率可达 729.6kW（992 马力），0～100km/h 加速仅需 3s，最高时速为 250km/h。华人运通推出了首个基于量产的四轮转向轮毂电机工程车 RE05。这款工程车实现了精确和独立的四轮电机驱动和转向，提供 14 套不同工况/模式下的智能驱动逻辑，根据不同路况，4 个车轮能独立控制扭矩输出，独立改变方向，大大减小了转弯半径。

表 4 一汽自主研发轮毂电机底盘主要参数

项目	主要参数
最高车速（km/h）	155
0～50km/h 加速时间（s）	<2.5
0～100km/h 加速时间（s）	<6
经济性（NEDC 工况续航里程，km）	>210
驱动电机类型	永磁同步
峰值功率（单电机，kW）	30
峰值转矩（N·m）	64
最高转速（r/min）	15000
固定减速比	11

比亚迪 K9 纯电动大巴已经远销国外，其后桥采用了带有减速机构的轮毂电机系统，兼具再生制动功能（见图 16）。电机的最大功率 90kW，最大转矩 500N·m，采用液冷方式进行冷却。

通过以上的应用介绍及分析可以看出，无论是国外企业还是国内企业都在致力于推出多种类型不同规格的轮毂电机产品，并将之应用于不同类型的车辆上进行测试，但是由于技术成熟度限制，密封、振动、退磁等关键性问题仍未得到彻底解决，因此现阶段轮毂电机仍未成为新能源汽车的主流方案，而轮毂电机也未有批量应用的产品。

图16　比亚迪减速驱动电机系统应用

六　轮毂电机技术发展趋势

（一）新型轮毂电机应用不断出现

由于轮毂电机安装位置与工作环境限制，相对于径向磁通的永磁同步电机，当电机的极数足够多、轴向长度与外径的比率足够小时，轴向磁场永磁同步电机在效率和转矩密度方面有明显的优势。此外，轴向磁场电机还具有结构紧凑、转动惯量小、定子散热条件良好的优点。以 YASA 电机为代表的轴向磁通永磁同步电机必将成为未来研究的热点。随着稀土禁令趋严和价格的不稳定，为了摆脱对稀土的严重依赖，少稀土及无稀土的电机方案也成为轮毂电机应用的研究热点。其中，尤其以开关磁阻电机（SRM）的技术方

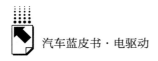

案为代表，包括径向磁通和轴向磁通的开关磁阻电机，未来将有越来越多的企业、研究机构关注汽车轮毂用开关磁阻电机的研发。

（二）轮毂电机高度集成化趋势

轮毂电机系统高度集成化是必然的发展趋势，驱动系统、传动系统、制动系统集成在车轮中，车内空间狭小，必然要求轮毂电机在满足性能的同时减小体积，各部件需合理布置。

基于磁齿轮磁场调制原理的永磁轮毂电机集成高速减速驱动轮毂电机体积小、质量轻和低速直接驱动轮毂电机无减速器结构简单的特点，基于高速电机的设计获得低速大转矩的输出，开发出较高传动比磁齿轮并结合电机自身特性，充分发挥并体现其优越性，具有高可靠性、舒适性，融合磁齿轮和轮毂电机优点的磁场调制轮毂电机是今后需要研究的关键技术。

（三）轮毂电机轻量化、高功率密度

轮毂电机驱动方式与集中驱动方式不同，电机安装在车轮上直接驱动增加了非簧载质量，影响整车的平顺性、操纵性以及乘车舒适度。从轮毂电机结构的设计优化出发，通过关键零部件轻量化材料的选取、先进的轻量化材料的成型技术以及制造工艺，各结构间配合的轻量设计优化，实现电机的有效减重。同时越来越多新型的电机开始应用于轮毂直驱电机，例如轴向磁通电机、横向磁通电机，根据其特点有效地提高电机的功率密度。未来，轮毂直驱电机呈现轻量化、高功率密度的发展趋势。

（四）高性能永磁体开发应用

磁体在轮毂电机中常用于提高功率密度和效率，但预防永磁体退磁是所有永磁轮毂电机面临的共同难题，解决在电机起动时足够过载能力前提下大电流对永磁体的影响、正常运行时减少损耗降低温升、降低制动过程中产生的热量、优化永磁体结构及放置形式、开发抗去磁能力的高性能永磁体材料，是永磁轮毂电机技术提升必须要解决的问题。

（五）轮毂电机热管理趋势

轮毂电机为追求高功率密度和高转矩密度，通常采用较高电磁负荷和热负荷，且安放在封闭的狭小车轮内，轴向有效尺寸较小，散热更为困难。轮毂电机输出功率的极限往往受制于材料的热极限能力，如低速大转矩下的绕组热极限及高速大功率下永磁体热极限。

良好的热管理技术通过降低生热、改善散热条件以降低电机温升，进而可以保证在同样的尺寸下，电机的功率密度及转矩密度得以提高，换句话说产生同样功率及转矩的电机尺寸可以做得更小，从而减少永磁体、铁芯、绕组等有效材料的使用，降低成本。

目前，国内轮毂电机水冷加风冷的混合冷却系统较为成熟，而油冷是前沿的冷却方式。针对端部冷却优势，"绕组端部注塑"和"端部油冷"作为前沿冷却方式将会受到关注，现阶段受复杂的油路系统设计及工艺限制并未广泛适用，但其突出的散热能力，势必会占领技术制高点。

在此基础上，可选用环氧树脂进行浇注，提高传热能力，避免热力集中，使温度分布更均匀。运用多种方式结合的混合冷却系统将成为未来发展趋势，如增加有效散热面积、提高冷却剂循环与外界热交换的能力、避免热力集中等。

（六）轮毂电机噪声及振动

为满足整车使用需求，轮毂电机设计方向为高功率密度、高转矩密度、高集成度及轻量化，但高磁密、机构复杂、钢度降低都会反映到电机的振动噪声上；与集中驱动相比，将电机布置在轮毂内，复杂结构使共振频率范围放宽、路面恶劣环境等都将引起轮毂电机的振动问题进一步恶化。良好的NVH特性有利于车辆的平顺性和安全性，提高人们驾乘舒适度。

电机驱动系统作为汽车振动噪声的主要源，轮毂电机的NVH设计与电机电磁、结构设计、电控设计有很强的关系，可从电机本体设计、工艺、电机控制路线方面进行具体分析。为此，可通过合理设计电机电磁结构及与轴承、冷却系统等结构配合，提升各部件钢度，从源头降低电机振动噪声；严格要求提升轴承等零部件的加工工艺精度及装配精度，加固机座等支撑部件，避免设计及故障产生噪声（电磁噪声及摩擦、撞击等引起的机械噪声），保证承载强度减弱振幅；发挥控制器的主观能动性，通过软件调节抑制振动噪声，既节约结构设计周期及成本，又有较高的灵活性及通用性，所以控制侧的解决方案成为未来 NVH 研究的重点。

针对轮毂电机不同环境、不同工况下的运行条件，在保证电机运行的安全性、可靠性和整车舒适性的基础上，实现电机高速、高效、轻量化是电机驱动技术未来的发展方向。

参考文献

［1］何仁、张瑞军：《轮毂电机驱动技术的研究与进展》，《重庆理工大学学报》2015 年第 7 期。

［2］辜承林：《轮毂电机发展思考》，《电机技术》2006 年第 3 期。

［3］贡俊、黄苏融：《电动车电机驱动系统的现状和展望》，《中国电工技术学会第八届学术会议论文集》，2004。

［4］莫会成：《微特电机》，中国电力出版社，2015。

［5］Byeong – Hwa Lee, Sung – Il Kim, Jeong – Jong Lee, Jung – Pyo Hong, Chang – Soo Park, "Design of an Interior Permanent Magnet Synchronous In – Wheel for Electric Vehicles", Conference on ICEMS, 2010.

［6］Royji Mizutani, Nishikamo – gun, In – wheel Motor ca – Pable of Efficiently Cooling Motor, US Patent, 7, 819, 214 B2, 2010.

［7］Moriguchi N., Cooling Structure for In – wheel Motor, US Patent, 8, 251, 167 B2, 2012.

［8］C. J. Ifedi, B. C. Mecrow, J. D. Widmer, G. J. Atkinson, S. T. M. Brockway, D. Kostic – Perovic, A High Torque Density, Direct Drive In – wheel Motor for Electric Vehicles, Conference on PEMD, 2012.

［9］Gwang – Ju Park, Gyeongsangnam – do, Outer – Rotor Type Motor and Outer – Rotor Type In – Wheel Motor, US Patent, 8, 403, 087 B2, 2013.

［10］Taran N., Rallabandi V., Heins G., et al., "Coreless and Conventional Axial Flux Permanent Magnet Motors for Solar Cars", *IEEE Transactions on Industry Applications*, 2018.

[11] L. A. J. Friedrich, K. Bastiaens, B. L. J. Gysen, D. C. J. Krop and E. A. Lomonova, "Design of an Axial – flux Permanent Magnet Machine for a Solar – powered Electric Vehicle", 2018 Thirteenth International Conference on Ecological Vehicles and Renewable Energies (EVER), 2018.

[12] T. Takahashi, M. Takemoto, S. Ogasawara, W. Hino, K. Takezaki, "Size and Weight Reduction of an In – Wheel Axial – Gap Motor Using Ferrite Permanent Magnets for Electric Commuter Cars", *IEEE Transactions on Industry Applications*, 2017, 53 (4).

[13] Nikunj Ramanbhai Patel, Varsha Ajit Shah, Makarand M. Lokhande, "A Novel Approach to the Design and Development of 12 – 15 Radial Field C – Core Switched Reluctance Motor for Implementation in Electric Vehicle Application", *IEEE Transactions on Vehicular Technology*, 2018, 67 (9).

[14] Jingwei Zhu, Ka Wai Eric Cheng, Xiangdang Xue, Yu Zou, "Design of a New Enhanced Torque In – Wheel Switched Reluctance Motor With Divided Teeth for Electric Vehicles", *IEEE Transactions on Magnetics*, 2017, 53 (11).

[15] Pop C. V., Fodorean D., In – Wheel Motor with Integrated Magnetic Gear for Extended Speed Applications, International Symposium on Power Electronics, Electrical Drives, Automation and Motion. IEEE, 2016.

[16] 王晓远、唐任远、杜静娟等:《基于 Halbach 阵列盘式无铁芯永磁同步电机优化设计——楔形气隙结构电机》,《电工技术学报》2007 年第 3 期。

[17] 倪荣刚、柴凤:《轴向磁场永磁同步轮毂电机研究》,哈尔滨工业大学硕士学位论文,2012。

[18] Wang Y., Li Y., Huang X., et al., "Comparison of Direct – drive Permanent – magnet Synchronous Motor and Permanent – magnet Flux – modulated Motor for Electric Vehicles", International Conference on Electrical Machines and Systems IEEE, 2017.

[19] Zhang H., Hua W., Wu Z., et al., "Design Considerations of Novel Modular – Spoke – Type Permanent Magnet Machines", *IEEE Transactions on Industry Applications*.

[20] 谌洁:《探秘汽车电力驱动领先技术——ProteanDrive TM 轮毂电机》,《中国工业报》2012 年 12 月 7 日。

B.7
集成化电驱动系统技术发展现状与趋势

张剑锋　谢世滨*

摘　要： 本文描述了纯电动集成电驱动系统和混合动力集成电驱系统的典型技术路线，阐述了各方案的基本原理及特点，并对纯电和混动集成化电驱动系统的发展趋势做了展望。

关键词： 纯电动集成电驱动系统　单电机集成驱动　双电机集成驱动分布式电驱系统　混动集成电驱动系统

在现阶段，新能源汽车的动力系统大部分是由分离的电机、电机控制器、变速箱等组成，各器件分别安装在整车的各个地方；驱动电机需要三根UVW高压线连接到控制器，连接线较长，电磁干扰大，成本高，占用车内安装空间，且EMC难以解决。

随着新能源汽车技术的不断发展，新能源汽车对高效、高能量密度的要求日益提高，电驱动系统数字化、集成化、智能化、高效节能化将无可争辩地成为未来发展的趋势。零部件集成化设计能力已经成为新能源企业的核心竞争力，通过集成一体化设计，一方面简化了零部件之间的外部布线，可以减少高压线束的长度，减少高压线束的压降，进一步提高系统的效率；另一方面可以减少驱动系统整体的体积，达到轻量化、节约成本等目的。另外，

---

* 张剑锋，高级工程师，吉利汽车新能源研究院资深总工程师；谢世滨，吉利汽车新能源研究院院长。

如果电机控制器和电机集成在一起，也会减少电磁兼容问题。

针对新能源电驱集成系统，有两条技术路线：一条路线是纯电动集成电驱系统，另一条是混合动力集成电驱系统。在纯电集成电驱系统中，电驱动系统是由减速器、驱动电机、电机控制器组成；而在混合动力集成电驱系统中，电驱动是由耦合器、一个或两个电机、发动机、电机控制器组成。下文介绍国内外纯电动集成电驱系统和混动集成电驱系统的发展及应用现状，并说明各种不同构型的电驱系统的特点及其发展趋势。

一　纯电动集成电驱系统

在纯电动电驱系统中，越来越多的汽车生产商开始考虑采用驱动电机替代传统发动机，并与减速器和差速器一起，组成电驱动桥，实现驱动系统的电动化。目前纯电动集成电驱系统主要分为两大类：一类是集中式电驱系统，另一类是分布式电驱系统，图1描述了纯电动集成电驱系统的主要分类。

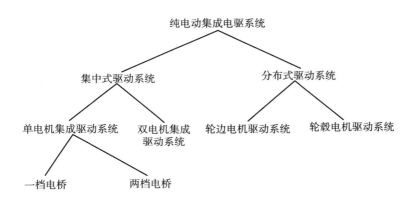

图1　纯电动集成电驱系统主要分类

（一）集中式驱动系统

集中式驱动系统目前按照驱动系统的电机数目分类，主要分为单电机集成驱动系统和双电机集成驱动系统。在单电机集成驱动系统中，按照变速器挡位分为一挡电桥和两挡电桥的集成驱动方案。根据系统集成零部件的情况，有"二合一"（电机＋减速器）方案，代表车型是雪佛兰 Bolt；三合一（将电机、减速器和电机控制器集成为一体的技术）方案，代表车型是特斯拉；"多合一"（包含电机＋减速器、电机控制器、充电机、支流变换器、高压分线盒、部分整车控制器）方案，代表车型是宝马 i3。

而分布式驱动系统主要包含轮边电机驱动系统和轮毂电机驱动系统。

下文将分别介绍国内外纯电动集成电驱系统的发展现状。

1. 单电机集成驱动系统

（1）国内的单电机集成驱动系统

目前国内大多数电驱动提供商正在由单一产品供应商向二合一产品（电机＋减速器）、三合一产品（电机＋电机控制器＋减速器）或是多合一（电机＋电机控制器＋减速器＋充电机＋高压配电箱等）产品发展，表1列举了几款国内单电机集成驱动系统基本参数。

表1　国内几款单电机多合一电驱产品主要参数

项目	峰值功率（kW）	电压范围（V）	最高转速（rpm）	总速比	最高效率（%）	量产时间
比亚迪电驱三合一产品（电机＋电控＋减速箱）	40	250～420	14000	10.44	90.6	已量产
	70	250～420	14000	8.5/10.7	91.99	已量产
	120	250～500	14000	9.3	91.6	已量产
	180	460～772	14000	10.7	91.0	已量产
精进电机二合一产品（电机＋两级单速减速器）	125	270～420	12000	8.553	93	2018.12.1
	140	270～420	12000	8.553	93	2018.12.1
精进电机三合一产品（电机＋两级单速减速器＋控制器）	98	270～420	16000	10.56	91	2020.6.1
	105	270～420	15000	10.56	91	2020.6.1
	150	270～420	16000	10.2	91	2020.3.1

例如，对于三合一产品，比亚迪已经量产，其他包括精进电机、长安汽车、大洋电机、精进电动等企业已经研发了三合一电驱动总成方案，预计在明后两年内将会有量产的产品。下面介绍几个国内比较有代表性的单电机集

成电驱动电桥产品。

①比亚迪的驱动三合一电驱系统

比亚迪将电机、减速器、电控作为一体设计,打造了三合一电驱动总成系统,图2是比亚迪的一款70kW三合一电驱产品的外形图。比亚迪的三合一产品功率从40kW、70kW、120kW到180kW,电机转速达到14000rpm,满足了A00、A0、A、B级等轿车对动力性的需求。例如,比亚迪元EV360是比亚迪三合一产品的首款纯电动车型,电机峰值功率为160kW,峰值扭矩为310N·m。

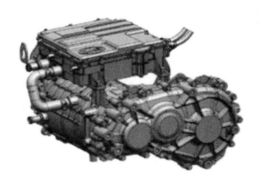

图2 比亚迪70kW三合一电驱产品的外形

②精进电动的三合一电驱

精进电动自主研发的某款三合一产品是将一个电机、一个两级单速减速箱和电机控制器集成在一起,预计2020年量产应用于整车,总成效率大于91%,速比10.2,320N·m系列电机的转速将提高到16000rpm以上。

③大洋电机

大洋电机的三合一电驱动系统(电机+减速器+电机控制器)功率范围覆盖75~120kW,目前已推出6款产品,逐步走向模块化和标准化。

④长安汽车

长安第二代电驱动总成是三合一方案,包含电机、减速器与电机控制器,已经开发完成,并会应用到即将上市的一些纯电动车上。与长安第一代纯电动力总成相比,成本降低30%,重量降低15%,体积降低20%,同等

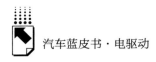
电量下 NEDC 续航提升约 5% 。除了性能提升外，第二代电驱动总成在工艺上也有改善，总装车间生产线减少了三个工位，降低了制造成本。

现阶段国内单电机集成电驱产品有以下特点：结构简单，体积小，成本低。现有产品集中在电机、电控以及固定速比的减速器的集成，满足小车的动力需求，但对于一些动力性要求高的车型，由于没有换挡功能，不能满足动力性要求。

（2）国外单电机集成驱动系统

国外零部件供应商在单电机集成驱动方面与国内常见的三合一方案有所不同，由于它们在传统驱动桥上具有一定的优势（如 GKN、博世、博格华纳、采埃孚），这些公司推行将电机、电控、减速器与传统车桥相结合，形成一个高度集成化的电驱动桥产品，使得整个电驱动总成系统具备成本更低、体积更小等优势。另外，在两挡电桥方面，国外厂家（如舍弗勒的两挡电桥）做了很多工作，目前一些电驱动桥产品已经得到了应用。下面将介绍这几个公司具有代表性的产品。

①GKN 的电动驱产品

GKN 的三合一驱动系统（单挡减速箱）如图 3 所示，将电动机的转矩通过单减传递到汽车轮胎上，采用轻量化设计的传动部件实现了 12.5∶1 的传动比，可以实现 14000r/min 的输入转速，系统可提供高达 2000N·m 的转矩和 70kW 的功率，提供更及时的动态响应和加速能力。在不需要驱动时，可以通过一个集成的切断装置将电动机从传动系统中断开，该装置采用了机电驱动离合器。

在 2015 年法兰克福车展上，吉凯恩（GKN）发布了一款新型驱动电桥，这款电桥结合了现有的电动驱动技术和扭矩矢量控制技术，如图 4 所示，能够为车辆带来更高的性能和驱动能力，一个功率 60kW、240N·m 的 GKN EVO 的电动马达驱动的电动桥采用 1∶10 的传动比。这样带有一套双离合器（Twinster）扭矩矢量分配系统就能为后轮分配 2400N·m 的强大扭矩了。

②BOSCH 的 e-Axle 电驱系统

BOSCH 的 e-Axle 是将电机、电力电子及变速箱合而为一（见图 5），具

图3 GKN 三合一电驱系统（电控＋电机＋减速器）

图4 GKN 60kW 电动桥结构

体产品系列按照平台设计可实现输出功率 50～300kW、扭矩 1000～6000N·m 的变型产品。

博世未来电驱动桥产品规划中，将原来独立的电机、变速箱和逆变器集成到一个外壳中，使得整个电驱动桥成本更低、体积更小和效率更高。博世 BOSCH 已与 Nikola 电动卡车合作，率先将其电驱动桥产品应用在重型新能源卡车上。

③麦格纳（Magna）电驱动系统

麦格纳提供了三款高集成度的电驱动系统，最大功率为 76kW、140kW 和 253kW，具体的性能参数如表 2 所示，可以直接用于 EV 车或 P4 结构的新能源车，外形如图 6 所示。

图5　博世 e-Axle 电驱系统组成

表2　麦格纳高集成度的电驱动系统基本参数

项目	最大功率 （kW）	最大扭矩 （N·m）	最高转速 （rpm）
集成电驱(低)	76	1600	13500
集成电驱(中)	140	3800	18000
集成电驱(高)	253	5300	16500

图6　麦格纳电驱动系统（低、中、高）外形

④采埃孚（ZF）的三合一电驱系统

采埃孚（ZF）电驱模块的核心是由一个异步电机、一个结构紧凑的单速比传动机构、一套控制器组成。电机的输出功率可以增至120kW，扭矩2500N·m。通过对整套电驱系统的性能优化，使得电能转换效率提升6%。图7显示了驱动模块的外形。

⑤舍弗勒两挡电桥驱动系统

舍弗勒提供了一款量产的两挡电桥，采用平行轴式设计方式，主要由一个永磁同步电机、一套减速齿轮组、差速器和一套换挡执行机构组成（见

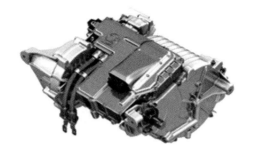

图7　ZF 的三合一驱动模块外形

（图8），主要参数：峰值功率 88kW，峰值扭矩 195N·m，两级减速比 4.8/5.05，最大转速 13300rpm。舍弗勒电驱动桥已经在长城 WEY P8 上应用，提供最高 100 kW 的最大功率和约 60 kW 的恒定功率，实现足够高车速的纯电行驶能力。

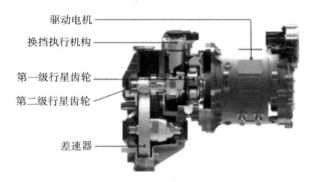

驱动电机

换挡执行机构

第一级行星齿轮

第二级行星齿轮

差速器

图8　舍弗勒的两挡电桥

与单挡电桥相比，舍弗勒的平行轴两挡电桥主要有以下特点：两挡可以更加优化电机高效区范围，提高整体动力系统效率；整体设计紧凑，非常适合 SUV 车型有限的后轴安装空间，可以大大减少对底盘的影响；与单挡电桥相比，两挡电桥在一挡大速比的工况下可以输出更大扭矩，具备更好的加速性能；因为多了换挡结构，控制的复杂程度和成本较高。

2. 双电机集成驱动系统

纯电动车大多使用的是单电机系统固定传动比传动，然而单电机动力系

统很难较好地实现电机和整车动力的匹配，爬坡与高速无法兼顾（尤其是大车），在高速运转的条件下，电机效率会大幅度下降。为解决这一问题，双电机集成驱动系统应运而生。使用两台电机，通过耦合单元将二者有机合成，兼顾了车辆的低速爬坡和高速巡航。双电机动力系统虽然具备自动变速箱的作用，但不需要使用耗能较大的自动变速箱，保证了纯电动车载能源得到最高效的利用。而且，双电机动力系统造价比自动变速箱低得多，因此采用双电机动力系统不仅效率高、节能，成本也低不少。

下面介绍几款比较有代表性的双电机集成驱动系统。

（1）GM 的 Voltec 动力系统

通用汽车在 2010 年推出的 Volt 增程式电动车使用的系统就是 Voltec 动力系统（见图 9）。它由一个 53kW 和一个 70kW 的永磁同步电机、行星齿轮组以及两个离合器等组成，解决了纯电动车的里程问题，工作原理如图 10 所示，两个电机通过行星齿轮结构进行动力耦合，电机 E_1 与齿圈连接，电机 E_2 与太阳轮相连接，还有两个离合器 C_1、C_2 用于纯电动和增程模式的切换控制。

此方案优化了电机的工作区间、系统效率高，但机械结构复杂、成本高、控制困难。

图 9　Voltec 动力系统外形

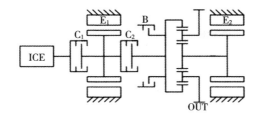

图 10　通用汽车的 Voltec 动力系统原理

（2）奇瑞的双电机电驱系统

奇瑞新能源也提供了一套双电机的电驱方案，其核心是两个电机通过行星齿轮耦合构成一体化集成动力总成，电机与传动轴采用同轴式设计，两个电机协调控制，实现无级变速、电驱动系统的高效化。并且由于使用了行星齿轮，结构较为紧凑，布置方便，工作原理如图 11 所示。

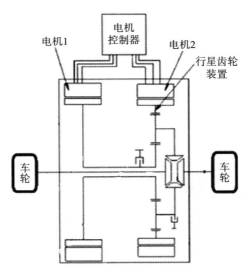

图 11　奇瑞的双电机电驱系统原理

（3）上汽的 EDS 双电机驱动系统

上汽的 EDS 双电机驱动系统采用了双电机与双挡位，能够在每个车速、负荷区间，寻找到效率最优的工作点，这套 EDS 系统已经成功应用在荣威的 MARVEL X 纯电动车的后轴驱动上。图 12 显示了上海汽车研制的双电机电动车辆的电驱变速箱的原理，采用一个 85kW 的主驱电机（TM 电机）和一个 52kW 的辅驱电机（BM 电机），两个电机并联运行。其中，TM 电机始终连接车轮，BM 电机在动力需求较大的时候接入，辅助驱动。同时辅驱电机（BM 电机）有两个挡位，高速行驶时可以换入二挡，使得 TM 电机以单传动比输出动力，BM 电机通过单一的同步器选择性地以两挡传动比输出动力，从而进一步提升驱动效率。

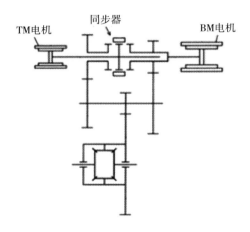

图 12　上汽的双电机驱动系统原理

（二）分布式驱动系统

集中系统驱动方式基本采用高速电机，通过减速器传递动力，然而，减速装置上会损失一些能量，同时，动力系统布置占用空间。因此，由电机直接驱动车轮的技术一直受到学术和产业界的关注。直接驱动往往与汽车各轮的独立驱动结合在一起，也称为分布式驱动，该技术在提高汽车能效、安全和车辆智能化方面具有很大的潜力。分布式驱动系统主要分为轮边电机驱动系统和轮毂电机驱动系统，下面介绍这两种系统的发展情况。

1. 轮毂电机驱动系统

轮毂式电驱系统作为一种新型的分布式驱动系统，在稳定性、主动安全控制和效率高方面有较好的表现，近几年来已经引起许多研究机构的广泛关注，轮毂电机技术又称车轮内装电机技术，就是将驱动、传动和制动装置整合到轮毂内，具备单个车轮独立驱动的特性，可以不需要传统的引擎室，省掉了离合器、变速器、传动轴、差速器、分动器等传动部件，直接将发电机安装在车轮中，可以大大扩大车内的使用空间，并减少机械传动过程中的能量损失以及机械磨损，因此很多人将轮毂电机看作未来新能源汽车驱动的解决方案。

而对于乘用车所用的轮毂电机，日系厂商对于此项技术的研发工作开展较早（如丰田和本田），德国的舍弗勒也提供相应的轮毂电驱，Protean Electric 也是一家轮毂电机技术领导者。下面介绍几种具有典型代表的轮毂驱动产品。

（1）米其林的 Active Wheel 轮毂驱动系统

法国的米其林公司开发了集驱动、制动和电子主动悬架功能为一体的轮毂驱动总成系统（命名为 Active Wheel），结构紧凑，并自动实现整车地板的离地间隙，保证转向的平稳性。图 13 为米其林的 Active Wheel 轮毂驱动系统结构。

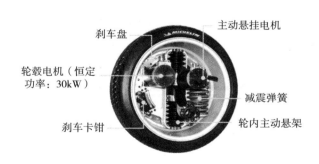

图 13　米其林的 Active Wheel 轮毂驱动系统结构

（2）Protean Drive 轮毂驱动系统

2017 年 4 月，Protean PD18 RAM 轮毂电机（见图 14）在天津正式下

线。Protean Drive 轮毂电机能够实现最大 75kW 的动力和 825N·m 的扭矩，而重量仅为 36Kg，可安装在常规直径为 18～24 英寸的车轮中。Protean 将电机控制器集成在轮毂电机中（图 15 为 Protean 的轮毂电驱系统结构）。Protean Drive 还拥有杰出的再生制动性能，在刹车过程中能回收高达 85% 的可用动能。

图 14　Protean PD18 RAM 轮毂电机外形

图 15　Protean PD18 RAM 轮毂电驱系统结构

Protean 已与多家整车厂商合作研发了多款装置轮毂电机的样车和改装车型，包括福特 F150－EV、Volvo C30 Series HEV 以及基于梅赛德斯奔驰 E 级的巴博斯全电动车型等。

（3）日本精工（NSK）的双电机轮毂驱动系统

日本精工正在研发一种配备变速箱的轮毂电机（见图 16）。该产品由两个独立的电机和一个特制的变速箱构成，由其向两个车轮输出较高的驱动扭矩，并达到最大车速，该产品所采用的电机能被安装到 16 英寸的车轮内。图 16 显示了应用于轮毂驱动系统结构，将两个电机和一个使用行星齿轮机构的变速器组合，高速时两个电机转向相同，而低速时两个电机则切换成反向旋转。电机 A 转动单个小齿轮行星齿轮机构的太阳齿轮。电机 B 转动双小齿轮行星齿轮机构的托架，从行星齿轮机构的环形齿轮出力。

图 16　NSK 双电机轮毂驱动系统结构

（4）舍弗勒轮毂驱动系统

舍弗勒的轮毂驱动系统曾装在福特嘉年华 E-Wheel Drive 概念车上，在轮辋内集成了电机、电机控制（power electronics）、制动器、轮毂轴承，具体结构如图 17 所示，基本参数如下：额定功率 33kW，最大功率 40kW；额定扭矩 350N·m，最大扭矩 700N·m。

2. 轮边电机驱动系统

采埃孚是国际上首家生产电驱动车桥的轮边电机企业。该公司的轮边驱动技术最早用于沃尔沃商用车。ZF 轮边电驱桥是典型的代表：两个驱动电机布置在车桥两侧，通过侧减速器和轮边减速器实现减速增扭驱动车轮，图 18 是 ZF 的一款轮边电驱桥的外形。

在我国，比亚迪（K9）、长江客车（E-Glory）的轮边电机客车在 2014 年相继问世。

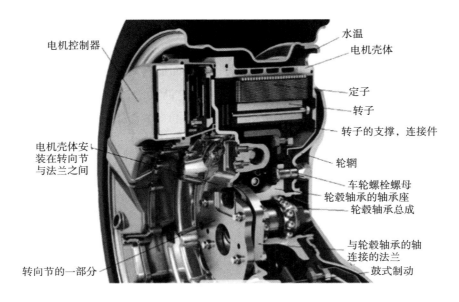

电机控制器

水温
电机壳体
定子
转子
转子的支撑，连接件
轮辋
车轮螺栓螺母
轮毂轴承的轴承座
轮毂轴承总成
与轮毂轴承的轴连接的法兰
鼓式制动

电机壳体安装在转向节与法兰之间

转向节的一部分

图 17　舍弗勒轮毂电机结构

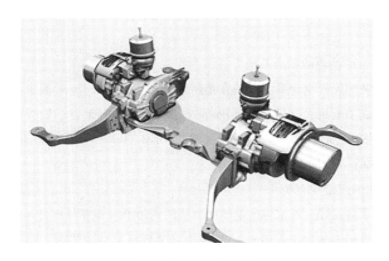

图 18　ZF 轮边电驱桥

　　与轮毂电机相比，轮边电机的电动机不集成在车轮内，而是电机安装在车轮边上。车轮的两侧分别是一台电机 + 减速器，取消了主减速器和差速器，通过传动电机输出轴连接到车轮，其综合电耗较好，但是对于后轴驱动的轮边电机系统，由于车身和车轮之间存在很大的变形运动，对传动轴的万向传动也具有一定的限制。

与集中式驱动系统相比，分布式驱动系统的主要特点如下：①机械传动效率高；②轮毂电机减少车辆上齿轮、差速器和等速万向节带来的能量损失，整个动力系统传动效率高；③整车空间利用率高，对现有整车零部件布局不做调整；④每个轮毂电机均可独立为对应的车轮分配不同的转矩，稳定性和控制性增强，具备单个车轮独立驱动的特性，因此无论是前驱、后驱还是四驱形式，都可以比较轻松地实现；⑤由于布置空间有限，电机总成对电机的功率转矩密度有很高的要求；⑥由于布置位置的关系，工作的环境恶劣，面临水、灰尘等多方面影响，对系统的抗震性和防水性以及散热性能有苛刻的要求，这些也是制约分布式驱动系统发展的关键因素；⑦电制动性能有限，维持制动系统运行需要消耗不少电能；⑧如果是集中式驱动系统，那么只要一台电机就足够，而分布式驱动系统则需要两套以上的驱动系统和电机，成本增加是显而易见的。

（三）纯电动集成电驱产品技术发展趋势

纯电动集成电驱产品经过多年的积累和演变，逐步向集成化、平台化、高效化等方向发展。

1. 电驱产品的高度集成化

新能源电驱产品集成化设计是必然趋势，从物理结构上逐步由分体式向集成化方向发展，进行高度整合后将动力电机、电机功率控制逆变器和变速箱合成为一体，可以实现轻量化、小型化，同时降低成本，在一定程度上解放空间、利于整车布置。而功能上由独立的功能向多功能集成方向发展。图 19 展示了电驱集成产品的发展阶段。

2. 电驱产品的平台化

平台化设计使得不同功率的产品可被快速开发，适配于不同车型，并降低开发成本以及产品的单件成本。

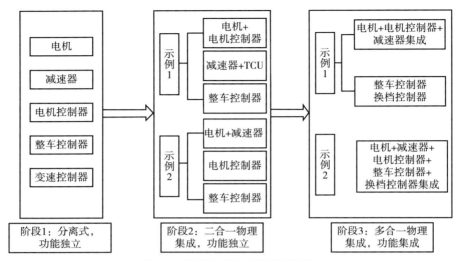

图19　电驱集成产品的发展阶段

3. 电驱产品的高效化

驱动电机向着更高效的永磁同步电机方向发展，而未来的驱动模块逐步由 IGBT 向碳化硅方向发展，母线电压范围也逐步由 300V 向 800V 的方向发展，整体上实现电驱集成产品的高效化。

4. 变速箱由单挡向两挡减速方向发展

两挡可以拓宽电机高效区范围，提高整体动力系统效率，有利于提升车辆的经济性与舒适性。

5. 控制器的功能安全等级要求逐步提高

对于新一代的电驱控制器产品，需要严格遵循 ISO 26262 功能安全开发流程，冗余性和安全性的等级将逐步提升。

二　混合动力集成电驱系统

在混合动力集成电驱系统里，按照动力传输路线主要分为以下三种：双电机动力分流混动系统、双电机串并联混动系统以及单电机混动系统（见图 20）。在下面介绍这几种混动集成电驱系统。

图20　混动电驱系统分类

（一）双电机动力分流混动系统

双电机动力分流混动系统就是常说的 PGS 系统，基本原理是通过行星齿轮机构对发动机功率进行分流，发动机功率一部分通过机械路径传递输出，另一部分通过电功率路径传递到电动机输出。动力分流方案有丰田普锐斯的输入动力分流系统、通用沃蓝达的输出动力分流系统、科力远公司的复合动力分流系统，以及福特的双电机动力分流混动系统。

丰田 PS 技术主要以单行星排、双电机的电驱动系统著称。因为行星齿轮排的数目单一，导致效率和动力性达不到最优。而通用的 PS 技术则不一样，以凯迪拉克 CT6 为例，其采用了双电机 + 三排行星齿轮五组离合器的电驱系统，相比丰田的普锐斯更高效、智能。

双电机动力分流混动系统的主要优势如下：①解决自动变速器资源问题；②发动机与车速解耦，较大范围内实现发动机状态持续优化；③油耗节省35% ~40%，适合整车 HEV/PHEV 平台开发；④行驶路况适应性好，实现动力输出无级变化 E‑CVT。

双电机动力分流的劣势如下：①需要两个电机协调工作；②控制系统较复杂；③动力性无明显提升。

1. 丰田的 THS

丰田的双擎混动系统 THS（Toyota Hybrid System）是一种输入动力分流

方案。丰田利用这套系统推出全球范围内第一款混合动力车型 Prius，如今这个系统已经进化到了第四代，普锐斯、凯美瑞、雷凌、雷克萨斯、CT200h、NX300h、RX450h 等都使用这套系统，截至 2014 年，普锐斯已经销售了 700 万辆，成为混动系统的领头羊。

图 21 显示了 THS 的系统结构，行星齿轮有齿圈、行星轮、太阳轮三个基本机构，能同时容纳三个相互作用的"转动"，还可以有变速功能。THS 具有三个动力源，发动机通过一个单向离合器连接中间的行星齿轮架，行星齿轮架上的齿轮组则直接和太阳齿、外侧齿圈连接。电机 1（MG1）连接中间的太阳齿，电机 2（MG2）连接外侧齿圈。其中，MG2 主要用于驱动车辆，而 MG1 主要用于启动发动机发电，通过行星齿轮分配动力走向。因为行星齿轮的多种用法，可以有各种模式的动力分配。

单级行星齿轮机构本身不适合做真正环保的插电，因为纯电时速只能开到 42 英里/小时（67.592km/h），丰田为了解决此问题，最近就研发了"平行轴"这个新的混动系统，不仅可以纯电开至更高时速，还提升了一下动力性能。

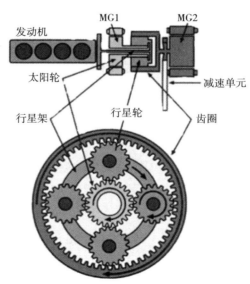

图 21　丰田 THS 的系统结构

使用行星齿轮让丰田 THS 在市区拥堵路况时，可以高效地将多余的动力"存"进电池里，所以它在市区油耗方面表现非常优秀。然而它在高速巡航时还无法直接让发动机直接驱动车轮，使得其高速油耗效率比不上市区路况。

THS 的主要特点如下：①THS 非常适合城市低速拥堵路况，油耗非常低，但高速工况油耗较大。②由于追求成本，未使用离合器，发电机 MG1 无法从动力系统中脱开，纯电动运行时，车速与电机 MG2 成正比，而发电机 MG1 也必须随电机 MG2 运转，所以系统效率降低，纯电行驶最高时速就受发电机转速的限制。③高速的动力性弱，驾驶乐趣低。

2. 科力远的 CHS

CHS 混合动力系统是全世界第一套单模输入、复合动力分流系统，是基于拉维娜行星齿轮结构实现的发动机和电机动力耦合。它采用两组行星齿轮、两个电机、两个制动器的结构。

CHS 的系统构成如图 22 所示，行星齿轮机构在混合动力系统里作为动力分流机构，它在解耦发动机转速与车速的同时使得发动机功率分流，发动机功率的一部分通过机械路径传递，另一部分通过电功率路径传递，动力分流结构的主要作用是调节发动机的转速，使发动机能够运转在高效区域。

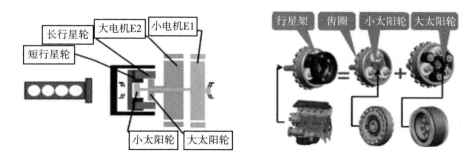

图 22　CHS 系统的构成

图 23 是 CHS 的原理图，摘选自科力远混合动力公司的专利。

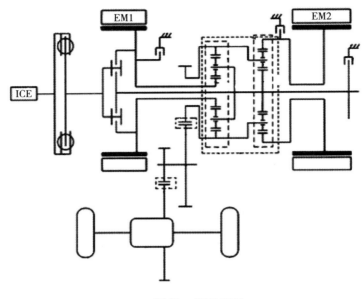

图 23 CHS 原理

CHS 的主要特点如下：①系统核心是一套电子控制的无级变速箱（E-CVT），采用行星排机构的主流混联系统，效率和复杂性得到了更好的平衡，结构紧凑，控制自由度更大，在中低速工况具有更高效率。②系统节油率高。③CHS 采用双排行星齿轮系统结构，无论在制造上还是控制上都较为复杂，单件的成本会增加，且保养费用高，成本较高。

3. 福特的双电机动力分流混动系统

福特的这套插电混动系统的工作原理和丰田的 THS（Toyota Hybrid System）非常接近，同属双电机动力分流混动系统，由内燃机、两台电机以及行星齿轮动力分流结构组成（见图 24），可以令内燃机最大程度运转在高效区间内。它的关键传动零件为一组行星齿轮，同样是发动机连接在行星轮、发电机连接在太阳轮、驱动电机连接在齿圈。

行星架与发动机刚性连接，同时行星架还用于驱动变速器油泵；齿圈与中间齿轮相连，间接与电动机连接。通过行星齿轮机构把燃油驱动、电力驱动、启动、发电、能量回收等完美地结合在一起。可以注意到，福特的这套

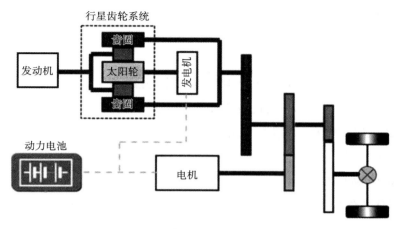

图 24 福特的双电机动力分流混动系统原理

混动系统的驱动电机和减速齿轮是同轴布置的，而丰田的驱动电机是与发动机、发电机同轴布置，与减速齿轮不同轴。

这套动力系统包含一个 2.0L 自然吸气的发动机，最大功率为 105kW，最大扭矩 175N·m，还包含一个驱动电机，最大功率为 92kW，最大扭矩为 228N·m。福特的这套混动系统在纯电行驶时，电池直接供电给驱动电机产生动力，再通过齿轮组将动力传递给车轮。在混合动力行驶模式下，发动机和驱动电机同时工作，通过行星齿轮平衡两者的转速差，共同将动力传输到车轮，达到无级变速的效果。

福特双电机动力分流混动系统的特点如下：①使用行星齿轮组取代离合器，可以消除离合结合时的冲击和噪音，达到动力平顺和提升 NVH 的效果。②由于整套系统无法解耦，在纯电行驶过程中，行星齿轮组也会随之转动。③在电量耗尽之后的纯汽油工况下，驱动电机也会被发动机带着转动，这两种情况均存在一定的动力损耗。

（二）双电机串并联混动系统

为了避开双电机动力分流混动系统的诸多专利，很多公司开始开发多个非行星齿轮系统的双电机串并联混动系统，主要通过离合器或换挡机构，低车速时以串联模式工作，车速较高时以并联模式工作，比较有代表性的有本田 iMMD 系统和上汽的电驱变速箱 EDU 系统。

1. 本田 iMMD 系统

iMMD（intelligent MultiMode Drive）为本田公司开发的智能多模式驱动系统。此系统避开了以丰田为代表的行星齿轮混动系统的专利，采用了超越离合器来实现发动机驱动发电机或者驱动车轮的自动切换。该混合动力系统是在串联式基础上具备发动机参与直接驱动车轮（高速巡行时）的全新混动模式。

iMMD 系统主要由阿特金森循环发动机、一个发电机、一个驱动电机、一个超越离合器及平行轴系及齿轮、主减速器及差速器总成等组成。

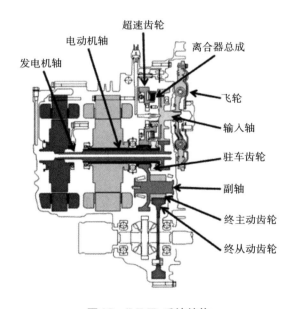

图 25　iMMD 系统结构

iMMD 系统有多种工作模式，具体如下（见图 26）。①EV 模式：发动机不工作，超越离合器断开，电机通过齿轮机构直接输出转矩。②串联混动模式：发动机通过发电机发电，超越离合器断开，电机通过齿轮机构输出转矩。③发动机直驱模式：发动机直接输出转矩，超越离合器结合，电机同时也可输出转矩。

为了避免发动机在低速低负载工况下效率低，iMMD 系统不让发动机直接驱动，而是让发动机处于最佳工况发电，再由电动机驱动；当电量足够时，发动机停机，纯电运行；电量不足时，又恢复串联；高速巡航时发动机可以直驱或混动驱动车辆，传动效率高，这就是本田 iMMD 系统在低速时的省油基本原理。

可以看到，当离合器脱开时，系统工作采用纯电或串联混动模式（发动机仅通过发电机发电，产生供动力电机所需的电力）；当离合器结合时，系统工作采用发动机直驱或并联混动模式。

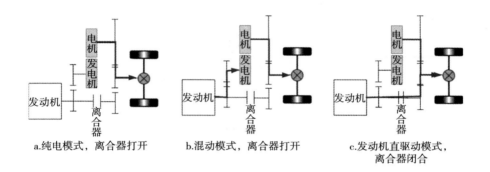

a.纯电模式，离合器打开　　　b.混动模式，离合器打开　　　c.发动机直驱动模式，
离合器闭合

图 26　iMMD 系统几种驱动模式原理

iMMD 系统的主要特点如下：①发动机和驱动电机通过轴套结构与中间轴同轴，结构紧凑。②增加了一个超越离合器，将以电机驱动为主和以发动机驱动为主两个模式区分开来，提高了传输效率和增强了高速时的驾驶感受。③离合器切换对模式切换的平顺性有很大影响，因此这套系统更适合运动型轿车的定位。④需要大功率电机与大容量电池，增加成本以及车身重量。

2. 上汽 EDU 系统

为了避开行星齿轮混动系统的一系列专利，上汽开发了基于双电动机结构的专用混合动力变速器，即电驱变速器 EDU（Electric Drive Unit），搭载在多款上汽插电强混的量产车型（如荣威 e550、MG PHEV 等），是国内电

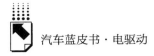
驱变速箱中最有代表性的产品。

EDU 主要由 ISG 电机、TM 驱动电机、两个离合器、液压换挡机构以及两挡减速单元构成，如图 27 所示。利用两个电机和两个离合器实现纯电驱动、串联模式驱动以及并联驱动，基本的传动原理如图 28 所示。

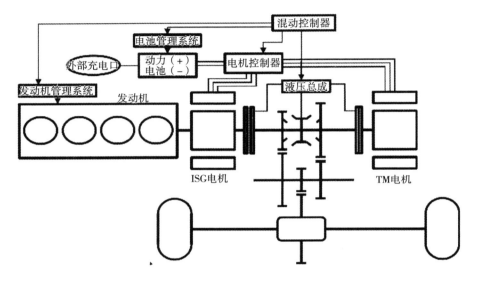

图 27　上汽荣威第一代 EDU 系统原理

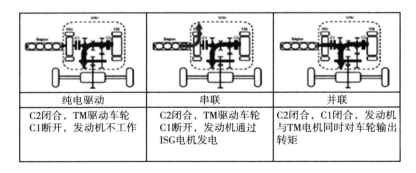

纯电驱动	串联	并联
C2闭合，TM驱动车轮 C1断开，发动机不工作	C2闭合，TM驱动车轮 C1断开，发动机通过 ISG电机发电	C2闭合，C1闭合，发动机 与TM电机同时对车轮输出 转矩

图 28　上汽荣威电驱动变速器 EDU 的驱动模式

上汽的 EDU 由几百个零部件构成，是国内最为复杂的 DHT 系统之一。

上汽 EDU 系统的主要特点如下：①与行星齿轮系统的混动方案相比，

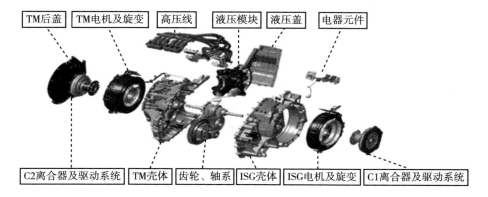

| TM后盖 | TM电机及旋变 | 高压线 | 液压模块 | 液压盖 | 电器元件 |

| C2离合器及驱动系统 | TM壳体 | 齿轮、轴系 | ISG壳体 | ISG电机及旋变 | C1离合器及驱动系统 |

图29　上汽电驱动变速器

发动机和电机可工作于不同转速下，动力性好，但是由于是两挡变速，有动力中断。②轴向长度未改变，总布置性能好。③电机及电池需求功率大，系统非常适合 PHEV，不适合 HEV 系统。

（三）单电机混动系统

目前根据电动机的位置混合动力系统相应分为 P0、P1、P2、P2.5、P3、P4 混合动力拓扑结构（配置），图 30 显示了各种混合动力拓扑结构。

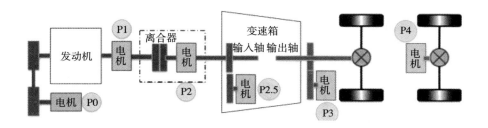

图30　混动拓扑结构（根据电机位置分类）

如图 30 所示，从 P0 到 P4 分别表示了电机的布置方式。

P0：电机位于发动机前端的皮带上，一般用于 48V 微混系统（BSG 混动）。BSG 混合动力系统在发动机前端用皮带传递机构将一体化启动——发电机与发动机相连接，取代了发动机原有的发电机，从而实现了混合动力系统的一体化。BSG 混合动力系统能发挥怠速停机（发动机）、车辆启动时快速拖动发动机到怠速转速、制动回收能量的作用。

P1：电机位于发动机的曲轴上，可以用来发电或启动发动机（ISG 混动）。

ISG 混合动力系统将一体化启动——发电机与发动机的转子与发动机曲轴的输出端连接在一起，同时取消了原有的飞轮。根据实际情况，ISG 混合动力系统可在电机与变速箱之间配备一个离合器。这种连接方式相比 BSG 混合动力系统而言，传动效率较高。

P2：电机位于发动机与变速箱中间靠变速箱一侧，与发动机间有离合器，一般被带有变速箱结构的 PHEV 车型所使用。

P2.5：电机则与变速箱的输入轴集成在一起，布置紧凑，传动效率更高。

P3：电机则与变速箱输出轴并联，与发动机共享同一根输出轴，这样的好处就是减少了 P2 电机的离合器，并且传动效率高。

P4：电机位于另一轴上纯电驱动。

下面将着重介绍几个典型混动电驱系统的应用，基于单电机双离合器方案的 P2 混动系统、基于 7DCTH 双离合器变速箱的 P2.5 混动系统，以及比亚迪的 P3 混动系统。

1. 单电机双离合 P2混动系统

由于开发全新的混合动力系统开发成本高，很多汽车厂以及变速器公司（以欧洲厂家为代表）选择在已有的自动变速器批量产品上做少许的改动，加入电动机实现附加式（Add-On）混合动力系统。目前市面上大多数附加式混动汽车的混动系统结构采用了较为简单的 P2 并联结构，P2 是通过在发动机与变速箱之间插入两个离合器和一套电动机，能够与发动机协同驱动，也能够单独驱动车辆前进，原理如图 31 所示。

P2 在纯电动模式下可以和发动机断开连接，因为电机和发动机之间还有个离合器，因此在纯电动模式下发动机并不会被拖动，同时由于 P2 模式下，电机的后面有变速箱，变速箱的所有挡位都可以被电机利用。

图 31　P2 混动系统原理

P2 可实现纯电驱动车辆起步和行驶、纯发动机驱动行驶、电机助力、在纯电驱动行驶中通过电机启动发动机，以及制动能量回收等功能，代表车型奥迪的 A3 e-Tron、大众途观的 L PHEV、保时捷的 Cayenne 混合动力均使用了相同技术。图 32 是奥迪 A3 e-Tron 的 P2 动力系统组成。

图 32　奥迪 A3 e-Tron P2 动力系统组成

在众多 P2 方案中，舍弗勒和博格华纳的 P2 混动模块具有代表性。下面就以舍弗勒为例介绍 P2 模块的主要结构，该模块安装在传统内燃机和变速箱之间，结构如图 33 所示。

P2 模块主要包含以下机构：一个高功率密度的永磁同步电机（25～80kW 可选）、一个双质量飞轮、一个干式离合器、一个单向离合器、电子离合器控制单元。

图 33 舍弗勒的 P2 模块

当电机启动发动机时，电机扭矩通过干式离合器传递给发动机，可传递 300N·m 力矩，而当电机助力时，电机通过单向离合器向变速箱输出力矩，传递的扭矩最大可以达到 800N·m。开发 P2 混合动力系统的最大难点是要尽可能地减小系统的轴向尺寸，为了实现这一目标，舍弗勒的方案是将离合器集成到转子内。混合动力模块预先安装在变速箱壳体之内。发动机与变速箱通过轴向花键连接，轴向花键在减振器输出和离合器片之间留有间隙。

P2 电驱系统的主要特点如下：①灵活性强，可以与传统的发动机与变速箱构成的动力总成相配合达成混动系统，AT、CVT 和 DCT 等变速箱行驶都可以与之搭配，同时还可以适应从 48V 微混到插电式混动各种车型的使用。②结构简单、紧凑，模块化程度高。③电机的扭矩功率也不需要太大，成本相对能够接受，体积较小。④相对于 P2.5 或 P3 结构，所有挡位都能被电动机所用，纯电动行驶最高车速高。

P2 电驱系统的缺点如下：①尽管现在 P2 电驱模块的体积并不大，但 P2 最大的劣势在于布置难度大。以往发动机舱只考虑了发动机与变速箱的空间，P2 模块会增加动力系统的轴向长度，要想将包含该模块的整套动力系统塞入发动机舱内仍有一定的挑战性，因此 P2 方案对于舱内空间的布置提出了较高的要求。②单电机双离合器系统存在控制方面的挑战是 EV 模式切换到混动模式的冲击问题。当车辆纯电行驶的时候电机高速转动，而发动机静止，在比较高的转速差下如果要启动发动机，切换成混合动力模式，启动发动机的瞬间如何避免出现明显的车速波动。③一般的变速箱无法承受发动机与电机叠加的高扭矩，而且电机转速与发动机转速一致，无法采用高转速大功率的电机，所以 P2 结构要实现较好的动力性比较困难。

2. 吉利的7DCTH混动系统（P2.5）

混合动力变速器可以在自动化手动变速器 AMT、双离合器变速器 DCT、传统自动变速器 AT 和无级变速器上集成单电动机构成，下面以吉利的7DCTH 混动系统为例介绍 P2.5 的原理及特点。

该动力系统采用 1.5TD 发动机和 7DCTH 混动湿式双离合器自动变速器，电机最大功率可达 70kW，峰值扭矩 390N·m，这套系统是国内第一个量产的 PHEV 2.5 混动系统，电机集成在 7DCT 变速箱的偶数轴，动力总成轴向尺寸不增加，搭载灵活度极高，可覆盖吉利未来轿车、SUV、MPV 等车型。

它的核心在于双离合器的混动变速箱。这个混动变速箱基于传统的 7 DCT 330 双离合变速器，在变速箱内部偶数轴增加一套电机及轮齿模块，就构成了 7DCTH 混动变速箱（见图34）。

7DCTH 系统的基本工作原理：只有一套驱动电机，耦合在变速箱的偶数轴，通过两个离合器的开和关，可以用单电机实现双电机混动系统的所有

a.7DCT330变速器（无混动）　b.混合动力电机及轴齿模块　c.7DCTH混合动力变速器

图34　7DCTH 混动变速箱组成

功能，动力性更强的同时油耗更低，主要功能为纯电驱动、纯发动机驱动、混合驱动、电机蠕行、发动机蠕行、能量回收、电机和发动机分别换挡、怠速充电、行车充电、蠕行发电。

7DCTH 系统基于双离合器，在换挡过程中采用了预换挡策略，可以大大减少换挡时间，图 35 列示了常用的工况（见图 35）。

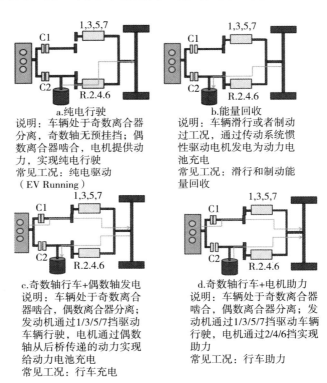

a.纯电行驶
说明：车辆处于奇数离合器分离，奇数轴无预挂挡；偶数离合器啮合，电机提供动力，实现纯电行驶
常见工况：纯电驱动（EV Running）

b.能量回收
说明：车辆滑行或者制动过工况，通过传动系统惯性驱动电机发电为动力电池充电
常见工况：滑行和制动能量回收

c.奇数轴行车+偶数轴发电
说明：车辆处于奇数离合器啮合，偶数离合器分离；发动机通过1/3/5/7挡驱动车辆行驶，电机通过偶数轴从后桥传递的动力实现给动力电池充电
常见工况：行车充电

d.奇数轴行车+电机助力
说明：车辆处于奇数离合器啮合，偶数离合器分离；发动机通过1/3/5/7挡驱动车辆行驶，电机通过2/4/6挡实现助力
常见工况：行车助力

图 35　7DCTH 常用工况的工作原理

7DCTH 系统的主要特点如下：①在传统 DCT 变速器的基础上加上电机及轴齿模块即可实现混合动力，零件模块通用化高，从而降低系统的成本。②电机与变速器平行安装布置，不增加变速器轴向距离，尺寸紧凑，适合在各种车型上搭载。③由于使用单电机驱动和发电，在成本降低的同时，控制策略特别复杂，换挡的平顺性是关键。

3. 比亚迪的双模 DM 二代混动系统（P3）

比亚迪的 DM 二代混动系统是非常有代表性的产品。它是典型的 P3 结构，系统如图 36 所示。这套系统由 1.5T 发动机和 6DCT 变速箱组成，发动机最大功率 113kW，最大扭矩 240N·m，电机的最大功率 110kW，最大扭矩 250N·m。

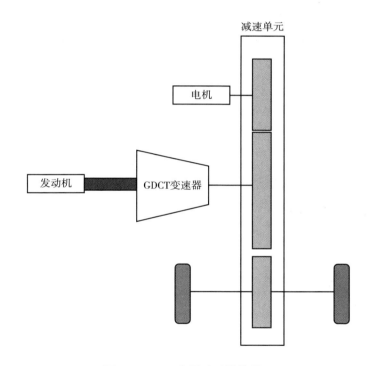

图 36 DM 二代混动系统的原理

DM 二代的特点如下：①电机加在变速箱的输出端，只要减速器能承受，全部功率都可以用上，有超强的动力性。②发动机和电驱系统相对独立，高压系统损坏，车辆仍能正常行驶。③电机不经过变速箱，只有固定减速到车轮，由于高速时电机效率会下降，提供给车轮的扭矩也会急剧下降。④驱动电机和变速箱输出轴通过减速齿轮连接，因此不能用此驱动电机作为发电机使用，不支持 P/N 挡位充电功能。

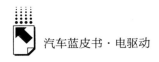
（四）混合动力集成电驱系统技术的发展趋势

无论是锂电池或是燃料电池驱动的新能源车，充电或加氢基础设施的普及都需要一个过程，混合动力车型不只是过渡车型，将长期存在，并逐步向电气化、集成化、智能化发展。下文分析混动电驱集成化技术的发展趋势。

1. 混动电驱系统集成技术的多样性

各种混动集成方案百家争鸣，各有特色，其中比较有代表性的有 P2、P2.5、P1、P3、PS（功率分流的 THS 方案）及 EDU 方案等。欧洲的汽车制造商偏好 P2 方案，日本丰田坚持 PS 路线，而比亚迪的 P1 和 P3、上汽的 EDU、吉利的 P2.5 等在性能上也各有特色。

2. 核心部件专用化设计

对于混动电驱动车辆，由于发动机、变速箱和电机大都在前舱，前舱布置问题一直是研发中的难题。为了满足布置空间的要求，专用化集成设计成为重要方向。对于常用的 P2 或 P3 结构而言，可将减震系统或离合器集成到电机转子内，缩短横向尺寸。对于 P2.5 结构，越来越多企业逐步尝试电机集成于 DCT 中的结构方式，根本上解决前舱总布置的空间尺寸难题。

3. 集成化程度越来越高，DHT 将是下一代混动的主流

将当前分开的电机、电机控制器、变速箱及整车控制器等通过模块化设计集成在一起，形成下一代动力总成系统集成化设计方向，下一代的 DHT（专用混动变速箱）在未来将成为主流。DHT 系统具有三个主要优点：一是 DHT 系统结构更加紧密，布置方便；二是 DHT 驱动系统效率高，内燃机能够在功率范围内更加经济地运行；三是电机可以在最佳状态下运行，动力性好。

4. 多电机混动系统成为动力型混动的重要构型

随着人们对车辆动力性和操控性要求的提高，运动型混动系统需要更多的电机满足车辆的需求，P1 + P3 + P4 结构也出现在多款 SUV 中。另外，随着轮毂电机技术的不断成熟，轮毂电机也越来越多地应用在运动型混动系统中。

参考文献

［1］周奕：《GKN 推出扭矩矢量电动驱动桥》，http：//www. 12365auto. com，2015
年 9 月 25 日。

［2］"专利 CN104325883 一种纯电动车电驱动系统动力总成的控制方法 奇瑞新能
源汽车技术有限公司"，发明人：裴善忠等。

［3］"专利 CN201510287526. 7 双电机电动车辆的电驱变速箱控制装置和方法 上海
汽车集团股份有限公司"，发明人：朱军、马成杰等。

［4］"专利 CN201610410620 一种混合动力传动装置 科力远混合动力技术有限公
司"，发明人：韩兵、钟发平、张彤。

［5］何仁、张瑞军：《轮毂电机驱动技术的研究与进展》，《重庆理工大学学报》
（自然科学）2015 年 7 月。

［6］《新能源汽车技术 22 – 本田 iMMD E-CVT 结构及各工作模式下的动力传递》，
https：//baijiahao. baidu. com。

［7］牛铭奎：《第二代混合动力驱动定义及设计》，舍弗勒贸易（上海）有限公司，
http：//i. gasgoo. com/news/detail/367455. html，2012 年 9 月 5 日。

B.8
车用电驱动系统功率器件
现状与发展趋势

宁圃奇　温旭辉*

摘　要： 车用电机驱动系统的发展趋势是高集成度、轻量化、功能安全和低成本。现有车用电机驱动使用 Si 基 IGBT 器件，各国发展重点在于解决 IGBT 芯片耐压、正向导通压降和开关动态特性平衡优化的难题，拓展 IGBT 模块高温工作能力和可靠性，以及 IGBT 系统应用角度匹配无源器件、母排等组件高密度集成。另外，新一代半导体材料碳化硅（SiC）具有禁带宽度大、击穿场强高、饱和漂移速率高、热导率高等优点，在电机控制器中应用可以大幅度降低功率部件的体积和重量，各国纷纷布局 SiC 器件研究与攻关项目，SiC 器件及 SiC 电机控制器在新能源汽车上的应用已在世界范围内成为研究热点。

关键词： 高功率密度　碳化硅　电驱动

一　车用电机驱动领域功率器件的现状

（一）功率器件——制约电动汽车技术发展的主要瓶颈

发展电动汽车被世界各国确立为保障能源安全和转型低碳经济的重要途

---

* 宁圃奇，中国科学院电工研究所研究员；温旭辉，中国科学院电工研究所研究员，国家科技部"十三五"新能源汽车重点专项项目负责人。

径，据法国著名咨询公司 Yole 推测，到 2020 年全世界电动汽车产销量将达到约 2000 万辆，我国也规划了 2020 年销量达到 200 万辆的目标。在现阶段乘用车价格对比中，同款新能源车的价格是常规动力汽车的 1.5~2 倍，昂贵的价格是消费者难以接受的，这也是电动汽车普及和推广的最大瓶颈。目前各国普遍采用的方法是实现关键部件的轻量化、提高功率密度，进一步延长续航距离和降低整车成本。

电池、电机、电控是电动汽车的三大核心部件，世界各国都在竭力降低这三大部件的体积和重量。如图 1 所示，电机的驱动控制器由主回路和控制电路构成，而主回路部分的体积和重量约占总体的 85%，其中功率器件是主回路的核心。根据外国咨询公司统计评估，在影响电机驱动控制器体积与重量的各部件中，功率器件所占的比重超过 65%。因此，围绕功率器件进一步提高功率密度成为世界各研发机构降低电机驱动成本的研发重点。

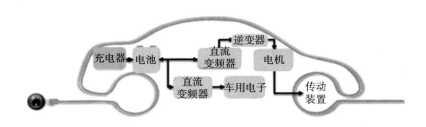

图 1　电动汽车驱动系统

在美国 EV Everywhere 规划中，满足大规模应用的车用电机驱动系统成本目标值是 8~10 美元/kW，此数值相当于当前内燃机的单位功率成本。如表 1 所示，当前国际先进电机驱动系统单位功率成本为 25~35 美元/kW，即目前车用电机驱动系统成本是规模化应用目标值的 2.5~6 倍，这也是电动汽车价格居高不下、补贴减少后难以推广应用的主要原因之一。工业制造经验表明，量产将降低单位功率成本，但要满足电动汽车大规模应用，还需要继续进行技术突破。

表1　车用电机控制器功率密度对比

型号	Chev Volt	Nissan Leaf	Lexus Ls600h	Toyota Prius 2010	Tesla Model S
功率（kW）	120	80	110	60	270
电驱动价格（美元）	约2400	约1600	约3300	约1140	约5400

　　与普通工业电机驱动系统不同，车用电机驱动系统还要求全局运行高效，开发时需要注意高效工作区的范围。其单位重量功率密度（kW/kg）和单位体积功率密度（kW/L）技术指标数倍于工业应用电驱动系统，同时还要求电机驱动系统能适应更严酷的环境温度（环境温度 -40℃ ~ 125℃）和更强烈的机械振动（10g以上）等。如果追求功率密度倍增，迫切需要相关技术突破，主要以功率芯片和模块带动，匹配相关的散热、电容、母排等集成组件，发展新型拓扑，进行电子电机集成等方法，实现整体突破。

　　从微混合动力轿车到纯电动客车，电机驱动系统的功率范围从 3 ~ 5kW 到 200 ~ 300kW，电池供电电压从 48V 到 540V 左右。以功率等级和电压等级分类，电动汽车电机驱动控制器是一个典型的中小功率、中低压逆变系统。现有电动汽车大量应用的大功率电力电子器件是电流大于数百安培的硅（Si）IGBT 器件。车用 IGBT 模块与工业用 IGBT 模块有较大的区别，主要体现在汽车级 IGBT 模块工作环境恶劣（高温、振动）、复杂的驱动工况、高可靠性要求（设计寿命30万公里）、成本控制要求这几个方面。Si IGBT 器件经过30多年的技术开发已经很成熟，在短时间内改进其特性也非常有限。

　　近年来，以碳化硅（SiC）为代表的第三代半导体材料的出现，为器件性能的进一步大幅度提高提供了可能。碳化硅所制造的芯片功率损耗小、耐高温并能高频运行，如图2所示。损耗小，使得碳化硅芯片单位面积负荷能力增强，同等功率的控制器所需芯片面积减小一半。硅芯片的常规运行温度是 125℃，而碳化硅芯片能够稳定运行在 200℃ 以上，所制造功率模块的耐热能力提高一倍，可以减小现有冷却系统的体积和重量。受硅芯片运行特性限制，现有车用电机驱动工作在 10kHz 附近，而碳化硅芯片能运行在 50kHz，可以减小控制器运行过程中所需要的能量存储，从而降低储能单元的体积和重量。采用以碳化硅芯片为代表的新一代电力电子器件，是当前电动汽车突破瓶颈的重要途径。

（二）车用 Si IGBT 器件——当前主流产品器件

Si IGBT 于 20 世纪 80 年代推向市场，集合了 MOSFET 和 BJT 的双重优点，获得了广泛的认可和使用。车用 IGBT 器件应用的核心技术主要包括芯片设计与工艺、模块封装、智能驱动保护电路、高压隔离和 EMC/EMI 技术等。到目前为止，从芯片技术发展的角度大体可以把 IGBT 的演变归纳成以下五代。

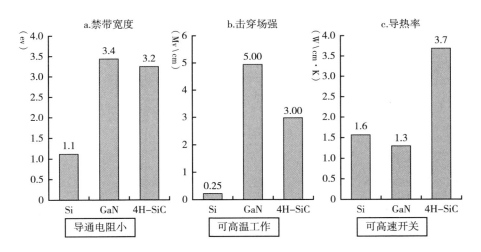

图 2　碳化硅材料的特性优势

第一代是平面栅穿通（PT）型 IGBT，电压较低（600～1200V），基区厚度通常在几十微米到一百多微米。为提高器件的开关速度，采用了重金属掺杂和电子辐照少数载流子寿命控制技术，具有负温度系数，不利于并联使用，且短路能力较差（见图 3）。

第二代是非穿通（NPT）型 IGBT，其产品向高压化发展，采用了电阻率高的区熔（FZ）单晶替换了昂贵的外延片，使得晶体完整性和均匀性得到充分满足。在硅片背面用注入和退火的方法形成发射效率较低的 P 型层，其 NPT 结构使得 IGBT 芯片呈现正电阻温度系数，便于并联使用，制造成本也大幅度降低，约为 PT 型的 3/4（见图 3）。

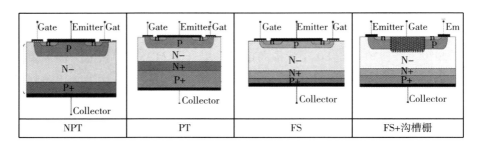

图 3 IGBT 结构发展

第三代 IGBT 在 N 型漂移区引入了电场阻断（FS）层，其硅片厚度比 NPT 型器件薄约 1/3，并保持了正电阻温度系数。FS 型结构设置的 N 型缓冲层掺杂浓度比 PT 结构的 N + 层低，但比基区 N 层浓度高，电场在其中的分布呈斜角梯形，可耐更高电压。由于较薄的漂移层中的过剩载流子减少，IGBT 在关断时拖尾电流很小（见图 3）。

第四代 IGBT 在 FS 基础上引入沟槽栅，是当前国外半导体厂商普遍采用的结构组合，栅极采用了沟槽技术，工作电流从 N 漂移区（基区）直接流进垂直沟道而进入源区。这种 IGBT 的通态压降消除了 JFET 区域串联电阻的影响，优化了器件表面的载流子分布，改善了器件的导通特性和电流密度（见图 3）。

第五代 IGBT 是在第四代的基础上，通过优化电场阻挡层的厚度和浓度的方法，进一步减小通态压降，减小开关损耗，增加开关软度，扩展器件安全工作区的面积并保持短路电流能力。目前各国 IGBT 开发的重点是添加载流子存储层、改进空穴阻挡层结构、提升芯片结温、改善动态钳制性能、提升可靠性。

IGBT 功耗方面，从 1980 年到 2018 年的近 40 年间，IGBT 的面积缩小了近 70%，功耗减小了 76%，功率密度增长了 8.3 倍。与此同时，IGBT 芯片还在不断集成信号检测的功能。

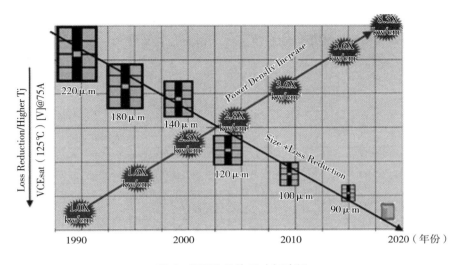

图 4　IGBT 芯片尺寸与功耗

　　IGBT 模块封装处于 IGBT 器件生产技术链的末端，是 IGBT 芯片稳定运行的基础。按封装工艺分类，车用 IGBT 模块分为键合型与平面型两类。键合型模块中 IGBT 封装主要包括功率端子、键合引线、芯片、焊层、衬板和基板几大部分，各个部分间的连接技术构成了 IGBT 模块封装的关键，包括芯片焊接与固定、各芯片电极键合互连与引出两大研究重点。为了提高模块的可靠性，要求各部分材料的热膨胀系数相匹配、散热特性好及连接界面尽量少且连接牢固。平面型模块中 IGBT 芯片的连接采用双面互连形式，少引线键合、双面散热，具有更低的热阻、更低的寄生电感、更宽的安全工作区和更高的可靠性。平面型模块更具有竞争优势。

（三）SiC 器件——未来 Si 器件的替代产品

　　SiC 是Ⅳ - Ⅳ族二元化合物半导体材料，也是元素周期表中Ⅳ族元素中唯一的固态碳化物。SiC 由碳原子和硅原子组成，其晶体结构具有同质多型体的特点，半导体领域最常用的是 4H - SiC 和 6H - SiC 两种。SiC 与 Si 相比，在关键属性上有如下优势：击穿场强为 Si 的 10 倍，具有更高的电压承受能力和更低的通态电阻；热导率为 Si 的 3 倍，具有更高电流密度；禁带宽度为 Si 的 3 倍，具有更高的工作温度，如表 2 所示。具体来说，SiC 所制造的芯片损耗小、耐高温并能高频运行，适合应用在电动汽车的变频器中，有望带来革命性变化。

表 2　SiC 与 Si 特性对比

项目	Si	SiC	特性分析
禁带宽（eV）	1.12	3.2	禁带越宽则工作温度越高，可以简化控制器散热
击穿场强（MV/cm，×105）	3	30	击穿场强越高则导通损耗越小，提升控制器效率
电子/空穴迁移率（cm²/V.s）	1450/450	950/115	迁移率和饱和速率越高则开关损耗越小，可以提升控制器开关频率
电子饱和速率（cm/s，×107）	1	2	
热导率（W/cm.K）	1.3	5	热导率高便于降低器件散热难度

　　世界各国都在努力开发 SiC 技术，美国前总统奥巴马在 2014 年 1 月亲自主持成立了美国的碳化硅产业联盟，在北卡州立大学宣布计划投资 1.4 亿美元（约合 8.5 亿元人民币）组建下一代电力电子制造业国家创新研究中心，其核心使命是推进宽禁带器件的技术创新和产业发展，以全面代替已发展了半个多世纪的庞大的硅基电力电子产业。欧洲制订了碳化硅电力电子技术应用计划（ESCAPEE），希望突破碳化硅单晶材料生长技术、器件设计、器件制作以及应用技术。2013 年日本政府将碳化硅纳入了"首相战略"，认为未来 50% 的节能要通过它来实现创造清洁能源的新时代。2017~2018 年，美国、德国、英国、欧盟等国家和组织启动了十余个宽禁带半导体研发计划项目（见表 3），更加关注器件、封装领域，特点是多方联合研发。

　　经过各国的积极努力，碳化硅衬底的直径越来越大，器件质量越来越高，生产碳化硅产品的厂商越来越多，原来制约碳化硅发展的衬底供应情况大为改观。特别是由于碳化硅二极管厂商的增加和碳化硅衬底产量的增长，碳化硅器件的价格不断下降。与此同时，碳化硅二极管容量的不断增大和碳化硅开关器件的实际应用，也带动了碳化硅器件性能的不断改善。碳化硅器件已从高价时代的航天、航空、雷达、核能等应用领域，扩展至石油和地热钻井勘探、变频空调、平板电视、电动汽车以及太阳能光电变换等民用领域。尤其是各大汽车制造厂以及各级新能源车汽车零部件厂商，都对碳化硅器件的应用寄予厚望，把它当作推动产业发展的关键器件。

表3 2017~2018年主要国家或组织启动的宽禁带半导体项目

地区/组织	主体	项目	金额	简介
美国	美国能源部	固态照明技术早期研究	1500万美元	该项目旨在加速高质量发光二极管和有机发光二极管的产品开发，降低美国家庭和企业的照明能源成本
	美国能源部	极速EV充电器的固态变压器研究	700万美元	该项目为期三年，研发了几个新的SiC MOSFET器件
	美国国防先期研究计划局（DARPA）	联合大学微电机计划（JUMP）	2亿美元	与美国30余所高校合作创建六个研究中心，为2025年及更长时间的系统开展探索性研究，研究方向包括深入认知计算、智能存储和内存处理、分布式计算和网络、射频及太赫兹传感器、先进算法架构、先进器件、封装和材料
	美国国防先期研究计划局（DARPA）	电子设计自动化（EDA）项目	1亿美元	4年投入1亿美元开展"电子设备智能设计"和"高端开源硬件"两个项目，以创建一个类似硅编译器的通用硬件编译器，消除芯片设计障碍
	美国国家航空航天局	热工作温度技术项目（HOTTech）	75万美元	开发首个基于GaN的可工作于高温环境的微处理器，以期对未来空间探索任务带来变革
	电力美国（Power America）	先进可靠WBG功率模块设计制造	—	GE和NREL共同设计和生产以SiC和GaN为材料的先进功率模块
	电力美国（Power America）	48V/1V POL直流变换器	—	基于GaN的新型变换器，功率密度达到市场产品的10倍，损耗降低可达67%
	电力美国（Power America）	用于中压固态电路断路的WGB器件	—	UNCC团队测试中压（3.3 kV）SiC固态断路器的功能原型

续表

地区/组织	主体	项目	金额	简介
美国	电力美国(Power America)	600V GaN 双栅极双向开关	—	英飞凌公司基于 CoolGaN HEMT 的低成本 600V/70 mΩ 双向开关
	美国陆军研究实验室(ARL)	超高压 SiC 器件制造(MUSiC)项目	207.8 万美元	由纽约州立大学理工学院(SUNY Poly)主持,利用先进工艺创建具有从太阳能、电动汽车到军事用途的 SiC 芯片
欧盟	欧盟	GaNonCMOS 项目	743 万欧元	项目为期 4 年,目标是通过提供至今集成度最高的材料,使 GaN 功率电子材料、器件和系统到达更高的成熟度
	欧盟机构	CHALLENGE 项目	800 万欧元	7 个国家的 14 个机构参与,项目为期 4 年,聚焦提升商用领域 600 ~ 1200V 碳化硅(SiC)器件的功率效率
英国	英国工程和物理科学研究委员会(EPSRC)	金刚石基氮化镓(GaN)微波技术的项目	430 万英镑	支持布里斯托尔大学研发能满足未来高功率射频和微波通信的下一代 GaN 技术
	英国卡迪夫大学创新学院的化合物半导体研究所	—	4230 万英镑	英国研究合作投资基金和威尔士政府将投入 1300 万英镑建造和运营超净间、购买设备,建立更多 ICS 基础设施,推动南威尔士成为全球化合物半导体专业领域的中心
德国	德国联邦教育和科研部(BMBF)	"德国微电子研究代工厂"	3.5 亿欧元	聚焦于四个与未来相关的技术领域:硅基技术,化合物半导体和特殊衬底,异质集成,设计、测试和可靠性
澳大利亚	创新制造合作研发中心(IMCRC)	—	60 万美元	IMCRC 资助部分经费,BluGlass 公司与格里菲斯大学合作共同开展一项为期 2 年的项目,研发基于 SiC-on-Si 的常闭型氮化镓高电子迁移率晶体管

续表

地区/组织	主体	项目	金额	简介
日本	防务省	"安全创新科技计划"	—	在该计划支持下富士通公司在金刚石和碳化硅衬底散热技术方面的研究取得了进展
JEDEC	固态技术协会	JC－70 宽禁带功率电子转换半导体委员会	—	JEDEC 成立 JC－70 宽禁带功率电子转换半导体委员会，初期包括氮化镓（GaN）和碳化硅（SiC）两个小组委员会，重点关注可靠性和认证程序、数据表元素和参数以及测试和表征方法

随着 SiC 芯片制造技术取得突飞猛进的发展，相对大电流高可靠性的 SiC 芯片被研发出来。参照 Yole 和 IHS Markit 的数据，2018 年 SiC 功率器件市场规模约为 3.9 亿美元，GaN 功率器件市场规模约为 0.4 亿美元，两者合计占整个功率器件市场规模的 3.4%。根据美国 Lux 研究公司预测，2024 年硅器件仍将是功率器件的主流选择，约占市场总额的 87%，但碳化硅技术将迅速发展，约占功率器件市场总额的 13%。

2024 年电动汽车市场有望达到 12 亿美元，是碳化硅和氮化镓市场份额增长的重要驱动力，该市场领域所使用的碳化硅将占碳化硅市场总额的 65%。

第三代半导体器件市场成长空间广阔，2020 年将达到 10 亿美元，主要受益于电动汽车和混动汽车的发展。自 2017 年起，由于 SiC 和 GaN 器件在电动汽车和混动汽车电机控制器的应用走向市场，SiC 和 GaN 器件的市场年复合增长率将超过 35%，2027 年达到 100 亿美元。

二 车用电驱动系统方面功率器件国外研究进展

（一）国外车用 Si IGBT 器件的发展情况

目前各国 IGBT 芯片开发的重点在增加载流子存储层、优化空穴阻挡层结构、提升芯片结温、改善动态钳制性能，以及提升可靠性，主要的发展趋势为高大载流能力、高功率、高开关速度、低功耗、低成本等。

IGBT 芯片的设计理念主要依据其用途，在相互矛盾的元件特性中选择折中方案。最主要的两个折中关系为：①饱和导通压降 $V_{CE(sat)}$ 和关断损耗 E_{off}；②饱和导通压降 $V_{CE(sat)}$ 和短路 SOA（SCSOA）的关系。根据最新理念设计生产的 IGBT 器件，如 SPT 系列（ABB 公司）、Trench-FS（Infineon 公司）、HiGT（日立公司）、IEGT（东芝公司）和 CSTBT（Mitsubishi 公司）等，对于问题①主要通过提高自由载流子在 n 发射极区的浓度来协调，其缺点是大多数集电极电流在关断时下降太快，会产生不良后果，如 EMC 等问题；对问题②则通过减薄芯片厚度或引入场截止 FS（field-stop）结构低掺杂浓度截止层，以及优化元胞结构来改善，如图 5 所示。

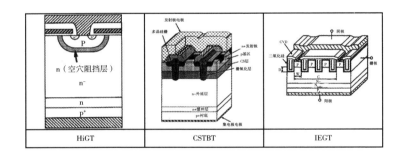

图 5　IGBT 芯片结构优化

IGBT 芯片的工艺要点，一是减薄，对于低压 IGBT 而言，硅片一般只有 100μm 左右甚至以下，减薄厚度较多。减薄时过多则容易碎片，减得太少则效果较差。二是背面工艺，为了实现车用 Si IGBT 静动态性能的良好折中，需要采用场截止（Field Stop，FS）技术。场截止 FS 工艺通常是离子注入后再通过退火工艺，形成具有一定深度和杂质分布的 N + 缓冲层。此外，背面工艺还包括 P + 集电区的离子注入和激活。这对于薄片工艺具有技术挑战。三是清洗和金属化，过薄的硅片很容易翘曲或碎片。这些工艺不仅需要长期摸索，还需要针对工艺开发生产设备，只有对生产线和设备都非常精通的企业才能胜任，比如英飞凌公司就特别擅长减薄技术。绝大多数厂家的

IGBT 生产线设备是内部开发的，特别是日本，因此在技术上能够直接形成垄断。

当前 IGBT 芯片开发技术的要点主要包括以下几个。

第一，专用的汽车级 IGBT 芯片。

无论是芯片技术、生产工艺、测试流程都是为汽车级应用量身定制的。芯片最高工作结温由 150℃提升至 175℃，相同厚度的芯片耐压由 650V 提升至 750V，相同芯片面积下电流能力提升 20%，门级电荷量降低至之前的 70%。部分厂家将电流传感器和温度传感器集成在 IGBT 芯片上，以实现更加及时和准确的采样。

第二，芯片先进制造工艺。

IGBT 芯片的制造工艺水平不断提升，诸多先进制造工艺如离子注入、精细光刻等被应用到 IGBT 制造上。芯片制造过程中的最小特征尺寸已由 $1\mu m$ 降至 $0.35\mu m$ 或者更小线宽。并计划硅片尺寸将从 8 英寸转换为 12 英寸，通过提高硅片利用率和工艺制造成本来降低 IGBT 芯片成本。

第三，智能化和功能安全设计。

功率器件传统意义上是一个被动的执行器件，接收指令后动作。未来的趋势是不仅简单地接收指令，还有部分判断和保护功能。例如在 IGBT 模块内集成控制和驱动电路、增加电流和温度传感器。当母线电压由于电机反电势高而超过阈值电压时，IGBT 器件内部控制系统可采用相应控制策略降低反电势电压。在电池电压偏高时，可降低功率器件开关速度；在电池电压正常时，切换为最高效开关动作。因此，功率器件的智能化可以让电驱动系统达到更高安全等级。

第四，平台化设计。

典型的汽车电子产品研发周期需要 2~3 年，如果开发一个产品平台，可以显著缩短开发周期和降低成本。以目前市场上应用较为广泛的汽车级 Hybrid Pack 产品为例，其产品家族分为 HP1、HP2 和 HP Drive 等多个封装平台。其中 HP1 产品平台适用于 50~100kW 的应用，HP Drive 则覆盖了 80~180kW 的应用（见图 6）。

在 IGBT 模块方面，与其他工业应用相比，电动汽车行驶环境对功率模块的要求异常苛刻，功率模块需要实现高耐用性、高可靠性、低成本、小体积。例如，驱动系统可能会面临超过 100℃的环境温度，以及高冲击和振动负载，还会接触石油产品和盐水、喷雾等，同时要求损耗达到最小。这些都对功率模块的封装提出了很高的要求。

早期车用电机驱动系统曾使用工业标准模块。近几年，国际上一些功率模块的主流生产厂家相继推出新型封装的车用 IGBT 模块或 IPM 模块。典型的产品如英飞凌公司的 HybridPack 和 PrimePack 系列（功率密度比常规封装提高了 50%以上）、赛米控公司采用无底板烧结技术的 SKIM 模块、富士公司推出的车用智能功率模块 2MBP600UN－120V 等。新封装普遍采用较新或最新的芯片技术，芯片面积更小，厚度更薄。在模块内部芯片布局和封装互联上更加紧凑合理，杂散电感小，各并联芯片的均流一致性好，如图 6 所示。IGBT 模块整体不仅节约了硅材料，同时节约了其他封装材料。

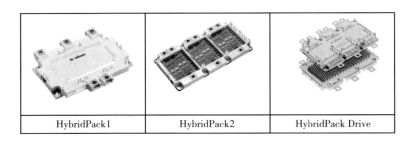

| HybridPack1 | HybridPack2 | HybridPack Drive |

图 6　IGBT 封装

当前车用功率模块封装型式日新月异，作为研究热点之一，功率模块的平面型封装可以减少杂散阻抗、开关损耗、节省布局面积，也是双面冷却技术的前提。通过功率模块的平面封装和双面冷却，可将现有车用模块单位热阻 $0.5cm^2 \cdot ℃/W$ 进一步降低 35%～45%，增加了器件利用率。部分公司的平面型模块产品如图 7 所示。

在这些模块中，先进封装的主要技术包括 DBC 基板、互连工艺、封装材料、热设计等。

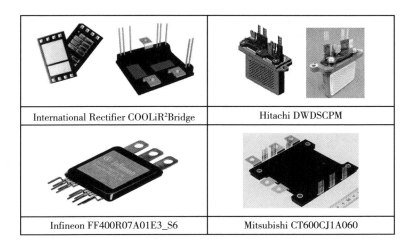

图7 部分公司的平面模块

在 DBC 基板方面，AIN-DBC 具有 AIN 陶瓷的高热导性，又具备 Cu 箔的高导电特性，并可像 PCB 板一样，在其表面刻蚀出所需的各种图形，被广泛用于功率器件与模块封装中。AIN-DBC 基板的焊接式模块与普通焊接模块相比，体积小、重量轻、热疲劳稳定性好、密封功率器件的集成度更高。

在芯片互连方面，功率电子业目前广泛运用的技术是铝线键合，现有铝线的可靠性需要进一步加强，可能会因热循环而失效，也可能由振动或冲击导致失效。目前可能替代它的一种方式是以铜线替换铝线，此举能用封装厂现有设备焊接，且采用铜线能使阻抗值大幅下降，增加导热性，有利于提高打线寿命；另一种方式是铝带式键合，丰田已经将其用于油电混合车的某些模组中。平面型封装则采用可焊接钼垫片或其他垫片、互连框架进行焊接型连接。

在封装材料方面，常用金属封装加塑料封装。例如，DBC 基板侧向、向上、向下引脚封装均采用腔体插入式金属外壳，由浴盆形状框架腔体和金属盖板构成。为提高塑封功率模块外观质量、抑制外壳变形，选取收缩率小、耐击穿电压高，有良好工作及软化温度的外壳材料，并灌封硅凝胶保

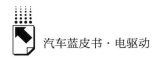
护。新型的金属基复合材料铝碳化硅、高硅铝合金也是重要的功率模块用封装材料。

在热设计方面，为提高散热效果，趋势之一是使冷却液体更靠近变热的晶片。目前已经有许多公司努力减薄或移除芯片和冷却系统间的夹层。例如，有的公司已去掉 DBC 基板与冷却系统间的基础薄板，使液体直接碰触到 DBC。丰田、富士及三菱是其中最明显的例子。丰田 Prius 由2004～2010年的演进中，功率模组已摆脱了基础薄板，使液体直接碰触 DBC；富士与三菱亦跟随其脚步。

IGBT 模块制造也是垄断型技术，许多著名的功率半导体生产厂商已开展汽车级 IGBT 模块及其集成技术的研究与产品开发，近几年，国际大公司相继开发出了汽车级大功率 MOSFET、IGBT 模块，并已经开始使用，比较有代表性的有三菱公司（Mitsubishi）、赛米控公司（Semikron）、英飞凌公司（Infineon）等。除了传统半导体器件厂商以外，国外汽车主机厂和实力雄厚的汽车零部件供应商纷纷采用控股、合作与自建等模式建立起汽车级 IGBT 模块的设计制造能力，并在其大批量生产的混合动力汽车和电机驱动系统产品中应用，如日本丰田公司、德国博世公司、美国德尔福公司等。

（二）各国车用 SiC 器件的发展情况

为实现 SiC 芯片的高温、高效和大电流载流能力，车用 SiC 器件（MOSFET 和 SBD）核心技术是不断追求更低导通压降，一般采用低比导通电阻来表征。当前 SiC MOSFET 结构有平面栅和沟槽栅两种类型（见图8），都可通过优化栅介质工艺来提高沟道电子迁移率，降低比导通电阻。国际上已将沟道电子迁移率提高到 $18～30cm^2/V \cdot s$，美国 CREE SiC MOSFET 产品的比导通电阻已达到 $4.3m\Omega \cdot cm^2$，与日本 Rohm 以及德国 Infineon 拥有了 3～5 代的 SBD 芯片和 2～3 代的 MOSFET 芯片技术。

SiC MOSFET 结构的发展，经历了与硅器件类似的历程，平面栅的 DMOSFET 器件是目前最成熟的 SiC MOSFET 器件。DMOSFET 的电学性能更为稳定,通过阱区屏蔽层可有效保护栅氧,该器件的元胞尺寸典型值为10μm,当前器件元胞结构一般为条形元胞,也可使用其他元胞布局如矩形、方形、菱形等。

也有部分 SiC 芯片公司采用沟槽栅结构,即 SiC UMOSFET,它可以进一步提升器件的元胞集成度,典型间距为 5μm。该技术普遍采用新型保护沟槽底部栅介质的结构,降低 SiC 栅介质电场,提升器件的反向阻断可靠性。

目前商业化的 SiC MOSFET 多为平面栅极结构,为进一步提高沟道密度、降低导通电阻,ROHM 和 Infineon 已经开发出沟槽型 SiC MOSFET。AIST 研制出 $0.97\text{m}\Omega \cdot \text{cm}^2/820\text{V}$ 超结 V 沟槽 MOSFET。而 CREE 仍坚持采用平面结构,认为沟槽结构会限制 MOS 器件的高压可靠性。三菱电机则另辟蹊径,发布了一款新型 1200V SiC MOSFET 原型器件,在源极内引入了一个额外的区域来控制 SiC MOSFET 的内阻,导通电阻比常见的 SiC MOSFET 器件减少了 40%,而能量损失减幅超过 20%,预计将于 2020 年实现商业化。

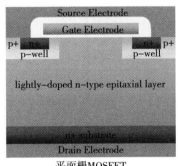 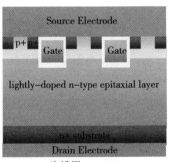

平面栅MOSFET　　　　　　沟槽栅MOSFET

图 8　MOSFET 结构

近年来,随着 SiC 器件市场的逐步扩大和器件制造工艺从 4 英寸逐步升级到 6 英寸,SiC 器件成本的迅速下降,助推了 SiC 器件产业化水平的进步,如图 9 所示。目前国际上主要的 SiC 器件产业化公司有美国 CREE(包括其子公司 Wolfspeed)、通用电气(GE)、德国 Infineon、日本罗姆(Rohm)、富士、丰田和三菱等以及欧洲的意法半导体等公司,其产品电压等级有

600V、650V、900V、1200V 和 1700V，单芯片电流容量 5 ~ 150A。美国 Wolfspeed 公司近期发布了 900V/150A 以及 1200V/140A 的 SiC MOSFET 芯片，是目前单芯片电流容量最大的 SiC 器件产品。

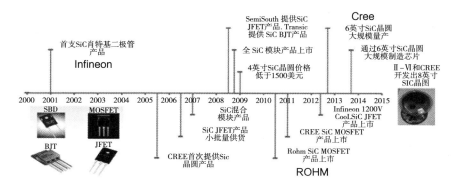

图9　SiC 器件的发展

受限于成品率和生产规模，国际上的 SiC 独立器件产品价格仍然较高，同规格 Si 器件的对比情况如表4所示。

表4　SiC 独立器件与 Si 独立器件价格对比

厂家产品型号	电压、种类	额定电流	每支价格（美元/起订数）
ST	1200V	65 A @ 25℃	35.13 美元/1 支
SCT50N120	SiC MOSFET	50 A @ 100℃	30.95 美元/25 支
IXYS	1200 V	68 A @ 25℃	109 美元/1 支
IXFN70N120SK	SiC MOSFET	48 A @ 100℃	99.14 美元/25 支
CREE	1200 V	90 A @ 25℃	69.8 美元/1 支
C2M0025120D	SiC MOSFET	60 A @ 150℃	67.12 美元/100 支
Rohm	1200 V	72 A @ 25℃	44.21 美元/1 支
SCT3030KL	SiC MOSFET	51 A @ 150℃	39.52 美元/25 支
Microsemi	1200 V	56 A @25℃	78.36 美元/1 支
APT80SM120J	SiC MOSFET	40 A @125℃	66.49 美元/100 支
Infineon	1200 V	100 A @25℃	7.12 美元/1 支
IGW60T120FKSA1	Si IGBT	60 A @100℃	5.33 美元/100 支
IXYS	1200 V	160 A @25℃	13.44 美元/1 支
IXYH82N120C3	Si IGBT	82 A @110℃	8.52 美元/1000 支

SiC 芯片不能直接应用于车用电机驱动控制器，为了进一步提升 SiC 器件的电流容量，通常采用模块封装的方法对多个芯片进行集成封装。随着高压大容量应用的迅速发展，功率模块应用领域越来越广泛。相对于 Si 器件，SiC 器件具有更高的电流密度，因此，在相同功率等级下，SiC 功率模块显著小于 Si 基 IGBT 功率模块。

SiC 功率模块的封装以充分发挥 SiC 芯片的高温、高效和高频优势为技术目标。SiC 单芯片载流能力低的现状增加了 SiC 功率模块封装的难度，其功率模块封装首先需要解决的是热应力集中带来的材料老化和失效问题。虽然 SiC 芯片损耗很小，但由于芯片面积小，热流密度仍然极大。以 CREE 公司 1200 V/90A MOSFET 芯片产品为例，有效面积为 0.183cm^2，在开关频率为 20kHz、电流为 50 Arms 时，芯片的热流密度达到 $623\text{W}/\text{cm}^2$，是最先进 IGBT 芯片热流密度的 1.69 倍。因此，SiC 功率模块封装要着重解决芯片高热流密度和模块环境高温对封装材料的电气和散热性能的影响。

最初的 SiC 功率模块是基于硅 IGBT 芯片和 SiC JBS 二极管芯片的混合 SiC 功率模块产品。随着 SiC MOSFET 器件的成熟，Wolfspeed、Infineon、三菱、Rohm 等公司开发了基于 SiC JBS 二极管和 MOSFET 的全 SiC 功率模块，如图 10 所示。CREE 公司的 1700kV/225A 模块是电压最高的全 SiC 功率模块产品；丰田公司推出了采用新型双面焊接、双面冷却技术的 1200V/300A 半桥 SiC MOSFET 模块；Rohm 公司开发了结温超过 200℃ 的高温 SiC 功率模块。丰田应用烧结型互连材料开发出 300A 全 SiC 平面型封装模块，并实现了装车应用，代表了目前 SiC 模块最高水平。2017 年，Infineon 和 Rohm 均推出全 SiC 模块，并实现应用。通用电器（GE）也与丹佛斯（Danfoss）合作在尤蒂卡建立 SiC 功率模块生产线。

SiC MOSFET 模块的产品价格也远远高于 Si IGBT 模块的价格，如表 5 所示，这将是未来电动汽车应用的一大挑战。

从表 4、表 5 可以看出，同规格 SiC MOFSET 器件的价格是 Si IGBT 器件的 5~8 倍，图 11 给出了更为直观的对比。对碳化硅降低价格的研发，全球领先的半导体公司从未停止脚步，每年都会投入数千万美元用于新产品研

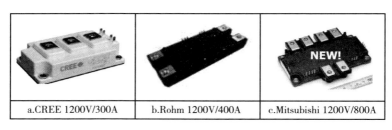

| a.CREE 1200V/300A | b.Rohm 1200V/400A | c.Mitsubishi 1200V/800A |

图 10　SiC 产品模块

表 5　SiC 模块与 Si 模块价格对比

厂家产品型号和种类	规格	结构	每支价格（美元/起订数）
Infineon SiC MOSFET DF11MR12W1M1_B11	1200 V 50 A	Boost	119.04 美元/1 支 107.88 美元/25 支
Rohm SiC MOSFET BSM180D12P3C007	1200 V 180 A	桥臂	506.97 美元/1 支 476.42 美元/5 支
Rohm SiCMOSFET BSM300D12P2E001	1200 V 300 A	桥臂	668.18 美元/1 支 654.43 美元/5 支
CREE/ Wolfspeed SiC CAS120M12BM2	1200 V 193 A	桥臂	330 美元/1 支
Infineon Si IGBT FF400R12KT3	1200 V 580 A	桥臂	145.33 美元/1 支 136.38 美元/25 支
Microsemi APTGLQ400A120T6G	1200 V 625 A	桥臂	184.36 美元/100 支

发和生产。产品线则不断细分，覆盖多个应用领域，如光伏、电动车辆、轨道交通、电网等，希望通过增大量产来降低价格，现在 SiC 器件正以每年超过 10% 的速度下降。

三　国内车用功率器件研究进展

推广电动汽车可以降低 CO_2 的排放量，主流发达国家都在推广电动汽车。我国电动汽车产业蓬勃发展，我国也制定了电动汽车的发展计划，每五

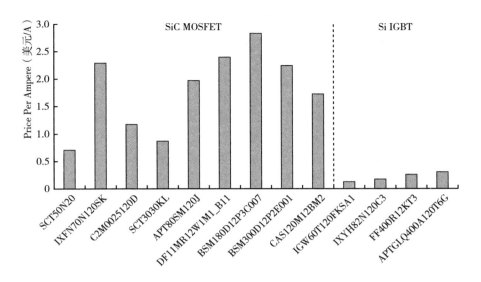

图 11　SiC 与 Si 模块价格对比

年的销量应有成倍的上升，2017 年的销量约 80 万辆，2018 年超过 100 万辆；与此同时，日本丰田公司推出的油电混合动力汽车已销售超过 1100 万辆。未来，包括车用、辅助设施、充电桩等的整个电动汽车产业，均会成为我国中低压 Si IGBT 器件和中低压 SiC 器件发展和应用的重要支撑。

（一）国内 Si IGBT 的发展现状

基于国家支持和微电子企业的积极参与，我国已初步形成了 IGBT 模块的基本制造平台，主要有株洲中车时代电气、国家电网、江苏宏微、嘉兴斯达、南京银茂和比亚迪等，已建成多条 IGBT 模块封装线，并纷纷开发 IGBT 芯片制造技术，如图 12 所示。株洲中车时代电气采用"并购—整合—再创新"方式，2008 年并购英国 Dynex 半导体，充分利用欧洲丰富的技术资源，成立功率半导体海外研发中心，迅速掌握并创新了先进的 IGBT 芯片设计、工艺制造及模块封装技术，并且在株洲建设了一条先进的 8 英寸 IGBT 芯片及其封装生产线，于 2014 年 6 月投产，2014 年底实现 3300V IGBT 芯片量产，2016 年实现 IGBT 和 FRD 芯片 650～6500V 全电压覆盖。

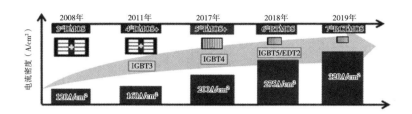

图 12　株洲中车时代电气汽车 IGBT 芯片路线

　　株洲中车时代电气凭借其国际先进水平、工艺完整、专业化的 8 英寸 IGBT 芯片生产线，在第四代 DMOS + 成熟技术基础上，2017 年开发了第五代 TMOS + 汽车级 IGBT 芯片，达到英飞凌 IGBT4 水平。2018 年开发基于自主核心技术和知识产权的 RET IGBT 芯片（Recessed Emitter Trench，嵌入式发射极沟槽），并定义为第六代 RTMOS 汽车 IGBT 芯片，达到英飞凌 IGBT5/EDT2 水平。目前正在开发并预计 2019 年下线第七代基于 RET 和逆导技术的 RCTMOS 汽车级 IGBT 芯片，电流密度达到 300A/cm² 以上，如图 13 所示。

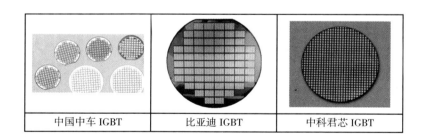

图 13　国内主要厂商 IGBT 产品

　　国内 IGBT 技术发展不平衡。由于各家公司资源投入、市场拉动强度差异，以及受国内设备和工艺水平等影响，国内总体 IGBT 芯片技术相对落后，部分厂家 600V IGBT 技术部分还停留在第二代水平、1200 ~ 1700V IGBT 接近第三代水平。真正意义上量产 IGBT 的企业极少，多为芯片代工厂，如上海先进、无锡上华、上海华虹 NEC、山东科达和北京燕东等。多数芯片代工厂只能进行芯片正面工艺加工，少数能进行 IGBT 全流程加工。目前华虹宏力已实现 600～1700 V Trench FS 全套技术流程（包括正面工艺、背面减薄和激光退火工艺等），其他厂商也在加快提升加工 FS 型 IGBT 芯片的能力。

我国经济的迅速发展给电动汽车产业和电力电子技术带来了巨大的市场需求，国民经济各部门也因此大力引进国外先进技术，在对国外车用电机驱动技术的消化和吸收方面做了大量的工作。然而，由于财力有限，加上原有基础薄弱，我国电动汽车产业和电力电子技术的发展水平依然难以满足国家经济发展的需求。目前，我国车用电机驱动系统几乎全部采用英飞凌、三菱等国外厂商的 IGBT 模块，IGBT 器件的设计、制造及技术标准基本掌握在国外少数几家电力电子器件生产企业手里，IGBT 模块依赖进口的局面严重制约了我国产业的发展。

（二）国内 SiC 器件的发展情况

我国的"中国制造 2025"计划中明确提出要大力发展第三代半导体产业，特别设立的国家新材料产业发展领导小组有两位第三代半导体领域专家。各省份也纷纷发布促进第三代半导体产业发展的相关政策，扶植 SiC 相关科技创新中心，完善产业链。2017～2018 年各部委支持的宽禁带半导体相关项目如表 6 所示。

表 6　2017～2018 年各部委支持宽禁带半导体相关项目

颁布时间	颁布机构	项目	内容
2017/4/14	科学技术部	"十三五"材料领域科技创新专项	在总体目标、指标体系、发展重点等各方面均提出要大力发展第三代半导体材料
2017/4/14		"十三五"先进制造技术领域科技创新专项	从先进制造角度对宽禁带半导体/半导体照明等的关键装备研究提出要求

续表

颁布时间	颁布机构	名称	内容
2017/9/5	工业和信息化部	关于组织开展2017年工业强基工程重点产品、工艺"一条龙"应用计划工作的通知	提出以城市轨道交通应用为源头,实现3.3kV和6.5kV高频高压混合SiC IGBT及SiC MOSFET器件、驱动和变流装置的技术突破
2017/11/28	国家发展改革委	增强制造业核心竞争力三年行动计划(2018~2020年)	提出要重点发展照明用第三代半导体材料、LED照明芯片等先进半导体材料及产品
2017/7/28		半导体照明产业"十三五"发展规划	从创新引领、需求带动、质量监管、国际合作、协调管理等方面,提出"十三五"期间我国半导体照明发展目标和具体措施
2017/5/2	科学技术部交通运输部	"十三五"交通领域科技创新专项规划	提出开展汽车整车、动力系统、底盘电子控制系统以及IGBT、碳化硅、氮化镓等电力电子器件技术研发及产品开发和零部件、系统的软硬件测试技术研究与测试评价技术规范体系研究
2018	科技部/工信部	国家重点研发计划"新能源汽车"重点专项	基于碳化硅技术的车用电机驱动系统技术开发,基于新型电力电子器件的高性能充电系统关键技术
2018	科技部/工信部	《国家重点研发计划"战略性现金电子材料"重点专项》	超宽禁带半导体材料与器件研究、氮化物半导体新结构材料和新功能器件研究、第三代半导体新型照明材料与器件研究、三基色激光二极管材料与器件生产示范
2018	科技部/工信部	国家重点研发计划"智能电网技术与装备"重点专项	碳化硅大功率电力电子器件及应用基础理论研究

从"十二五"时期开始,国内掀起了SiC功率半导体器件的研发热潮,涉及西安电子科技大学、浙江大学、电子科技大学、中国电科第55所和第13所、中科院微电子所、株洲中车时代电气、全球能源互联网研究院、西安交通大学等是国内较为领先的研发单位。国内已具备高压和大容量SiC二

极管芯片的研发能力，研发出了 17kV PiN 二极管芯片、3300V/50A SiC 肖特基二极管芯片；已具备中低压 SiC 开关管的研发能力，开发了 1200~3300V SiC MOSFET 芯片、1200~5500V SiC JFET 芯片，单芯片电流容量 2~20 A。

我国的碳化硅产业处于从研发到生产的过渡阶段，目前尚未大批量生产。产业上游由山东天岳、天科合达等外延企业组成，在芯片方面，大型企业如株洲中车时代电气、国家电网等都在小批量试制。北京泰科天润公司是我国第一个实现 SiC 二极管产业化的企业，其 JBS 二极管产品的电压范围为600~3300V、电流容量为 5~50A，并具备 BJT 芯片的开发能力。中国电科第 55 所也具备了批量提供 SiC JBS 二极管芯片的能力。在政策扶持和需求催化的双重作用下，目前国内有多家企业正在或计划建设 SiC 芯片工艺线，如株洲中车时代电气 6 英寸碳化硅（SiC）产业化基地技术调试圆满完成；全球能源互联网研究院 6 英寸 SiC 中试线进入安装调试阶段；世纪金光 SiC 和 GaN 生产线开始安装；中国电科第 55 所 6 寸 SiC 中试线投入运行；厦门三安光电、中国电科第 13 所、扬州扬杰电子等公司相继跟上，加速提升国内 SiC 器件的产业化水平。

基于 Si 功率模块的封装技术，我国 SiC 功率模块的产业化水平紧跟国际先进水平，主要的 SiC 功率模块企业有嘉兴斯达半导体、南京银茂微电子、阜新嘉隆电子有限公司、株洲中车时代电气、西安永电电气、泰科天润等。由于国内 SiC MOSFET 芯片产品尚未实现量产，SiC 模块中的 MOSFET 芯片几乎全部采用进口芯片。在研发方面，上海道之与美国 GM 合作开发基于银浆烧结工艺的 SiC 混合模块（650 V/800 A），中科院电工所与天津大学、华中科技大学合作开发基于烧结型互连材料的 SiC IPM 模块，目标环境温度是 105℃。

四　产品应用情况

（一）国内外车用 Si IGBT 器件的应用情况

电动汽车用驱动电机系统与普通工业用系统有较大差别，要求更高的性能、功率密度更高、适应极端环境和低成本。交流永磁电机具有效率高、功率密度高、功率因数高等显著优点，被广泛应用于电动汽车动力驱动系统，在混合动力汽车应用方面更是主流。日本丰田和本田推出的非插电式混合动力与插电式混合动力汽车、日产推出的纯电动汽车均采用永磁电机驱动系统，其研发和生产以日本电力电子和电机生产企业为主，如电装、日立等，产品技术水平达到国际先进。欧美以大陆、博世、西门子、麦格纳等为代表的电驱动系统集成商也表现出了强劲的竞争力，纷纷推出了驱动总成产品，如图14所示。在电机控制器系统方面，为减小整个系统的重量和体积，有效降低系统的制造成本，国外电力电子生产企业和整车企业将车载电机控制器、DC/DC以及车载充电机集成为功率控制单元（Power Control Unit，PCU）。在PCU控制器方面，日本、美国和欧洲一些国家处于领先地位。

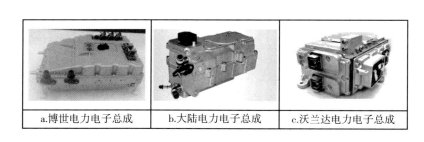

| a.博世电力电子总成 | b.大陆电力电子总成 | c.沃兰达电力电子总成 |

图14 国外电力电子总成产品

在我国，以上海电驱动、上海大郡、精进电动、株洲中车时代电气、湖南中车时代电动、大洋电机为代表的主要驱动电机企业，推出了覆盖各类电动汽车需求的全系列、规格化的驱动电机及其控制系统产品，并重点突出了具有量产规模的产品研发和供应链体系建设，形成了适用于纯电动与插电式混合动力客车、燃料电池与纯电动轿车、非插电式与插电式混合动力轿车、小型纯电动轿车四大类产品的研发平台，系列化产品覆盖了42～200kW功率范围，广泛配套于我国主要新能源乘用车和商用车整车生产企业，如图15所示。其中上海电驱动推出了功率范围涵盖42～90kW的系列化驱动电机及其控制器产品，为奇瑞、长安、江淮、华晨、一汽等整车企业的纯电动和插电式混合动力轿车配套。

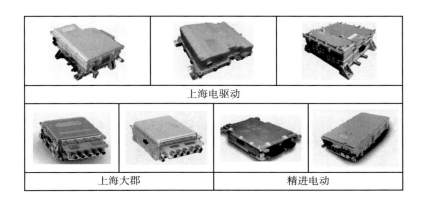

图15　国内主要驱动电机产品

在"十三五"时期，我国已自主开发了满足各类电动汽车需求的电机控制器产品，但与国际先进水平相比差距明显，尤其是在电力电子集成控制器方面，如表7所示。单从电力电子集成控制器功率密度比较，就存在30%～60%的差距，在芯片集成设计、热设计、产品化设计等核心能力方面的差距则更大。在电力电子控制器集成度方面，目前我国规模化生产的电机驱动控制器功率密度为5～9 kW/L，低于12～20 kW/L的国际先进水平，主要原因是 IGBT 器件多为国外标准封装产品，而国外控制器采用更高功率密度的定制型大功率 IGBT 器件。同时，我国车载充电机和 DC/DC 等车载电力电子变换器大多采用独立封装型式，集成度低、重量大，而国外多功能集成功率控制器 PCU 产品已规模化市场应用。

2017 年以来，依托重点研发计划新能源汽车重大专项实施，我国高密度电机控制器迅速发展，上海电驱动、上海大郡、深圳汇川、中车时代电气等均推出了基于标准模块和基于定制化封装模块的电机控制器样机（见表8），接近国际水平。

表7 国产电机控制器样例

整车形式	制造商	车辆整备质量(kg)	电机类型	电机功率(kW)	变流器拓扑	驱动及控制	驱动逆变器重量功率密度(kW·kg⁻¹)	变流器体积功率密度(kW·L⁻¹)	直流电压(V)	直流电流(A)	交流电压(V)	交流电流(A)	功率器件类型	功率器件电压(V)	功率器件电流(A)	功率器件封装形式	环境适应性
纯电动微型车	新大洋	720	永磁	9~18	DC/AC		2.0(自然冷却)	2.0(自然冷却)	72	320	48	470	MOSFET	150	80A并联	分立器件	—
纯电动轿车	长安	1610	永磁	45~90	DC/AC		6.9	8	315	320	235	450	IGBT	650	800		
纯电动客车	宇通	11500	永磁	100~200	DC/AC	SVPWM, 硬开关	6	6.8	537	410	370	560	IGBT	1200	1400	标准模块	
燃料电池轿车	上海	1800	永磁	42~90	DC/AC		6.4	7.8	375	280	260	380	IGBT	650	800		
混合动力轿车	丰田	1550	永磁	105	DC/DC+DC/AC*2		—	19	650	161	约260V	134	IGBT	约900	约200	定制模块	−40~105℃
混合动力轿车	现代	1568	永磁	30	DC/AC*2		—	7.3	270	111	约110V	90	IGBT	650	100~150		
混合动力客车	福田	10900	永磁	40~65	DC/AC		6.3	约4.5	336	210	250	280	IGBT	650	800	标准模块	
混合动力客车	宇通	11000	永磁	60~148	DC/AC*2		6	6.6	380	430	270	450	IGBT	1200	900		

表8 国内典型电机控制器与国外对比

对比项目	2013 Camry IPU 控制器	2017 BOSCH 控制器	2017年汇川 控制器	2017年电驱动 控制器	2017年大郡 双控制器
典型电机控制器 图片					
控制器功率密度 （kW/L）	19.0	24.0	14.0	20.0	21.7
功率比重量 （kW/kg）	17.2	21.5	12.0	18.0	19.0
功率器件	IGBT	IGBT	IGBT	IGBT	IGBT
直流电压（V）	200~600	300~480	300~420	300~480	300~480
器件电流（A）	550	800	800	800	800
器件封装	定制	定制	标准模块	定制	定制

（二）国内外 Si IGBT 的应用方向

Si IGBT 在车用电机驱动中的应用主要集中在高效散热集成、IGBT 芯片信号检测功能集成和主回路组件集成三个方面。

1. 高效散热集成

散热是影响电力电子设备可靠性的重要因素之一，功率器件的工作温度如果超过一定的限制范围，性能将显著下降，并且不能稳定工作，影响系统的可靠性。据国内外学者的研究，元器件失效率与结温呈指数关系，性能随结温升高而降低。统计规律认为，器件工作温度每升高 10℃ 则失效率增加 1 倍。此外，过热引起的"电子迁移"现象会对芯片造成不可逆的永久性损伤，影响芯片寿命。因此电力电子设备的散热技术越来越受到关注。

车用控制器中的主要热源是 IGBT 等大功率电力电子器件，因此电机控制器散热系统的本质是对大功率电力电子模块的散热。目前驱动用变频器散热主要采用水冷和风冷这两种方式，在电动汽车中主要利用水冷系统进行散热，因为水的对流换热系数是空气自然换热系数的 150 倍以上，具有非常高

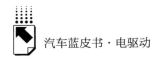

的散热效率。

车用电机控制器的散热发展分为三代：第一代是传统的引线键合或者单面冷却，通过导热硅脂匹配散热片或水冷板；第二代采用平面性封装或者集成冷却的方式；第三代是集成型双面冷却，目的是使单体散热能力继续增强，可以使得芯片获得翻倍的效果，可以进一步推动芯片面积缩小，实现降低成本的目标。

优化系统级散热也是提高控制器功率密度的重要方向之一。在大多数混合动力车中，电气传动部分与内燃机分采用两套冷却系统。高温冷却回路的冷却液入水口温度是 100℃～120℃，低温冷却回路的冷却液入水口温度约为 65℃。碳化硅器件的高温应用可以使两套系统合二为一，能够减小散热装置，提高系统整体的功率密度。

2. IGBT 芯片信号检测功能集成

高精度的电机驱动系统要求变频器能够在优质的输出条件下提供准确能量，实现控制和保护的功能，需要对系统的多个参数进行采样，如输出电流、直流母线电压、大功率半导体芯片结温等。将检测功能集成在功率模块内部，可以减小系统体积，提高系统可靠性，并降低系统成本。

对于电流和温度检测，目前常用的有两种方法。第一种方法是在 IGBT 模块中集成功率较大的取样电阻、测流芯片、霍尔元器件等来实现电流检测；温度检测则通过热敏电阻来实现。第二种方法是把温度检测和电流检测集成到 IGBT 芯片中，获得检测信号后，通过转换器将模拟信号转换为数字信号，并通过电气隔离的方式传到低压控制侧。

第一种测量电流的优点是成熟，缺点则是会带来额外的功耗，而且在固定大小的模块中会挤占 IGBT 芯片的有效面积。采用热敏电阻的优点也是技术成熟，测量温度时不会受到电压等信号的影响，而缺点则是不能直接检测到芯片（IGBT／二极管）的温度。

将 IGBT 一定数量的元胞从金属化的发射极功率端分离，可获得片上电流检测功能。采用这种方式会产生一个额外的检测发射极端子，在应用时需将这个端子与低阻值电阻相连，如图 16、图 17 所示。流经电阻的检测信号是整个模块负载电流的一部分，在理想情况下，等于负载电流乘以检测单元数量，再除以 IGBT 总单元数。

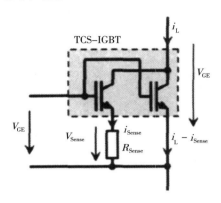

图 16　IGBT 芯片集成电流检测单元

在温度检测方面，IGBT 芯片上表面可以集成测温用 PN 结二极管，这些二极管与 IGBT 芯片的任何一极都是绝缘的。在小电流信号恒定流通的情况下，PN 结的压降是较为理想的温敏参数，可以用来指示芯片温度。相对于模块内部的热敏电阻，这种方式可以更直接地获得 IGBT 芯片的结温。

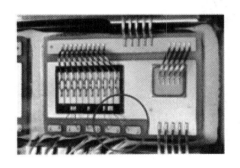

图 17　温度检测单元实物

上述两种方法在世界范围内均有很多企业在使用。与第一种方法相比，第二种方法可以提高控制器集成度，但工艺较为复杂，需要特殊的芯片，成本较高。Prius 车载变频器系统由 22 片 IGBT 与 22 片反并联二极管构成，

IGBT 芯片集成过流保护和过温保护功能；Nissan Leaf 车载变频器系统由 18 片 IGBT 与 18 片反并联二极管构成，IGBT 芯片中集成过流和过温保护功能；Sonata 车载变频器系统采用常规三相模块，模块中焊接热敏电阻实现温度检测。Infineon 公司的很多功率模块中，NTC 热敏电阻芯片被集成在芯片内部当作一个温度传感器。

3. 主回路组件集成

电机控制器主要组成部分如图 18 所示，主电路由功率模块、功率母线、母线电容器等元器件构成。另外，控制器还集成了电路传感器、驱动电路以及过载、短路、超温、欠压保护电路。

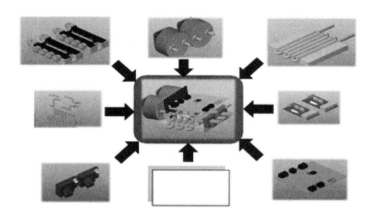

图 18　电机控制器内部结构

当今先进电机控制器内部的结构组件集成特点如下。

第一，模块采用三相全桥设计，使模块更加紧凑，同时根据应用需求，优化安装和连接方式，便于电容、驱动电路等布置，减小系统体积；采用 IGBT 模块和电机控制器散热一体化设计，直接水冷，有效降低系统热阻，提高系统功率密度。部分设计的散热与电感、电容等无源器件结合在一起。

第二，各相电容连接——正负母线采用重叠设计，即叠层母排，以减小线路杂散电感。一些驱动板与 IGBT 模块采取插接的方式直接安装，同时为了提高电路板的 EMI 性能，在其上面设计了接地端，在安装好 IGBT 模块和驱动板后，接地端与散热箱体进行良好的电气连接。

第三，双电源冗余设计、多重隔离、多级过流保护。系统运行过程中，如果控制电路突然掉电，IGBT 模块栅极就会失去控制，电池的母线电压会将 IGBT 芯片击穿，造成严重的损失。采用双辅助电源冗余设计，当车载 12V/24V 电源异常断电后，电源部分会不间断启用动力电池电源，从而避免 IGBT 模块击穿损坏。系统工作电源采用独立宽范围开关电源设计，系统电源与车载 12V/24V 电源以及高压蓄电池组电气隔离，既保证电路绝缘隔离安全要求，降低相互干扰，也优异地输入宽范围特性，让系统工作更加稳定。

（三）国内外 SiC 器件的应用情况

尽管碳化硅功率器件目前存在诸多挑战，如单晶硅材料价格过贵、封装难度大、可靠性较低以及个别公司市场垄断等问题，但碳化硅器件实用化的进程正在不断加快，越来越接近在电动汽车行业大规模应用的目标。根据现有技术方案，每辆电动汽车使用的功率半导体器件成本在 700 ~ 1000 美元，随着电动汽车的发展，对功率半导体器件需求量日益增加，成为功率半导体器件新的经济增长点。

在实用化的过程中，碳化硅芯片的高频运行能力最引人关注。碳化硅芯片能轻松运行在 50 kHz 以上，可以突破现有车用电机驱动 10 ~ 20 kHz 工作的限制，能有效减小控制器运行过程中所需要的能量存储，从而降低储能单元的体积和重量，如图 19 所示。但是，高频运行会带来无源器件的损耗增大，需要新型材料及其优化设计来解决。美国 EV Everywhere 给出的计划性指导方案如图 20 所示。

美国几大功率半导体公司均对宽禁带半导体进入汽车工业所产生的整体利益进行了评估，并预测了商业化碳化硅变频器系统首次推出的时间。它们认为当系统节省 2% 的能耗时，如果届时电池成本能下降到 250 美元/千瓦时以下，碳化硅器件将是大型纯电动车辆的唯一可行方案。随着碳化硅技术的进步，未来车用电机控制器将继续减少系统能耗，如果节省 20% 的能量

图 19　高功率密度 SiC 电机控制器降低体积和重量

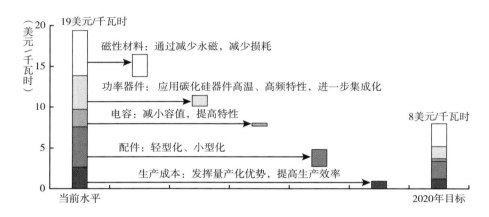

图 20　EV Everywhere 计划

就意味着至少降低 6000 美元的电池成本，也就是整车成本的 8%。

如图 21 所示，碳化硅器件的应用，使得控制器效率可以大幅提升，根据标准工况，电动汽车能耗贡献主要部分为低负载工况，此时碳化硅器件的优势更加明显。据初步测算，使用 SiC 器件，综合工况下将带来 5% 的效率提升，电动汽车每公里电耗减少一千瓦时电池成本可节约 1500 元，对于续航里程较长的电动汽车如何使用碳化硅器件降低电池成本可以完全覆盖碳化硅器件的成本增加。

特斯拉（Tesla）是全球第一家在产品车型中集成全 SiC 功率模块的车企，现今在道路上行驶的 Model 3 车辆中该碳化硅模块的数量约为 100 万

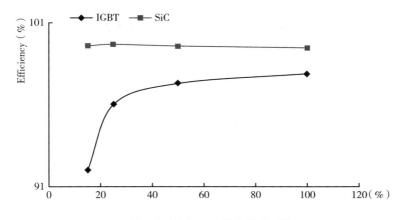

图 21　SiC 和 IGBT 器件效率对比

个。工程设计部门直接与意法半导体合作，该逆变器由 24 个 SiC 功率模块组成，安装在针翅式散热器上。如图 22 所示，为了有效地做好这些连接，使用了大量的激光焊接的工艺把 MOSFET 与铜母线相连。

图 22　特斯拉 SiC 功率模块

德国芯片制造商英飞凌宣布，其功率器件产品被特斯拉汽车采用，用于新款 Model 3 车型，如图 23 所示。

日本丰田公司很早就将碳化硅二极管应用于 X-TRAIL FCV 型汽车并进行了道路行驶实验，后续开发了全碳化硅控制器，如图 24 所示。丰田计划在 2020 年前将碳化硅制作的电机控制器投入使用，目标是使燃效提高 10%。与现有硅基 IGBT 相比，适合电动汽车使用的碳化硅 MOSFET 没有拖

图 23　英飞凌的功率模块

尾电流，开关损耗可减少至 1/10，在不提改变系统散热的情况下，开关频率能大幅度提高。提高开关频率能有效减小控制器内的电容与电感，其体积现阶段约占电机控制器总体的 40%，未来有望减小至 20%。

图 24　丰田公司碳化硅应用试制车

电动汽车全球顶级赛事"FIA Formula E 锦标赛 2017～2018（第四赛季）"在香港正式拉开帷幕。全球知名半导体厂商 Rohm 为文图瑞电动方程式车队（Venturi Formula E Team）提供了"全 SiC"功率模块，在保障效率的同时，大幅度降低逆变器尺寸及重量，在轻量化及节能方面表现优异。Rohm 作为 SiC 功率元器件的领军企业，从第三赛季开始与文图瑞签署官方技术合作协议，为逆变器这一赛车核心驱动部件提供全球最先进的 SiC 功率元器件。上个赛季仅提供了二极管（SiC-SBD），但从第四赛季开始，将提供集成了晶体管与二极管的"全 SiC"功率模块，与未搭载 SiC 的第二赛季的逆变器相比，成功实现 43% 的小型化与 6kg 的轻量化。日本公司开发出的 SiC 电机控制器样机如图 25 所示。

图 25　日本厂商的电机驱动样品

五　产品技术发展趋势展望

（一）Si IGBT 芯片发展趋势

随着工艺水平的进步及工艺设备的更新换代，IGBT 新结构不断被开发出来。面向车用电机驱动的 IGBT 芯片性能改进技术，主要包括以下三类：集电区（IGBT 背面）结构的改进、漂移区（IGBT 中层）结构的改进、器件正面（IGBT 正面）结构的改进。

1. 集电区结构的改进

逆导型 IGBT 技术：在背面 P 集电极加入 N + 短路区，将原本与普通 IGBT 元胞结构反并联的用于续流的快恢复二极管（FRD）元胞结构集成在同一个芯片上，使得器件在反向电压时，可以传导电流。逆导型 IGBT 可以节省芯片总面积，并降低器件的制造测试成本。

2. 漂移区结构的改进

超结 IGBT 技术：采用 N 型半导体和 P 型半导体相互交替构成漂移区，使得漂移区的电场分布趋于均匀，因此可以使漂移区有很高的掺杂浓度。并且漂移区在导通时受到强烈的电导调制，导通压降大大下降。

3. 器件正面结构的改进

涉及 PNM IGBT（Partially Narrow Mesa IGBT）技术和漂移区内载流子浓度增强等技术，如图 26 所示。其中 PNM IGBT 是在沟槽栅技术工艺的基础上提出来的，主要是通过减小相邻沟槽底部的距离而沟槽的上面保持不变来实现对沟槽底部对称加宽，这种结构可以提高电子注入效率，但是工艺实现比较困难。

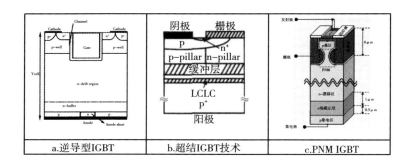

a.逆导型IGBT	b.超结IGBT技术	c.PNM IGBT

图 26　新型 IGBT 芯片技术

（二）SiC MOSFET 芯片发展趋势

SiC MOSFET 目前比较突出的问题是栅氧问题，SiC 材料能够通过原位氧化形成热氧化层作为栅介质层，和 Si 器件的栅氧工艺具有高度的兼容性，但其氧化的过程比 Si 氧化过程要复杂很多，高密度的界面缺陷和界面陷阱电荷对 SiC 界面中载流子输运和复合具有重要的影响，造成损耗的增大和器件迁移率的退化。器件的栅介质在高温情况下会发生一定的改变，导致器件阈值电压不稳定，同时界面缺陷引起器件栅极漏电流的升高。

高温应用的一些问题包括：①当温度升高时，载流子高温散射增强、迁移率降低，MOS 沟道内载流子迁移率在高电场下饱和特性等物理机会制约 SiC 芯片大电流导通能力提升和导通电阻的减小。②在高温高电场下，PN 结势垒的耗尽区内电子空穴对数量增大，引起漏电流增大。③高温栅界面载流子俘获与释放会影响器件稳定性和可靠性：高温下电子被加速，通过碰撞将产生多余的空穴，其中部分空穴会被氧化层俘获，使得氧化层局部缺陷处电场增大，形成隧穿电流，造成氧化层击穿，影响器件稳定性和可靠性。

另外，对比车用电机驱动 Si IGBT 模块，SiC MOSFET 单芯片电流小、高温下载流能力下降的问题十分突出。以 77kVA 纯电动轿车电机驱动控制器为例，控制器采用 650V/450A IGBT 模块由 3 只 150A IGBT 反并联 3 只二极管而成，若采用 SiC 芯片则需要至少 9 只 MOSFET 和 9 只二极管共 18 只芯片并联，SiC 功率模块结构复杂度大大增加，模块杂散电感的增加将导致 SiC MOSFET 的电应力加大、开关过程震荡和电磁兼容问题，进而影响电机控制器的性能。因此提升 SiC 芯片尤其是 MOSFET 的高温载流能力十分重要。

未来 SiC 芯片开发技术可能在以下几个方面有所突破。

第一，优化器件的栅介质结构设计，减小器件栅漏电容、栅源电容等，能够提升器件的动态特性。采用沟槽型的结构，结合工艺实现难度和工艺重复性等因素，通过优化设计，获得最低导通压降和良好的反向阻断特性。

第二，元胞布局设计，包括集成元胞对芯片电流密度、热分布均匀性、击穿点一致性、芯片电容的影响。采用结终端扩展、浮空场限环、场板、刻蚀台面以及其他的组合等特殊设计方案，降低器件的反向漏电流特性。

第三，提高器件欧姆接触的高温高频可靠性，并控制晶圆良率，提高器件片内片间的一致性，扩大产能，降低器件的成本。

第四，将 SiC MOSFET/SBD 集成在一个元胞，进行芯片布局与优化设计，能够缩小芯片面积，加速二极管的反向恢复，降低器件的导通电阻，提高器件性能，降低器件总体制造成本。

（三）封装发展趋势

SiC 模块当前多套用已有 Si 器件的封装规格，不能充分发挥 SiC 芯片本身的特征。一些标准封装对 SiC 芯片排布的限制十分突出，特别是现有驱动跟保护的连接设计是为传统 Si 芯片设计的；SiC 芯片面积较小，放在一起局部热流非常大，未来需要更新型的散热方式；如果要应用于高温，还要发展高温封装材料，才能实现高功率密度、高效率，真正把新型芯片在电动汽车中运用好，起到降低总成本的效果。

1. 平面型与高温封装方向

继续升级平面型封装是未来可能的发展趋势，主要目标为：制造简便、可靠性高和成本低。最新一代车用模块普遍采用平面型封装，芯片双面互连可使杂散电感降低70%，匹配双面散热结构后可使热阻降低35%，满足SiC器件高温、高可靠性工作的要求。平面型封装的研究重点主要集中在芯片上表面互连方法和封装结构设计两方面。在芯片上表面互连方法方面，主要有钼片缓冲互连方法、钝化层覆盖后生长焊接触点方法、内嵌式DBC结构方法、多层溅射与多层烧结协同方法等，分别能够适应不同工况的需求。在双面互连集成结构设计方面，部分学者正在探索采用基于遗传算法的多目标优化方法，可突破常规工程试凑法的设计局限，使功率模块能够更加匹配SiC芯片的高温高频优势。

碳化硅芯片能够在200℃以上安全工作，但高温应用遇到的困难相对较大。常规模块封装材料的适用温度低于150℃，不能直接套用到高温，需要探索高温模块各制造环节的细节和技巧，以及相关的可靠性。车用功率模块具有使用环境恶劣的特点（低温至-40℃），高温模块还需要承受较大温度梯度（大于300℃），适合高温封装的各种封装材料在此梯度下寿命均很短，仅为常规温度梯度下的1/15~1/3，亟待进一步改良。

2. 先进散热集成方向

目前，功率器件的散热方式主要有微通道散热器、热管冷却系统、液态金属散热等。

（1）微通道散热器

如图27所示，微通道散热器是指在金属板内部存在微小通道，冷媒质从通道内流过，将热量带走。一般冷媒质为水等换热能力较强的介质，而微通道的当量直径为0.01~0.5mm。

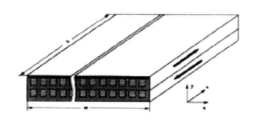

图27　微通道散热器

（2）热管冷却系统

如图 28 所示，热管是一种密闭的、抽成真空的容器，内壁装有毛细管芯，管芯内充满液态介质，当容器受热后，管芯介质因热传导作用而蒸发，蒸发段的压力高于冷凝段，由此形成压力差。蒸发介质气化潜热至容器另一端冷凝，同时放出气化潜热。热管散热的有效导热系数非常大，具有良好的冷却效果。

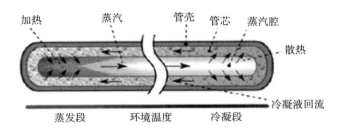

图 28　热管工作原理

（3）液态金属散热

液态金属散热的基本原理与水冷类似。常用的液态金属包括镓和镓铟锡合金，表 9 列示了镓和镓铟锡合金与水的熔点及导热率对比。可以看到，镓和镓铟锡合金的熔点很低而导热率较高，所以采用液态金属散热可以大幅度提高散热能力，只是成本过高限制了其在电动汽车上的使用。

表 9　液态金属与水的熔点及导热率对比

项目	水	镓	镓铟锡合金
熔点（℃）	0	29	10
导热率（W/m/K）	0.6	28	39

3. 高温驱动方向

为了充分发挥碳化硅芯片的高温特性，各国研究者还希望其驱动电路也能工作在相应的高温。早在 2006 年美国阿肯色州立大学的研究团队（APEI）就曾经使用 SOI 分离器件搭建了驱动电路，并在 300℃ 结温的功率芯片附近工作，成功驱动了 4kW 的永磁同步电机。2013 年美国弗吉尼亚理工大学报道了适用于 110℃ 环境温度运行的整套变频器系统，对比尝试了多种高压磁隔离电路。但以上研究均使用独立器件，驱动电路的体积是常规硅器件的 10 倍，并且未能预测其可靠性。在未来的研究中，需要用 SOI 材料制作专用的 IC 器件，承受 200℃ 以上的长期运行，并集成过流、过温保护等功能，以充分发挥碳化硅芯片高速开关的优势。

耐高温传感器也是碳化硅功率器件高温应用的关键，如果读取器件电压、电流、温度数据的电路不能工作，就无法对整个系统进行控制和保护。一般来说，直接利用碳化硅半导体制造耐高温传感器时，从数据读取电路一方看到的传感器电极电阻会升高。如果把读取电路放在非高温环境下，并利用很长的导线，那么导线的电阻便会影响传感器信号，导致难以准确测量。为了解决这个问题，预计未来会利用基于 MEMS（微小机械式开关）来构成变频器电路，或者使用碳化硅二极管搭建整流器，把传感器的电阻调低，实现 500℃ 下工作。

（四）系统集成发展趋势（驱动、电容、母排、传感器等）

通过碳化硅芯片降低新能源车的成本，有以下途径：通过新型拓扑结构，提高开关频率和母线电压，降低系统对无源器件的要求，使电容、电感成本降低；提高母线电压和器件开关频率，增大电机转速，减小电机额定转矩，降低电机成本；提高功率器件的节温，便于利用高温冷却液，或者应用风冷散热方法，降低散热系统成本；改进芯片特性使之接近理论极限并提高成品率，可以减少芯片成本。

基于现有碳化硅芯片的特性，在以上几条途径中，新型拓扑、提高开关频率、提高母线电压、优化散热系统、集成电子电机每一项都可以使控制器功率密度至少提高 10%，综合起来有望提高 50%。预计 3～5 年后，碳化硅芯片的特性会进一步改进，无源器件、磁性材料等其他部件的特性也会有相应提高，同时成本也会进一步降低，届时功率密度有机会继续增加。

高功率密度电机控制器电气性能受到温度、电磁干扰、机械结构和物料老化变形的影响，在控制器运行过程中，四者相互耦合、相互影响，在控制器内构成了包含电、磁、热、机四个物理域的复杂运行环境，系统故障也是四者共同作用的结果。在满足控制器基本电气输出特性的基础上，通过主回路的优化设计可以减小功率半导体模块的电气应力，降低失效风险。通过优化机械结构，减小热阻，提高系统散热能力，提高系统可靠性，延长使用寿命。在系统集成方面，未来可能的几个应用方向如下。

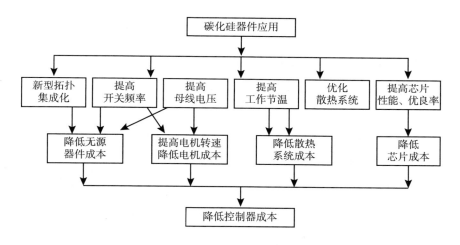

图 29　碳化硅芯片降低控制器价格途径

1. 新型拓扑方向

虽然在电动汽车发展历程中，电流型逆变器、Z 源变换器和多相逆变器等被应用于电动汽车电机驱动控制器开发，但电动汽车电机驱动控制器功率主回路的主流拓扑仍然是两电平三相电压源型逆变器。对于两电平三相逆变器而言，要提升逆变器功率密度，新型功率器件、无源器件和基于多物理场分析的电力电子集成是研究重点。当 SiC 器件出现时，如何利用 SiC 器件的高温、高频和高效特性，达到提升车用电机驱动控制器的功率密度目的，就成了当前重要的研究题目。

2. 系统高温集成方向

优化系统散热是提高控制器功率密度的重要方向之一。在大多数混合动力车中,电气传动部与内燃机采用两套冷却系统。高温冷却回路的冷却液入水口温度是100℃~120,低温冷却回路的冷却液入水口温度约为65℃。纯电动汽车的入水口冷却温度为45℃~65℃。Si IGBT芯片未来结温可能提高到200℃,SiC器件的结温可能高于300℃的高温应用,提高结温后可以减小散热装置的体积,提高系统整体的功率密度。而丰田等汽车制造商正在探索直接风冷散热的方法。相比水冷系统所需的泵、水管、连接管套和与外界空气进行热交换的冷却器,风冷系统可以降低整个系统的复杂性,成本也更为低廉。如果采用风冷散热,传统的硅基控制器需要很大体积的散热系统才能保持正常运行,难以应用在电动车上,而碳化硅器件能使这一设理念变为现实。

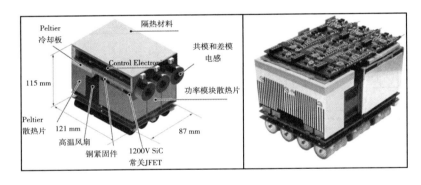

图30 ETH风冷碳化硅变频器探索

ETH的研究人员提出了能在温度120℃下工作的风冷高功率密度碳化硅变频器。除对传统风冷散热系统进行优化设计外,还应用了电子散热器(Peltier Cooler)来隔离控制电路,使得控制电路箱体内部的空气比外部低5℃以上。如图30所示,碳化硅芯片开关频率达到50kHz,而系统体积仅有1.2L。

3. 电子电机集成方向

电子电机是将控制器的开关器件、电路、控制、传感器、电源和无源器件集成到标准的模块中构成电力电子组件,并与电机集成在一起。此类集成方法可以较好地解决变频器与电机间的连接、组合、隔离干扰等问题,具有很高的集成度。而具有高温、高频特性的碳化硅器件,更能展现这种集成化设计的优势。

电子电机具有体积小、重量轻、功率密度大、调速范围高、高效、高功率因数、自诊断、自调节等系统功能。它在概念上将电力电子、电机和控制及其通信技术有机地结合起来；在物理上实现外形一体化和小型化；在设计和制造上实现系统的优化和通用模块化；在运行中实现自设置、自保护等，从而更有效地实现机电能量转换和传递。

从系统集成的层面来看，电力电子与电机集成系统的主要内容包括各部件参数的优化配置、系统建模及其仿真分析、内外部电磁能量变换关系及其影响、小信号控制与大能量变换的互动关系、系统可靠性及其容错功能等。此类集成方法可以较好地解决变频器与电机间的连接、组合、隔离干扰等问题，具有很高的集成度。而具有高温、高频特性的碳化硅器件，更能展现这种集成化设计的优势。

如图 31 所示，日本明电舍公司使用碳化硅器件制作了逆变器一体化电机，最高输出功率为 60kW，最大扭矩为 160N·m，最高转数为 1.2 万转，控制器的输出功率密度为 60kW/L。

图 31　明电舍公司电子电机

图 32 所示为日本安川电机公司的探索，这种结构采用电机绕组中点引出的方式，可使电机工作在两种状态，与常规电机相比，极大拓展了高效工作区的面积。这项设计应用了最新一代的沟槽栅碳化硅，器件导通损耗极低，并把所有功率芯片集成在一个模块中，以便控制电机在两种状态间切换。控制器与电机集成在一起后，电机驱动系统的体积降低了 40%。

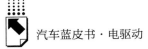
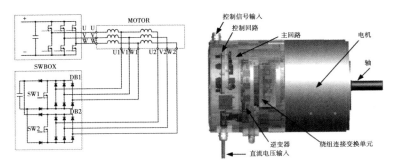

图32　安川公司电子电机探索

参考文献

［1］ Xuhui Wen, Tao Fan and Puqi Ning, "Technical Approaches Towards Ultra-High Power Density SiC Inverter in Electric Vehicle Applications", in *CES Transactions on Electrical Machines and Systems*, Vol. 1, No. 3, September, 2017.

［2］ F. Wang and Z. Zhang, "Overview of Silicon Carbide Technology: Device, Converter, System, and Application", in *IEEE CPSS Transactions on Power Electronics and Applications*, Vol. 1, Issue 1, 2016.

［3］ F. Niedernostheide, H. Schulze and et al., "Progress in IGBT Development", in *IET Power Electronics*, Vol. 11, Issue 4, 2018.

［4］ 李碧珊、王昭、董妮:《IGBT 结构设计发展与展望》,《电子与封装》2018 年第 2 期。

［5］《第三代半导体产业发展年度报告（2018）》,第三代半导体产业技术创新联盟,2018。

［6］ K. Olejniczak, et al., "Advanced Low-cost SiC and GaN Wide Bandgap Inverters for Under-the-hood Electric Vehicle Traction Drives", *DOE Merit Review*, Jun. 8, 2016.

［7］ K. Olejniczak, et al., "A Compact 110 kVA, 140℃ Ambient, 105℃ Liquid Cooled, all-SiC Inverter for Electric Vehicle Traction Drives", in *Proc. IEEE APEC 2017*.

［8］ "SiC Modules, Devices and Substrates for Power Electronics Market", *Yole Market and Technology Reports*, Oct., 2016.

［9］ T. Burress, S. Campbell, "Benchmarking EV and HEV Power Electronics and Electric

Machines", in Proc. *IEEE ITEC 2013*.

［10］J. Rabkowski, D. Peftitsis, H. P. Nee, "Silicon Carbide Power Transistors: A New Era in Power Electronics is Initiated", in *IEEE Industrial Electronics Magazine*, Vol. 6, Issue 2, June, 2012.

［11］Lux Research Automotive Battery Tracker 2014.

［12］K. Hamada, M. Nagao, M. Ajioka, F. Kawai, "SiC-emerging Power Device Technology for Next Generation Electrically Powered Environmentlly Fridendly Vehicles", accepted by *IEEE Trans. on Electron Devices*.

［13］B. Boettge, F. Naumann, R. Klengel, S. Klengel, M. Petzold, "Packaging Material Issues in High Temperature Power Electronics", in *Proc. IEEE EMPC 2013*.

［14］R. Wang, D. Boroyevich, P. Ning, Z. Wang, F. Wang, P. Mattavelli, K. D. T. Ngo, K. Rajashekara, "A High-Temperature SiC Three-Phase AC-DC Converter Design for > 100℃ Ambient Temperature", in *IEEE Trans. on Power Electronics*, Vol. 28, Issue 1, Jan., 2013.

［15］《第三代半导体电力电子技术路线图 2018》, 第三代半导体产业技术创新联盟, 2018。

［16］Z. Wang, X. Shi, L. M. Tolbert, F. Wang, Z. Liang, D. Costlinett, B. Blalock, "A High Temperature Silicon Carbide Mosfet Power Module With Integrated Silicon-On-Insulator-Based Gate Drive", in *Trans. on Power Electronics*, Vol. 30, Issue 3, March 2015.

［17］F. Shang, A. P. Arribas, M. Krishnamurthy, "A Comprehensive Evaluation of SiC Devices in Traction Applications", in *Proc. ITEC 2014*.

［18］D. Han, J. Noppakunkajorn, B. Sarlioglu, "Comprehensive Efficiency, Weight, and Volume Comparison of SiC and Si Based Bidirectional DC-DC Converters for Hybrid Electric Vehicles", in *IEEE Trans. on Vehicular Technology*, Vol. 63, No. 7, Sep., 2014.

［19］R. Vrtovec, J. Trontelj, "SiC MOSFET in Automotive Motor Drive Applications and Integrated Driver Circuit", in *Proc. MIEL 2014*.

［20］B. Wrzecionko, D. Dortis, J. W. Kolar, "A 120 Ambient Temperature Forced air-cooled Normally-off SiC JFET Automotive Inverter System", in *IEEE Tran. on Power Eletronics*, Vol. 29, No. 5, May, 2014. 2358.

［21］P. Ning, L. Li and et al. "Review of Si IGBT and SiC MOSFET based Hybrid Switch", *APCSCRM*, 2018.

［22］M. Chinthavali, J. F. Christopher, R. V. Arimilli, "Feasibility Study of a 55 – kW Air-cooled Automotive Inverter", in *Proc. IEEE APEC 2012*.

［23］Y. Takatsuka, H. Hara, K. Yamada, A. Maemura, T. Kume, "A Wide Speed

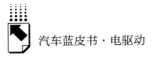
Range High Efficiency EV Drive System Using Winding Changeover Technique and SiC Devices", in Proc. *IEEE ECCE-Asia 2014*.

[24] I. Deviny, H. Luo and et al., "A novel 1700V RET-IGBT (Recessed Emitter Trench IGBT) Shows Record Low VCE (ON), Enhanced Current Handling Capability and Short Circuit Robustness", in *Proc. IEEE ISPSD 2017*.

[25] 温旭辉、宁圃奇等:《车用大功率电力电子器件研究进展》,《科技导报》2016 年第 6 期。

B.9
电驱动用稀土烧结钕铁硼永磁
材料技术现状与发展趋势

丁 勇　安小鑫　张 民 等*

摘　要： 随着节能和环保发展的进一步需求，我国明确提出了以纯电
驱动为新能源汽车发展和汽车工业转型的主要战略方向。在
新能源电驱动系统中，稀土永磁电机是关键部件，高效、高
密度、低成本、易维护等特性，使其具有不可取代的地位。
由于新能源汽车应用工况比较复杂，如具有外部环境振动剧
烈、温湿度变化大、电机内部工况点变化剧烈、转速高、频
率高、永磁体内部涡流损耗大等特点，对稀土永磁体提出较
高的要求。本文针对电驱动用稀土永磁体的特点，系统地介
绍了电驱动用稀土永磁的技术现状和发展趋势，对比分析了
国内外稀土永磁发展特点，详细阐述了目前国内外稀土永磁
行业技术路径、工艺特点，展望了主流的新技术和新工艺。

关键词： 电驱动产业　稀土永磁　钕铁硼　晶界扩散

一　国内外稀土磁性材料发展概况

（一）稀土永磁材料的发展简史

磁性材料是古老且用途十分广泛的功能材料，如《史记》中就有记载

* 丁勇，博士，高级工程师，宁波韵升股份有限公司磁性材料研究院副院长；安小鑫，博士，
宁波韵升股份有限公司磁性材料研究院项目经理；张民，博士，高级工程师，宁波韵升股份
有限公司磁性材料研究院副院长。

黄帝用指南针作战、宋朝《萍洲可谈》记载罗盘用于航海。人类使用永磁材料已经有几千年的历史，近代以来，随着工业和技术发展，永磁材料进入飞速发展期，大量新的磁性材料被发现，其应用范围几乎囊括人们生活的各个方面，在人们的日常生活中起着十分重要的作用。发展至今，磁性材料根据主要材料特性大致被分为三代：第一代磁性材料是 1931 年日本 T. Mishima 发明的铝镍钴磁钢；第二代磁性材料是 1933 年日本 Kato 和 Takei 发现了含 Co 的铁氧体；1967 年美国 Strnat 发现 1∶5 型 SmCo，标志着第三代磁性材料时代的到来。

其中，第三代稀土永磁被划分为三个阶段：第一阶段 $SmCo_5$，第二阶段 Sm_2Co_{17}，第三阶段 $Nd_2Fe_{14}B$。稀土永磁材料是现在已知综合性能最高的一种永磁材料，比铝镍钴磁钢和铁氧体性能优越得多，所以稀土永磁材料一出现就引起我国科技工作者的高度重视。1968 年第一代稀土永磁材料钐钴研究小组成立，1971 年 $SmCo_5$ 等第一代稀土永磁材料制备成功。1980 年钢铁研究总院首先开发出重稀土金属低温度系数的 Re_2Tm_{17} 系列合金得到世界认可，1981 年北京大学杨应昌院士等人首先研究了 Re_1Tm_{12} 系列合金，随后取得了一系列研究成果，得到了世界学术界的公认。1983 年在北京由中国稀土学会主办的"第七届国际稀土钴永磁及其应用"会议上，日本住友特种金属株式会社宣布发现了新的高磁能级稀土永磁材料钕铁硼，引起轰动；同年由钢铁研究总院、包头冶金研究所、北京科技大学、东北工程学院联合开展铁基稀土永磁材料的研究，经过五年的联合攻关，在 1989 年攻关组合作研究成果"新型铁基用磁材料及其制造"获国家科技进步一等奖。1992 年中科三环购买了日本住友特殊金属公司和美国通用汽车公司的钕铁硼永磁材料的生产和销售专利，2000 年北京京磁、清华银纳购买了日本住友特殊金属公司的生产和销售专利，2001 年宁波韵升购买了日本住友特殊金属公司的生产和销售专利，2003 年安泰科技购买了日本住友特殊金属公司的生产和销售专利。从 1997 年我国钕铁硼材料的年产量达到 2500 吨以来，经过二十多年的发展，我国已成为世界第一大钕铁硼永磁材料的生产国，成为世界钕铁硼磁体生产中心，占全球钕铁硼生产量的 85%，2018 年中国烧结钕铁硼的产量达到 15.5 万吨，20 年增长了 60 倍，每年复合增长率大于 20%，根据行业协会产量统计，烧结钕铁硼在最近十年平均增长率为 9.4%，预计未来几年的增长率为 9%。

（二）稀土烧结钕铁硼永磁材料的发展

钕铁硼永磁体自 20 世纪 80 年代问世以来，由于具有高的剩磁和最大磁能积、良好的动态回复特性和高的性价比，是制造效能高、体积小、重量轻的工业磁性功能器件的理想材料，在家庭消费和工业生产方面均有着广泛运用，对计算机、信息、通信、办公自动化、医疗仪器、汽车、工业电机、航空、航天等许多高技术领域产生了革命性影响。

在日本，自 2002 年以来，已经将低重稀土烧结钕铁硼永磁材料作为国家战略项目实施，日立金属（NEOMAX）、信越化工和 TDK 三家烧结钕铁硼企业，为进一步降低成本、提高产品竞争力，将研发精力全部集中于尽可能降低对重稀土资源的依赖，提高对稀土资源的高质化利用。通过多年的研发，日本在 2005 年已开始以晶界扩散为代表的减重稀土技术产业化应用、无重稀土高性能磁体产业化应用，以及开发出超细晶粒的无压烧结技术。在欧洲，目前仅剩 VAC 一家稀土磁性材料生产企业，每年的产量为 1000 ~ 1500 吨。VAC 在薄小产品的一次成型技术上具有明显优势。

对于中国而言，稀土永磁材料的开发与应用体现了我国战略性新兴产业领域的重大发展需求方向，是我国高技术产业的发展重点之一。稀土永磁产业不仅是稀土应用领域发展最快、规模最大的产业，也是最大的稀土消耗领域。烧结钕铁硼永磁材料从开始实现商业化生产到现在，连续三十几年高速发展，为全球新材料产业所罕见。进入 21 世纪以来，我国烧结钕铁硼永磁产业取得长足的发展，据统计，从 2005 年到 2015 年的年均增长率为 9.4%。2016 年我国钕铁硼产量达到 13.5 万吨左右，增长 6.6%，2018 年产量达到 15.5 万吨，增长 9.9%，预计 2019 年产量 17 万吨，增长 9.7%，继续保持平稳增长。经过多年的发展，中国的烧结钕铁硼产量占全球的比重超过 85%，是全球最大的稀土永磁材料研发中心和生产基地，但是从整体产品结构水平上看，我国是烧结钕铁硼永磁材料制造大国而非强国。日本日立金属（NEOMAX）、信越化学、TDK 等企业占据了全球高性能钕铁硼近 50% 的市场份额，我国钕铁硼产业整体水平与日本等稀土永磁强国相比仍有一定的差距。

不过在技术领域，我国一直保持与日本企业相近水平，以晶界扩散为代表的减重稀土技术、无重稀土技术、细化晶粒晶界相改性技术、高耐温性磁体技术等都取得了长远的发展。并且，近年来，随着我国稀土永磁材料尤其是钕铁硼产能的快速增长，消耗了大量的 Pr、Nd、Dy、Tb 等资源紧缺稀土元素，而高丰度的 La、Ce、Y 等元素大量积压，导致稀土资源利用的不均衡发展，并且在稀土分离提纯过程中造成生态环境的污染。依据我国资源特色和优势，高丰度稀土永磁材料的开发呈现快速发展的势头，在浙江宁波地区已初具规模。据统计，2017 年稀土永磁材料中含铈磁体产量约 2 万吨。

（三）稀土烧结钕铁硼永磁材料应用领域分析

稀土永磁材料已广泛应用于汽车、家用电器、电子仪表、医疗设备、音响设备、微特电机、移动智能等各个领域，也是航天、航空、国防等领域尖端技术和装备的重要基础材料之一。对当前钕铁硼下游主要细分市场的需求现状和发展分析表明，工业电机、节能家电、电声等传统领域市场保持稳定增长的同时，移动智能终端、风力发电、高档数控机床、高铁轨交、城市轨道交通、磁动力系统、工业机器人等新兴领域市场快速拓展，新能源汽车电机驱动市场将迎来全面爆发，未来几年高性能钕铁硼市场年均消费增速将超过 10%，部分细分领域市场年均增速有望超过 30% 甚至 50%。总体而言，经过三十多年的发展，随着低氧工艺、速凝工艺和氢破制粉等共性关键技术的突破和普及，我国稀土永磁产品初步完成了从中低端向中高端的过渡，掌握了 N55－N58 系列高档钕铁硼磁体产业化核心技术，部分企业的产品进入 VCM、EPS、新能源汽车、智能移动终端和医疗等高端领域，突破了日本及欧美主要强国长期的技术封锁和对高端钕铁硼市场的垄断，全面参与国际市场的竞争。

（四）稀土烧结钕铁硼永磁材料在电驱动技术中的应用

近年来，在绿色经济和低碳经济浪潮的推动下，风力发电、混合动力汽车和电动汽车的发展迅猛。在我国新能源汽车战略的部署中，明确指出将纯电驱动作为新能源汽车发展和汽车工业转型的主要战略方向，重点推进纯电动汽车和插电式混合动力汽车的产业化发展；并制定了阶段性目标：到2020年，纯电动汽车和插电式混合动力汽车生产能力达200万辆、累计产销量超过500万辆。另外，根据汽车工业协会发布的信息，2018年新能源汽车产销量分别完成127.0万辆和125.6万辆，同比分别增长53.8%和53.3%，预计2020年产量将达到230万辆，新能源汽车的发展已进入快速增长阶段，同时将迎来产业化的高潮期。

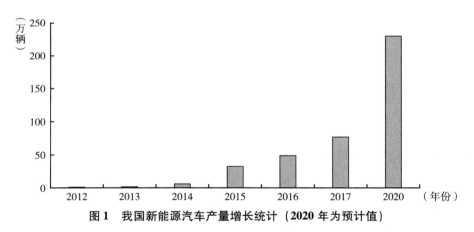

图1　我国新能源汽车产量增长统计（2020年为预计值）

在新能源汽车领域，稀土永磁材料的发展与之具有密切的关联性，稀土永磁材料是生产车用永磁电机的关键原材料。2017年我国新能源汽车电机装机车辆中，永磁同步电机装机占比78.4%，如果按乘用车每台电机嵌入永磁体1~2公斤、商用车每台电机嵌入永磁体4~8公斤计算，所需的稀土永磁材料用量巨大，预计2020年磁体的需求量为0.5万~1万吨，当新能源汽车量为600万辆，磁体需求量为1.5万~3万吨。2018年中国新能源汽车的实际销售量占整体汽车销售量的5.5%，达到127万辆。

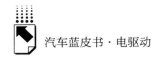
由于新能源汽车电机大量使用钕铁硼磁性材料，未来在我国能效标准提升和工业智能化提速的背景下，高效节能的驱动电机和伺服电机将作为钕铁硼永磁材料需求增长的主要动力，拉动产量和需求市场的扩容。

驱动电机为新能源汽车提供驱动的力量，是新能源汽车驱动系统的核心部件，应具有宽的调速范围、转矩控制的动态性高、过载能力强等特性，且具有工作效率高、成本低、可靠性高和易维护等特点。永磁同步电机具有转矩密度高、效率高、功率密度高、调速范围宽、体积小等优点，已成为主流电驱动核心。驱动电机的工作温度在200℃左右，是目前民用永磁电机工作温度中最高的。由于汽车是关系到人身安全的交通工具，对磁钢的质量要求也较高，一般使用UH、EH牌号以上的高矫顽力烧结钕铁硼磁体。在驱动电机系统里除了对耐温性有很高的要求外，还需要高剩磁、高一致性、高电阻率和高性价比。

二 电驱动用稀土烧结钕铁硼永磁材料技术现状

（一）目前稀土烧结钕铁硼永磁材料制造流程和工艺

烧结Nd-Fe-B磁体的制备采用传统的粉末冶金工艺。首先熔炼所需成分的母合金，然后采用氢破碎和气流磨工艺制备磁粉；随后进行磁场取向成型及等静压将粉末压制成毛坯，进行真空烧结和回火热处理，制得烧结磁体；之后将磁体加工成合适的尺寸要求，并进行表面防护，具体工艺流程如图2所示。

1. 配制原料

原材料的选择对最终磁体的性能影响巨大，其中的杂质元素对磁体的磁性能是有害的，因而要求尽可能地减少原材料中的杂质。将生产所需的原材料打磨去掉氧化表层，按照钕铁硼合金质量百分比，称取相应的原材料。

2. 合金熔炼

将配好的原料进行熔炼。首先将配比好的金属原材料放入绕有感应线圈的坩埚内，关闭速凝炉炉盖，抽真空至10^{-2}Pa以上送电预热，对坩埚内原材料进行烘干。待真空度再次达到10^{-2}Pa以上后停止抽真空并充入高纯氩

成分设计、配料

合金熔炼、铸片

氢破碎

气流磨

磁场取向成型

等静压

真空烧结、回火

机加工

表面防护

图 2　烧结钕铁硼制备流程

气。接着开启加热系统，待原材料全部熔化后并施以电磁搅拌均匀，熔炼温度控制在不低于 1450℃。降低加热功率，准备浇注合金液。设定水冷铜辊转速为 0.6～3m/s，待温度达到设定温度后开始浇注。合金液通过中间包将过冷的熔体浇注到一定转速的水冷铜辊上，在较快的冷却速度下（通常在 $10^2～10^4℃/S$ 范围内）形成厚度为 200～400μm 的合金铸片。图 3 为速凝带制备工艺示意图和速凝片 BSE 图。

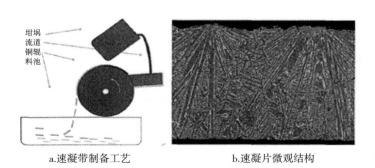

a.速凝带制备工艺　　　　　b.速凝片微观结构

图 3　速凝带制备工艺和速凝片微观结构

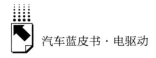

3. 氢破、气流磨制粉

在一定的温度和氢气压力下，Nd-Fe-B 合金中的富 Nd 相和 $Nd_2Fe_{14}B$ 主相可以与氢气发生反应形成氢化物，而使合金破碎，称为氢破碎（HD）。按照粉末冶金工艺的流程，氢破碎属于制粉环节的粗破碎，其过程包括吸氢破碎和脱氢两个阶段。由于速凝带成分不同，吸氢时间和吸氢量会有不同。吸氢过程中氢与 $Nd_2Fe_{14}B$ 主相和富 Nd 相发生吸氢反应：

$$Nd + H_x \rightarrow NdH_x - \Delta H_1 \tag{1}$$

$$Nd_2Fe_{14}B + H_y \rightarrow Nd_2Fe_{14}BH_y - \Delta H_2 \tag{2}$$

吸氢过程是一个放热过程，负号表示放热反应。吸氢过程中富 Nd 相首先吸氢生成稀土氢化物，其体积膨胀，在晶界相内产生内应力发生沿晶断裂。$Nd_2Fe_{14}B$ 主相也与氢发生反应，$-\Delta H_2$ 是形成 $Nd_2Fe_{14}BH_y$ 氢化物的生成焓，$-\Delta H_2$ 越大，形成化合物的倾向性就越大。因主相伸缩率几乎为零，所以在吸氢过程中体积变化较小。但当晶格膨胀产生的内应力超过其断裂强度时，就产生穿晶断裂。由于富 Nd 相首先氢化，氢破粉大部分是单晶颗粒。

当吸氢达到富 Nd 相和 $Nd_2Fe_{14}B$ 相的饱和吸氢量后，再抽真空至 10^{-1} Pa 以下，则进行脱氢处理，脱氢是吸热反应，需要将温度加热到 560℃进行脱氢反应，反应式为：

$$NdH_x \rightarrow Nd + H_2 \uparrow + \Delta H_1 \tag{3}$$

$$Nd_2Fe_{14}BH_y \rightarrow Nd_2Fe_{14}B + H_2 \uparrow + \Delta H_2 \tag{4}$$

将由速凝工艺制备的速凝薄片放入氢破炉，抽真空至 10^{-2}Pa，充入高纯氢气（99.999%）至 $100\sim300$kPa，经过一段时间的活化作用，速凝片与氢气剧烈反应，并放出热量，若充入的氢气量不足，可再次补气，直到吸氢饱和。然后将炉管内的残余氢气抽出，在真空环境中采用二级脱氢工艺进行脱氢处理，直至脱氢完全。利用氢破碎工艺可以将速凝片破碎成直径小于1mm 的颗粒。

氢破粉的脆性强，为了进一步降低粉末的粒度，采用气流磨（Jet

Milling）设备制粉，将氢破碎后的粗粉添加入气流磨进料口，通过调节气流磨分选轮转速，得到不同粒径的磁粉。其基本原理是利用高速气流（通常采用 N_2 气）在磨室内加速氢破粉，使粗粉加速到音速以上并相互碰撞。设置分选轮转速，碰撞后符合要求的磁粉会通过分选轮的筛选，进入旋风分离器和过滤器将超细粉滤出，获得合格磁粉。不符合要求的磁粉重新进入磨室，参与相互碰撞至细小的磁粉。一般烧结 Nd-Fe-B 磁体所需磁粉的平均粒度在 $3\mu m$ 左右。图 4 为 Nd-Fe-B 合金粉末分布图。

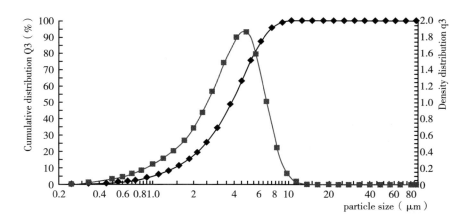

图4　钕铁硼合金气流磨后粉末分布

4. 磁场取向成型

烧结 Nd-Fe-B 永磁体磁性能来自 $Nd_2Fe_{14}B$ 主相。它是单轴晶体，a 轴为难磁化轴，c 轴为易磁化轴。由于制备出来的磁粉宏观上是各向同性的，要制备各向异性磁体，必须让磁粉沿着同一个方向排列，即 c 轴易磁化方向。将磁粉装入模具并施加 2T 的外磁场，磁粉克服粉末之间的摩擦力和粉末团聚，沿着磁场方向排列，磁粉的 c 轴转向外磁场方向。并在合适的压力下使磁粉进行取向压制成型。然后施加相反方向的退磁场，使压制好的毛坯退磁。取向成型后的毛坯经真空封装后置于油等静压机中，在 200 MPa 的压力下保压 30s，进一步提高生坯密度。

5. 真空烧结和热处理

烧结是制备钕铁硼永磁体的关键技术之一。它对钕铁硼永磁体的性能有重要影响。Nd-Fe-B 磁粉生坯的相对密度一般为 50% ~ 70%，孔隙率为 30% ~ 50%，为了进一步提高生坯致密度，需要将生坯加热至低于粉末基体相熔点的温度进行烧结。烧结 Nd-Fe-B 磁体 $Nd_2Fe_{14}B$ 主相的熔点约为 1185℃，富 Nd 相的熔点约为 665℃，烧结温度一般为 1000℃ ~ 1100℃，烧结过程为液相烧结。在烧结过程中，$Nd_2Fe_{14}B$ 主相为固态，富 Nd 相熔化成液态，液态的富 Nd 相会流动、渗透到主相晶粒间隙，通过毛细管力的作用，将相邻的两个主相晶粒烧结到一起，从而实现磁体的致密化。通过烧结可以使磁体的密度达到理论密度的 98% ~ 100%。这提高了磁体的密度、力学强度和磁性能。图 5 为烧结工艺曲线。可以看到，在温度达到烧结温度之前，需要在某些特定的温度保温一段时间，主要是因为磁粉表面上吸附的水汽、CO_2 和 N_2、氢破过程中残留的氢气、添加的润滑剂等需要在高温过程中脱出，防止残留在磁体中影响最终的性能。

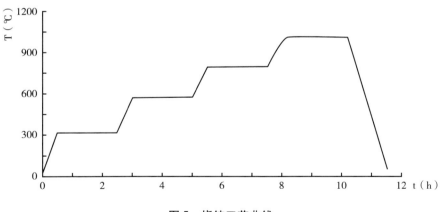

图 5　烧结工艺曲线

烧结磁体仅有高温烧结，其矫顽力是达不到要求的。还需要进一步进行热处理以优化微观结构，从而提高磁体的磁性能。针对不同的合金成分有一级回火和二级回火两种工艺：一级回火工艺指的是在 500℃ ~ 600℃ 的温度下进行一次保温处理，而二级回火工艺指的是在 900℃ 左右进行一次高温热处理，降到室温后再在 500℃左右进行一次低温热处理。图 6 是磁体的回火工艺曲线。

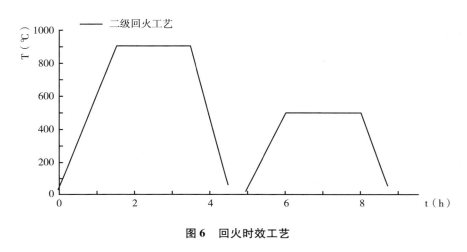

图 6　回火时效工艺

6. 机械加工和磨加工

机械加工有三类：①将磁体切片成圆片状、方片状元件，称为切割加工；②将磁体加工成扇形、瓦形或其他复杂形状的磁体，称为外形加工；③将磁体加工成圆筒状或方筒状磁体，称为打孔加工。机械加工的方式通常有三种：①磨削切片加工；②电火花切割加工；③激光加工。

电火花线切割加工过程中利用一根运动的细小钼丝做工具电极，使钼丝与磁体之间不断产生脉冲性火花放电，靠放电时产生的局部、瞬时的高温将磁体熔蚀来进行切割加工，得到所要求形状的磁体。为了避免磁体温度升高，通常通过液压泵将冷却液喷射到线切割区域。主要用于形状复杂的外形加工，如扇形、瓦形、不规则形状的磁体加工。

激光打孔是利用激光焦点处的高温使材料瞬间熔化、气化，气化物质以超声波速喷出来后，它的反冲力在工件内部形成一个向后的冲击波，在此冲击波的作用下打孔。打孔宜采用脉冲激光，经多次重复照射后将孔打成，以提高孔的几何形状精度，使孔周围的材料尽量不受热影响。

激光切割与打孔的原理相同，简单的切割只需连续移动工件打一排小孔即可。打孔采用脉冲激光器,切割采用连续输出激光器。可用来加工复杂形状的磁体。

方块钕铁硼永磁材料常用的磨加工方法有平面磨、双端面磨、内圆磨、外圆磨。圆柱钕铁硼永磁材料常用的加工方法有无芯磨、双端面磨等。瓦形、扇形和 VCM 磁体则用多工位磨床。

磨削是用高硬度的金刚石或黑色碳化硅(纯度:98.5%)或绿色的碳化硅(纯度:99%)粉末颗粒与结合剂混合烧结成的砂轮作为刀具,与烧结 Nd-Fe-B 永磁体工件接触,砂轮与磁体的相对运动速度很高。处于砂轮表面的 SiC 或金刚石粉末颗粒的棱角像一把锋利的刀磨削磁体的表面,可以对磁体表面进行磨光。磨削过程要产生热量,因此要用磨削液冷却和润滑,并将磨削下来的粉末颗粒带走。

7. 材料的表面防护

为了使烧结 Nd-Fe-B 永磁体经久耐用,要求它有 20～30 年的使用寿命,烧结 Nd-Fe-B 永磁体必须经受表面抗腐蚀处理,以抵抗腐蚀介质对磁铁的腐蚀损害。表面防护技术通常是指在工件表面覆盖一层致密的涂层,以隔绝氧气、氢气、水汽,提高工件在恶劣环境中的耐腐蚀性能的一类处理方法。

目前,烧结 Nd-Fe-B 永磁体制造行业普遍采用的表面防护技术有以下几类:电镀、电镀 + 化学镀、电泳和磷化处理等。表 1 为目前已应用于烧结 Nd-Fe-B 永磁材料的镀层技术。

表1　目前应用于烧结 Nd－Fe－B 永磁体表面镀(涂)层的种类

序号	镀(涂)层方式	镀(涂)层材料	镀(涂)层厚度(μm)
1	电镀镀层	Ni, Zn, Ni-Cu-Ni, Cu	5 ～20.0
2	化学镀层	Ni, Zn, Al, Ni-Cu-Ni	5 ～20.0
3	电泳镀层	环氧树脂	5 ～20.0
4	电镀 + 化学镀复合镀层	Ni, Zn, Ni-Cu-Ni	5 ～25.0
5	磷化处理	复合磷酸盐晶体	50 ～100.0
6	溅射镀层	Al, Cr, V, TiN	～15.0

（二）目前主流技术

1. 晶粒细化技术

为了降低材料成本，在稀土永磁材料中减少或者不用重稀土，以及提高稀土永磁体的矫顽力，日本业界在晶粒细化方面开展了许多研究工作，细化晶粒也被证明是提高稀土永磁材料矫顽力的有效途径之一。为细化烧结钕铁硼磁体的晶粒，在磁粉制备方面，研究者通过优化速凝片熔炼工艺以缩短片状晶的晶间距，利用氦气作为气流磨介质，大幅降低磁粉的平均粒度，再结合无压烧结工艺，将磁体的晶粒细化至 $1\mu m$，采用此方法，在不加重稀土 Dy、Tb 的条件下可将矫顽力在原有传统工艺的基础上提高 9kOe，相应的，最大磁能积（BH）$_{max}$ 也得到提高。在亚微米结构的 HDDR 磁粉的基础上，通过氦气气流磨获得平均直径为 500nm 的单晶磁粉。随后，研究人员通过关键制备工艺的改良开发出亚微米烧结钕铁硼磁体，但磁体的矫顽力并未获得预期的提升。中科院宁波材料所的 G. F. Ding 等人，通过对亚微米晶磁体微观结构与反磁化过程的系统研究，认为这种亚微米烧结钕铁硼磁体晶界相的不连续分布是磁体矫顽力未获得显著提升的主要原因。

晶粒细化也被应用到了生产中，并对常规的生产过程起到了重要作用。目前在常规的生产过程中，由于考虑到过程管控、安全等多方面因素，虽然并未将磁粉粒度磨至 $1\mu m$ 以下，但是通过合理地减小气流磨制粉的粒度，也可以实现矫顽力一定幅度的提升，从而减少重稀土用量，降低材料成本。

2. 双合金技术

传统生产烧结钕铁硼永磁体的方法是单合金法，即由一种合金成分制备的磁体。双合金烧结法工艺是近年来发展的一种新的制造烧结钕铁硼系永磁材料的方法。该方法工艺过程与单合金不同，顾名思义，双合金存在两种合金，分别是接近 $Nd_2Fe_{14}B$ 正分成分的主相合金和富 Nd 辅相合金。主相合金是磁性能的主要来源，辅相合金则起着帮助烧结致密化的作用。双合金工艺主要流程为两种合金分别单独熔炼并破碎成粗粉，然后按一定的比例混合，气流磨至所需粒径的粉料，再进行磁场取向成型和烧结制成磁体。过程示意如图 7 所示。

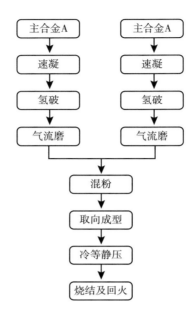

图7　双合金工艺流程

该工艺具备下列优点：①液相合金在烧结期间均匀弥散地分布在 $Nd_2Fe_{14}B$ 为基的主合金粉末颗粒的周围，形成均匀的液相隔离层，这样可减少过量的液相，既增加了主合金相的体积分数，又使磁体的烧结密度和矫顽力（H_{cj}）得以提高。②通过控制辅合金成分使其液相能很好地浸润 2∶14∶1 相颗粒，辅合金液相在 2∶14∶1 相晶粒周围形成厚度约 2nm 连续均匀的富稀土相薄层，起到去磁耦合作用，以便提高矫顽力（H_{cj}）。③控制烧结温度与时间，使辅合金液相元素几乎不进入主相，一方面使富稀土相有高的 Dy 含量以及高的各向异性（H_A），另一方面又不会导致主合金的饱和磁化强度降低，从而可制造综合性能高的钕铁硼永磁体。

随着双合金工艺的不断发展，烧结钕铁硼永磁材料的磁性能也得到了很大的提高。双合金法实际是粉末冶金工艺中对成分和组织改善的一种方法，鉴于该工艺的特点，一些研究人员针对影响烧结钕铁硼性能的主要因素

（从添加元素粉末、合金到制作工艺）进行了研究。浙江大学严密利用双合金法，液相添加纳米氮化硅提高烧结钕铁硼的工作温度和耐蚀性，同时，部分纳米氮化硅颗粒存在于主相晶粒内部，起到钉扎点作用，阻碍了磁畴壁的移动，从而提高了磁体的矫顽力（H_{cj}），进而提高了磁体的工作温度。为了提高磁体的矫顽力（H_{cj}），人们最常用的方法是用 Dy 和 Tb 代换主相中的 Nd，主要也是改变主相的内禀特性，Dy 和 Tb 的添加可较大幅度提高矫顽力，因为 $Dy_2Fe_{14}B$、$Tb_2Fe_{14}B$ 的各向异性场（HA）比 $Nd_2Fe_{14}B$ 的高；但是 Dy 的原子磁矩比 Fe 的高，而与 Fe 呈亚铁磁性耦合，所以降低饱和磁化强度，从而使剩余磁化强度与最大磁能积降低。Kianvash 等用双相合金法在 $Nd_{13}Fe_{78}$ NbCoB 合金中加入 2% Dy 粉后，矫顽力（H_{cj}）从 250kA/m（3.14kOe）增高到 2120kA/m（26.63kOe）。Chaowei Lin 等利用双合金工艺研究 Dy 的扩散行为及微观结构的改性，图 8 为 Dy 的扩散及晶界改性示意图。结果表明，利用双合金工艺可以有效地利用重稀土，以较小的成本提高磁体的矫顽力。

目前采用双合金工艺大批量生产烧结钕铁硼永磁体的工艺已十分成熟，可以为电机驱动系统、新能源和通信器材等领域提供高质量的烧结钕铁硼材料，所以双合金工艺制备烧结钕铁硼还具有十分重要的现实意义。

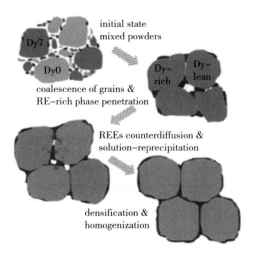

图 8　Dy 的扩散及晶界改性

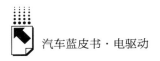

三　电驱动用稀土烧结钕铁硼永磁材料技术发展趋势

（一）未来电驱动电机对稀土永磁要求分析

相比电励磁电机，电驱动稀土永磁电机具有效率高、功率因数高、起动转矩大、力能指标好、体积小、重量轻、耗材少、电枢反应小和抗过载能力强等无可比拟的优点。但目前电驱动用钕铁硼永磁材料在使用过程中存在的一些问题仍需解决。第一，当电机运行温度过高时，在冲击电流产生的电枢反应作用下或在剧烈的机械振动时，钕铁硼永磁材料有可能产生退磁甚至不可逆退磁，使电机性能下降，甚至无法使用。因此，在保证电驱动用钕铁硼永磁材料高磁能积的情况下，同时需要提高其内禀矫顽力和降低其温度系数来改善温度稳定性。第二，电驱动用钕铁硼永磁材料通常在高温高湿和浸油环境中工作，这无疑会造成镀层起皱、起泡和红锈等现象，造成材料的腐蚀，影响电机的稳定工作。因此仍需要提高镀层的结合力和稳定性，并开发新型的钕铁硼防护技术。第三，电驱动用钕铁硼永磁体的一致性直接关系电机转矩、功率的一致性。一致性差会引起过大的不必要的激振力谐波分量，导致噪声增大。因而，要保证电机上所用钕铁硼材料的一致性符合偏差要求。第四，辐射取向圆环或多极取向圆环的开发，有力地推动了永磁电机的发展，应用前景十分广阔。但是这种产品遇到的最大问题是烧结过程中容易开裂，成品率低，增加了成本。热变形工艺是一种近终成型工艺，尤其适合制备薄壁、高长径比的磁环，磁体加工成本可以得到大幅度降低，是制备圆环产品的一个技术指向。第五，由于钕铁硼永磁材料的价格比较贵，尤其是重稀土元素 Dy 和 Tb 的添加会大幅增加钕铁硼材料的价格，然而汽车是对"成本"极为敏感的行业，开发低/无重稀土钕铁硼永磁材料显得格外迫切。表 2 给出了电驱动用稀土永磁材料的未来技术发展方向，并在下文对每项技术进行具体介绍。

表2　电驱动用稀土永磁材料的要求和技术发展方向

对钕铁硼永磁体的要求	技术研发方向
高磁能积,高矫顽力(H_{cj})	①晶界扩散;②一次成型;③无压烧结
高的温度稳定性	①晶界扩散;②无压烧结
强耐腐蚀性(耐高温高湿,耐油)	物理气相沉积(PVD)防护
一致性	①优化晶界扩散工艺;②一次成型
辐射环磁铁	热压热变形技术
高性价比	①晶界扩散;②一次成型

(二)晶界扩散减重稀土技术的发展趋势

晶界扩散技术是近年来发展起来的一种可以有效改善烧结钕铁硼磁体磁性能的技术手段。与传统的在合金熔炼过程中添加重稀土的方法相比,新技术使磁体中的Dy或Tb择优分布到主相$Nd_2Fe_{14}B$晶粒的外延层,而这种独特的显微结构起到了大幅提升磁体矫顽力的良好效果,可制备出常规工艺无法制备的高性能钕铁硼。同时,重稀土添加量的显著降低,实现了节约资源和降低成本的双赢目标。关于晶界扩散技术很早就有相关报道。早在2000年,Park等通过溅射的方法将Dy和Tb附着在钕铁硼磁体的表面,经过热处理后发现矫顽力获得明显提高而剩磁几乎不降低。

随着对晶界扩散技术的不断研究,人们开发了不同的扩散介质和扩散工艺。目前晶界扩散采用的物质主要包括稀土金属单质、稀土氧化物、稀土氟化物、Nd-Cu二元合金和Dy-Ni-Al三元合金等低熔点合金。主要技术方法包括涂覆、沉积、溅射、电镀等。2003年,大阪大学的町田等人采用溅射的方法轰击作为靶材的重稀土Dy、Tb使其包覆到磁体表面,而后进行扩散热处理,并进行回火,最终得到剩磁基本不降低、矫顽力提高的磁体。由于溅射方法应用于量产存在难度,2005年信越公司的中村元等人开发了浸涂法进行晶界热扩散重稀土。采用浸渍于溶液的方式将重稀土Dy、Tb的化合物附着到烧结磁体表面,而后进行热扩散和回火。他们发现,Dy扩散使得矫

顽力提高 3.14 ~ 5.02kOe，Tb 扩散使得矫顽力提高 8.16 ~ 10.0kOe。2008 年
6 月，日立金属宣布开发的重稀土金属蒸镀扩散法已在相同剩磁条件下成功
将内禀矫顽力提高 4.02kOe，而在同样矫顽力条件下剩磁提高 0.4kG；2009
年 9 月，ULVAC 称利用其所开发的超高真空 Dy 升华技术生产 NdFeB 磁体，
能大幅节约 Dy 使用量（最大可能节约 80% 的 Dy）。2011 年，徐芳等人在磁
体表面涂覆氟化镝进行扩散，比较了相同成分的磁体分别在烧结未回火的状
态和烧结回火后的状态下进行晶界扩散处理后的性能，结果发现前者的最终
矫顽力更高，如图 9 所示。

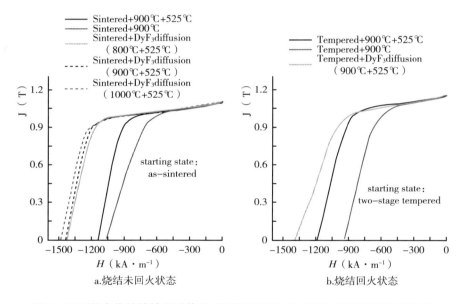

图 9 不同状态烧结钕铁硼磁体经过不同温度 DyF$_3$ 晶界扩散前后的退磁曲线

2013 年 4 月，中科三环发表文章宣布，通过对烧结钕铁硼常规工艺的
全面优化，结合新型晶界扩散工艺的采用，研制出室温下综合磁性能指标：
内禀矫顽力 H$_{cj}$（kOe）与最大磁能积（BH）$_{max}$（MGOe）之和高于 75 的高
性能烧结钕铁硼磁体（见图 10）。

2015 年浙江大学的马天宇等人将镝合金粉末分别涂覆于样品的取向方
向的样品端面、样品侧向端面进行扩散对比，发现取向方向的样品端面有利

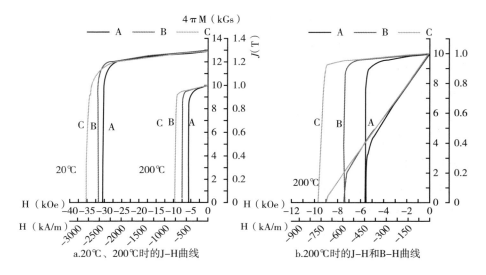

a.20℃、200℃时的J-H曲线　　b.200℃时的J-H和B-H曲线

图10　不同工艺磁体在不同温度下的退磁曲线

注：A：传统工艺；B：优化工艺；C：晶界扩散。

晶界扩散矫顽力的提升，认为导致这种扩散各向异性是因为取向压制后的磁体内部晶界富钕相沿着取向方向分布，如图11所示。

2016年宁波材料所采用电泳TbF_3的方法使磁体的矫顽力从1241kA/m增加到1946kA/m。同年宁波韵升股份有限公司采用晶界扩散技术将内禀矫

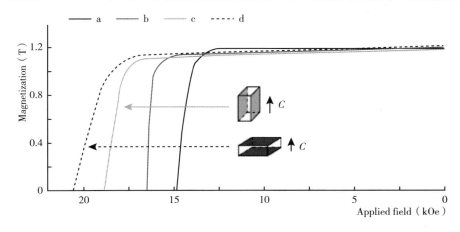

图11　DyH_x涂覆磁体难轴和易轴晶界扩散后磁体的退磁曲线

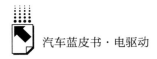

顽力 H_{cj}（kOe）与最大磁能积（BH）$_{max}$（MGOe）之和提高到了 80 以上。

由以上可知，研究者在晶界扩散工艺方面已经取得显著的研究成果。诸多实践结果证明，无论是用表面涂覆不同类型的重稀土化合物的方式，还是用溅射或蒸镀重稀土金属单质的方式，最终都能使已烧结磁体的磁性能进一步得到显著改善。可以说，通过晶界扩散技术来提升磁性能的技术路线已经得到领域研究工作者们的甄别和肯定。甚至，日本的日立金属、信越化工等主要钕铁硼制造厂家已将晶界扩散制备磁体单独分类形成新的产品系列，并开始进行量产。在此背景下，晶界扩散技术的研究已不再满足于实现晶界扩散的方法探索，而开始走向工艺控制上的体系化、稳定化以及基础理论上的深入化。

从技术层面讲，晶界扩散技术具有鲜明的特征。与 Pr、Nd 等轻稀土元素相比，Dy、Tb 等重稀土元素更易形成 RE-Fe-B 化合物。而先前的双合金法或者其他合金化元素添加工艺中，重稀土元素是在烧结工序之前添加到钕铁硼粉末之中，结果导致在后续长时间烧结和回火工序中重稀土元素大量进入主相晶粒内部，造成剩磁、磁能积大幅度下降。相比之下，晶界扩散技术是在已经烧结成型的钕铁硼毛坯状态下，从表面开始向内部渗透，恰好避免了主相中重稀土过多的问题，巧妙地一次性解决了剩磁下降、重稀土添加过多的问题。但是，正因为重稀土只能是在烧结完成的毛坯中扩散的本质性工艺特征，引发了另一个问题，即重稀土在磁体内部的扩散深度有限、重稀土浓度由表及里呈衰减式梯度分布。因此，如果需要实现晶界扩散技术的工程化，就必须能够稳定控制重稀土在磁体内部的扩散深度、浓度梯度分布水平。从上述研究内容中也可以看出，找出能够控制重稀土在磁体内部扩散的主要因素是诸多研究工作共同的目标。与此同时，通过上述诸多研究资料可以看出，如果能结合钕铁硼磁体微观结构的基础理论，晶界扩散技术领域同样具有广阔的探索和完善的空间。可以说，已有的研究成果已经迈出了晶界扩散工艺工程化应用过程中重要的一步。

从专利角度讲，目前有关晶界扩散工艺的专利主要集中在日本企业手中，其中因太金属株式会社、株式会社爱发科、信越化学工业株式会社、日立金属株式会社、TDK 株式会社等日资企业，对蒸镀、磁控溅射、涂覆等晶界扩散工艺进行了专利申请与封锁。特别是信越化学工业株式会社针对同行业内未经其许可使用并销售含氟类晶界扩散产品，提出了专利警告。这无疑给国内相关企业沉重打击。国内有关高校与企业也积极布局晶界扩散专利，但还未真正达到对日本专利的突破。韵升作为行业领军企业在突破日本专利方面投入了大量的人力、物力，并取得了突破性成果。

伴随着新能源汽车、变频空调、伺服电机、节能电梯等高端领域对高品质、高工作温度和超高性能钕铁硼磁体的需求日益增长，成本压力和技术革命必将推动晶界扩散技术尽快产业化和实用化。同样也会促使对晶界扩散工艺的研究从基础研究转变为偏重于产业化的研究。可以预见，在不久的未来晶界扩散技术将成为 NdFeB 生产企业转型升级的有力助推器与催化剂。

（三）一次成型提高材料利用率技术发展趋势

随着稀土永磁材料市场竞争的日益加剧，各生产企业不断地通过材料技术进步和开发新的生产工艺来提高产品品质和降低产品成本，以提高市场竞争力。其中平行压一次成型工艺就是针对一些特殊产品的性能和低成本要求而提出来的，主要是采用在毛坯生产过程中，压制形状直接达到或者接近终端产品的形状，大幅度提高材料利用率。

平行压一次成型工艺是以取向方向与压制方向平行的成型方式为主的生产工艺。此工艺取向成型时生产的压坯形状类似于成品，且不需要等静压工序，烧结出的毛坯接近于成品形状和尺寸，可直接通过磨加工得到黑片。图 12 为平行压一次成型工艺的简单示意图。

以薄片圆环的生产为例，在平行压一次成型过程中，粉末取向与压制方向平行，直接成型出圆环状生坯，压制的生坯密度高于垂直压所生产的大方块生坯，可不通过等静压工序，直接进行烧结。烧结后所得毛坯为圆环状，其尺寸与成品接近，圆环毛坯只需后续的磨加工便可得到圆环黑片。平行压一次成型工艺并不一定适用于生产所有产品，下文介绍其特点。

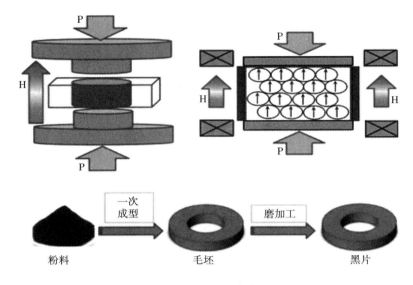

图 12　平行压一次成型

1. 产品磁偏角小

由于平行压一次成型的设备与产品特点，其所生产产品的磁偏角较小，一般情况下小于 2°，对于较小产品，磁偏角可控制 1°以内。对于一些小产品，磁偏角要求较高时（≤2°），常规垂直压工艺所生产产品的磁偏角合格率就会明显下降，此时采用平行压一次成型工艺生产，既可达到产品要求，又可提高合格率。相比于垂直压工艺，产品磁偏角小是平行压一次成型工艺的显著优势。

2. 坯料尺寸精度高、材料利用率高

相比于常规垂直成型压机，一次成型所用平行压机设备精度更高，所得产品的尺寸精度也很高，通常毛坯预留的磨削余量很小。此外，平行压一次成型工艺所得产品的材料利用率比垂直压工艺高出很多。以薄壁圆环为例，常规工艺生产的坯料为圆柱坯料，然后通过一系列加工工艺得到圆环产品，其成品的材料利用率仅约为 60%，而平行压的坯料为接近于成品的圆环坯料，其材料利用率可达 80% 以上。由此可见，平行压一次成型工艺的材料利用率显著高于常规垂直压工艺，从而使得其材料成本降低。

3. 加工工序少、生产周期短

与常规工艺相比，平行压一次成型工艺除了在成型时取消等静压之外，其毛坯的机加工工序也较少。以圆环产品为例，常规垂直压工艺需先生产大块圆柱坯料，然后经过外圆磨、套孔、切片、端面磨等机加工工艺后才能得到圆环黑片；而平行压得到的圆环坯料，由于尺寸精度高，只需要外圆磨和端面磨便可得到圆环黑片，甚至在有些情况下，可以达到外圆也不磨，直接进行端面磨后便可以得到圆环黑片，这样便节省了很多加工工序，大大缩短了生产周期，也降低了机加工成本费用。

4. 仅适合薄片产品压制，生产效率较低

除上述优点外，平行压一次成型工艺也存在局限和不足之处。由于需考虑粉末的取向，成型时的填粉高度有限，平行压一次成型仅适合薄片产品的成型，且每模出数较少，这样使得其每一次成型循环所得的产品数量相比垂直压的大块压制少了许多，降低了生产效率，从而增加了毛坯的制造过程费用。

5. 产品剩磁比垂直压产品低5%

由于平行压一次成型过程中，压制方向与取向方向平行，在压制过程中会影响到粉末的取向度，从而降低产品的剩磁。一般情况下，平行压生产的产品剩磁比垂直压生产产品的剩磁低约5%，因此为了保证产品的性能，平行压生产选用粉料时，会将剩磁损失考虑进去，选用剩磁牌号较高的粉料进行生产，这也使得平行压无法生产剩磁非常高的产品。

根据以上所述的平行压一次成型工艺的优缺点，在实际生产过程中，需要根据实际产品特点和要求进行评估，综合比较平行压与垂直压生产情况，既要满足产品的各项要求，又要考虑生产成本，从而选择较优的工艺。

平行压一次成型工艺在日本的发展较为迅速，该项技术目前已在日本多家公司投入生产，如日立金属、TDK、信越化工等公司，都已经运用平行压一次成型工艺生产出了一系列牌号的磁体。该项技术在国内的发展相对较慢，目前国内一些公司也在开发此工艺技术，相信在未来几年将会进入产业化，投入产品生产。

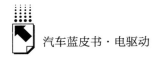

（四）物理气相沉积表面处理技术发展趋势

目前，作为现代表面处理技术之一的物理气相沉积技术（PVD），逐渐被应用于钕铁硼稀土永磁材料的表面防护领域。相对于烧结 Nd-Fe-B 磁体的电镀和化学镀防护技术，物理气相沉积技术具有如下优势：第一，沉积的金属镀层具有稳定性好、镀层/基体结合力强、致密度高等特点。第二，在频繁的高低温交变环境中（如应用于动力电机的磁体）不容易出现薄膜脱落、起泡现象，抗腐蚀性好。同时，薄膜致密均匀，厚度不会因边角而出现大的变化。第三，可选择的镀层材料种类很多，相对于电镀 Ni 镀层，可以选用非铁磁性防护镀层而不对烧结 Nd-Fe-B 磁体产生磁屏蔽而影响磁性能。第四，可解决电镀过程中带来的环境污染问题。因此，物理气相沉积技术被认为是钕铁硼稀土永磁体防护开发的新方向。

物理气相沉积（PVD）是借助物质的热蒸发或在被离子轰击时物质表面原子的溅射等物理变化的方式，完成物质原子沉积在基体表面形成薄膜的过程，主要有蒸镀镀膜、溅射镀膜、离子镀膜等方法。国内离子镀发展时间较长，其优点是沉积速度较快；蒸镀在半导体行业应用较为广泛；而溅射法不仅可以制备纯金属膜，也可以制备多组元膜，是一种镀膜手段丰富的技术。表 3 是对几种典型镀膜方法的比较。

表 3　典型镀膜方法比较

镀膜方法	可镀材料	镀层质量	附着力	沉积速率	可镀表面	环境保护
蒸镀	金属,化合物	可能不均匀	差	较快	只能镀直射的表面	无
溅射镀	金属,合金,化合物,陶瓷,聚合物	致密,针孔少	好	较快（磁控溅射）	能镀全面,但非直射附着力差	无
离子镀	金属,合金,化合物	致密,针孔少	好	快	能镀全面	无

总体来说，近年来随着大规模、连续式磁控溅射设备的发展和应用，磁控溅射设备的成本逐年下降，同时沉积效率显著提高。考虑到节约的环境成

本，成膜一致性、稳定性以及薄膜质量的提高，磁控溅射镀 Al 膜已经在磁性材料产业上得到了推广，并取得初步成效。然而磁控溅射技术制备的薄膜沉积速率较低，产能较低，仍不能满足大批量的工业生产，因此有待进一步完善，形成规模化、产业化。多弧离子镀技术因沉积速率快、离化率高、涂层结合力好而广泛用于硬质薄膜的制备，但用于钕铁硼基体的防护研究较少。因此将物理气相沉积技术用于对烧结钕铁硼材料的保护是一项极有前景的防护技术。

（五）无压烧结技术

在现有的技术中，通过添加重稀土元素如 Dy、Tb 及 Ho 等元素是获得高性能烧结钕铁硼的重要手段。但是，一方面 Dy、Tb 及 Ho 的添加，与铁的反铁磁耦合会降低烧结钕铁硼的饱和磁化强度和剩余磁化强度，降低了磁体的综合磁性能；另一方面重稀土价格较高且波动大，重稀土资源储存有限且分布较为集中，如中国内蒙古、江西等地。同时，欧美市场端客户如BROSE、NEO 和 Continental 等一直对无重稀土钕铁硼磁体存在切实的需求。因此，开发不含重稀土烧结钕铁硼的制备工艺成为今后重点的发展方向之一。

Sagawa 等为了在永磁体中减少或者不用重稀土，进行了晶粒微细化研究。在磁粉的微细化方面，通过改进对粗粉碎后的原料合金进行微粉碎的气流磨制粉法，开发了可制造约 $1\,\mu m$ 微细磁粉的技术。磁粉微细化后，磁粉的表面积增加，富 Nd 相容易氧化。为了解决这一问题，还开发了烧结的新工艺 PLP 工艺，即无压烧结工艺。其流程为将预先制备好的烧结钕铁硼粉料充填到根据产品形状及尺寸设计好的模具，对该合金粉末施加磁场，使粉料的取向方向保持一致，在加入合金粉末的状态下对模具加热并进行烧结。图 13 为无压烧结过程示意图，图 14 为无压烧结所用模具。

PLP 工艺的最大特点在于，在充满高浓度氩气的管道中实施从磁粉填充到烧结的一系列工序。首先从料斗向管道中的碳制容器提供磁粉，以手按压程度的压力将磁粉推入容器（致密化）；接着将该容器直接放入管道，

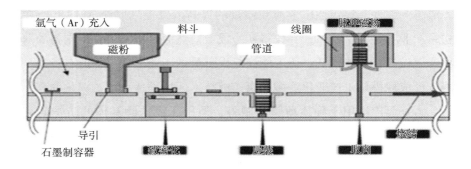

图13 无压烧结过程

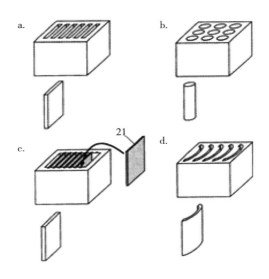

图14 无压烧结用模具

加盖后多层叠加，并用线圈施加强度为 5T 左右的脉冲磁场，统一磁化方向；最后进行烧结形成磁铁。与原来的烧结方法不同，由于采用了冲压手段，无须在大气环境下进行磁粉入模及脱模的操作。而且致密化时压力也仅为轻按程度，用很少的润滑剂及黏合剂即可完成。因此磁粉不易氧化，且杂质也很难混入。烧结后主相粒径微细至约 $1.5\mu m$。这种磁体的顽磁力在不使用 Dy 或 Tb 的情况下高达约 1592kA/m（20 kOe）。Sagawa 等人利用 He 气流磨制备 $1\mu m$ 左右的微细粉结合 PLP 工艺，磁体矫顽力较常规工艺提升 9kOe，磁能积也略有提升。PLP 工艺目前国内研究较少，主要是日本 Sagawa 等人在研究，据悉 Sagawa 等人利用 PLP 工艺期望开发出矫顽力 30kOe、最大磁能积 50MGOe 的高性能磁体。

四 结论

稀土永磁材料已经广泛应用于电子信息、汽车工业、医疗设备、能源交通等领域，同时随着科技发展和技术进步在很多新兴领域稀土永磁材料也展现出广阔的应用前景。特别是在低碳经济席卷全球的大势之下世界各国都在把环境保护、低碳排放作为关键科技领域给予关注，改善能源结构、发展再生能源、提高效率、节能减排、倡导低碳生活等绿色发展理念为稀土磁材料在风力发电、新能源汽车、节能家电、智能制造等方面提供了广阔的市场空间，同时也对稀土永磁材料的发展提出了更高的要求。

我国明确提出了将纯电驱动作为新能源汽车发展和汽车工业转型的主要战略方向。以新能源汽车电驱动系统发展需求为牵引，稀土烧结钕铁硼材料在最近几年取得了较快的发展。晶粒细化及晶界相边界调控技术已日臻成熟，在无氧及低氧生产线的配合下，国内中科三环、宁波韵升、烟台正海、首钢都能批量提供高一致性 48H、42SH 牌号磁体，结合无压技术的发展，高性能 UH 牌号磁体在日本也开始批量试制。双合金技术已广泛应用于电驱动用磁体的生产中，成为提高综合性能、降低成本的主流工艺技术，同时优化双合金技术的工艺也不断发展，辅相成分和制备方式不断优化。在保证高性能、高品质的前提下，提高磁体性价比减重稀土的晶界扩散技术发展尤为迅猛，不仅技术路径已实现从传统的涂覆法、蒸镀法到溅射法全覆盖，在涂覆种类上也突破了日本人专利限制，实现从氟化物到氧化物、氢化物及金属合金物的过渡。在高利用率的一次成型技术领域，我国已突破日本和欧洲技术壁垒，完成从装备研制到工艺路线的打通，我国部分企业可以提供批量产品。在电驱动系统的较恶劣的工况环境下，为了满足耐油、耐蚀和湿热试验，磁体的表面防护技术呈现从传统金属电镀、环氧涂层向物理气相沉积的发展趋势。物理气相沉积的金属镀层具有稳定性好、镀层/基体结合力强、致密度高等特点，在频繁的高低温交变环境中不容易出现薄膜脱落、起泡现象，且抗腐蚀性好。

（本文撰写过程中，在资料收集方面得到宁波韵升磁性材料研究院安小鑫、刘成成、王春国、武秉晖、吕向科、潘家静、沈国迪的大力支持，在此表示感谢）

参考文献

［1］董生智、李卫：《稀土永磁产业与应用分析》，中国稀土行业协会年会，2018。

［2］闫阿儒、刘壮、郭帅、陈仁杰：《稀土永磁材料的最新研究进展》，《金属功能材料》2017 年第 5 期。

［3］董生智、李卫：《稀土永磁材料的应用技术》，《金属功能材料》2018 年第 8 期。

［4］I. R. Harris, C. Noble, T. Bailey, "The Hydrogen Decrepitation of an Nd15Fe77B8 Magnetic Alloy", J. *Less-Common Metals*, 106（1985）.

［5］周寿增、董清飞、高学绪：《烧结钕铁硼稀土永磁材料与技术》，冶金工业出版社，2011。

［6］Une Y., Sagawa M., et al., "Enhancement of Coercivity of Nd-Fe-B Sintered Magnets by Grain Size Reduction", J. *Japan Inst Metals*, 2012, 76（1）.

［7］Sagawa M., "Development and Prospect of the Nd-Fe-B Sintered Magnets", *Proc. of 21st International Workshop on REPM*, *Bled*, *Slovenia*, 2010, 183.

［8］Ding G. F., Guo S., Cai L. W., et. al., "Study on Ultrafine-grained Sintered Nd-Fe-B Magnets Produced from Jet-milled HDDR Powders", *IEEE Transactions on Magnetics*, 2015, 51（11）.

［9］李岩峰：《低镝烧结钕铁硼磁体组织调控及应用》，东北大学博士学位论文，2014。

［10］Otsuki E., Otusuka T., Imai T., "Processing and Magnetic Properties of Sintered Nd-Fe-B Magnets", *Proc.* 11*th Ink Workshop on Rare Earth Magnets and Their Applications*, Pittsburgh, 1990（1）.

［11］付文标：《烧结钕铁硼双合金与低温热压致密工艺的研究》，宁波材料技术与

工程研究所，2013。

［12］李飞：《烧结钕铁硼磁体的开发与应用》，《稀土》2000年第6期。

［13］张小磊、刘国征、赵瑞金、赵明静、刘小鱼、刘树峰：《烧结钕铁硼双相合金工艺的研究进展》，《稀土》2009年第2期。

［14］严密、于濂清、罗伟：《晶界相中添加纳米氮化硅提高钕铁硼工作温度和耐蚀性方法》，中国专利：200510050000.3，2005年6月28日。

［15］向丽君、McGuiness P. J.、Mottram R. S.、闫阿儒、胡伯平、严高林：《镝氢化物掺杂钕铁硼稀土永磁体的研究》，《中国稀土学报》2014年第5期。

［16］Kianvash A.，"Densification of a Nd13Fe78NbCoB7 – type Sintered Magnet by（Nd，Dy）– Hydride Additions Using a Powder Blending Technique"，*Alloys & Compounds*，1999，287.

［17］Chaowei Lin，Shuai Guo，Wenbiao Fu，et al.，"Dysprosium Diffusion Behavior and Microstructure Modification in Sintered Nd-Fe-B Magnets via Dual-Alloy Method"，*IEEE Transactions on Magnetics*，2013，49（7）.

［18］H. Nakamura，K. Hirota，M. Shimao，T. Minowa，M. Honshima，"Magnetic Properties of Extremely Small Nd-Fe-B Sintered Magnets"，*IEEE Trans. Magn.*，2005（41）.

［19］N. Watanabe1，M. kura，N. Kuwano，D. Li，S. Suzuki，K. Machida，"Microstructure Analysis of Sintered Nd-Fe-B Magnets Improved by Tb-vapor Sorption，"*Mater. Trans.*，2007（48）.

［20］H. Suzuki，Y. Satsu，M. Komuro，"Magnetic Properties of a Nd-Fe-B Sintered Magnet with Dysegregation"，J. *Appl. Phys.*，2009（105）.

［21］K. T. Park，K. Hiraga，M. Sagaw.，"Effect of Metalcoating and Consecutive Heat Treatment on Coercivity of Thin Nd-Fe-B Sintered Magnets"，*Proceedings of the Sixteenth International Workshop on Rare-Earth Magnets and Their Application Sendai*，2000.

［22］町田：《高性能稀土类磁石的开发》，http：//www21. casi. osaka – u. ac. jp/research. html，2011年5月16日。

［23］佐川真人、浜野正昭：《稀土类磁体》，《日刊工业新闻社》，2012。

［24］富冈恒宪：《马达磁铁的脱镝及省镝化（一）：向晶界选择性导镝》，http：//china. nikkeibp. com. cn/news/auto/56949 – 20110621. html.，2011年6月22日。

［25］徐芳：《晶界结构和晶界化学对NdFeB材料矫顽力的影响》，上海交通大学论文，2011。

［26］B. P. Hu，E. Niu，Y. G. Zhao，G. A. Chen，"Study of Sintered Nd-Fe-B Magnet with High Performance of H_{cj}（kOe）+（BH）Max（MGOe）> 75"，*AIP Adv*，2013（3）.

［27］ T. Ma, X. Wang, X. Liu, C. Wu, M. Yan, "Coercivity Enhancements of Nd-Fe-B Sintered Magnets by Diffusing DyH$_x$ along Different Axes", J. *Phys. D：Appl. Phys.*, 2015 (48).

［28］ X. J. Cao, L. Chen, S. Guo, A. R. Yan, "Impact of TbF3 Diffusion on Coercivityand Microstructure in Sintered Nd-Fe-B Magnets by Electrophoretic Deposition", *Scripta Mater*, 2016 (116).

［29］ 张钧、赵彦辉：《多弧离子镀技术与应用》，冶金工业出版社，2007。

［30］ Une Y., Sagawa M., et al., "Enhancement of Coercivity of Nd-Fe-B Sintered Magnets by Grain Size Reduction", *Japan Inst Metals*, 2012, 76 (1).

［31］ 富冈恒宪：《马达磁铁的脱镝及省镝化（四）：磁粉制造方法实现最优化》，http：//china. nikkeibp. com. Cn/news/auto/56949 – 20110623. html, 2011 年 6 月 28 日。

［32］ 佐川真人、永田浩、阪谷修：《磁各向异性稀土类烧结磁体的制造方法及其制造装置》，CN1969367A，2005 年 6 月 30 日。

B.10
新能源汽车电机控制器的功能
安全开发现状与趋势

杜恩利 陈文杰 杨晗*

摘　要： 汽车电子电气化程度的不断提高带来了整车性能的大幅提升和驾乘体验的明显改进。但复杂的电子电气系统可靠性低、故障率高、频发的失效会对安全性产生负面影响。功能安全设计针对汽车电子电气系统，通过一整套流程管理理念和设计方法论，可有效地降低汽车电子电气系统失效带来的人身安全风险，在近十年来被主流 OEM 和汽车供应商接受，并且形成了行业标准。电机控制器（MCU）作为新能源动力系统三电的重要组成部分，其功能安全设计对于整车的功能安全实现至关重要。本文广泛收集了基于功能安全的电机控制器设计现状，深入探索了其功能安全设计，集中分析了电机控制器功能安全设计、集成、验证过程中的重点、难点，并对未来电机控制器功能安全开发的趋势做出了展望。

关键词： 功能安全　电机控制器　新能源汽车

---

* 杜恩利，高级工程师，阳光电源股份有限公司功能安全经理；陈文杰，博士，高级工程师，阳光电源股份有限公司电机控制研究所副总监；杨晗，功能安全工程师，阳光电源股份有限公司高级工程师。

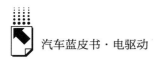

一 基于功能安全的电机控制器设计现状

（一）功能安全标准的发展与演变

功能安全被定义为"避免因电气/电子系统故障而导致的不合理风险"。功能安全的概念并非为汽车行业所独有。早在 20 世纪 70 年代，功能安全这一概念就出现在针对锅炉系统安全的相关标准中，最终在 2005 年演变为"EN50156：Electrical equipment for furnaces and ancillary equipment"。德国和美国分别在 1994 年和 1996 年针对控制技术和过程控制领域出台了相应的功能安全标准 ISAS84.01 和 DINV19250。1998 年，完整的功能安全理论在IEC61508 中被提出，并且经过多年的发展演变，衍生出各个行业的功能安全标准，如表 1 所示。

表 1 IEC61508 对应的各个行业的功能安全标准

IEC61508：Functional safety for electrical/electronic/programmable electronic safety related systems		
IEC50156	Electrical equipment for furnaces and ancillary equipment	锅炉系统
IEC60335	Household and similar electrical appliances-Safety	家用电器
IEC 60601（GB 9706）	Medical electrical equipment（医疗电气设备第一部分：安全通用要求）	医疗行业
IEC 61511（GB/T 21109）	Functional safety-Safety instrumented systems for the process industry（功能安全：过程工业部门的安全仪表系统）	过程控制
IEC 61513,60987,62138,62340	Nuclear power plants-Instrumentation and control important to safety	核电工业
IEC61784	Industrial communication networks	通信行业
IEC 61800	Adjustable speed electrical power drive systems	电力拖动
IEC 62061	Safety of machinery-Functional safety of safety-related electrical, electronic and programmable electronic control systems	化工行业
EN 50126/8/9：	Railway	轨道交通
DO – 178	Aviation（Software）	航空航天
ISO 26262（GB/T 34590）	Road vehicles-Functional safety（道路车辆 – 功能安全）	汽车行业

其中，汽车行业对应的国际功能安全标准"ISO 26262：Road vehicles-Functional safety"于2011年发布第一版，作为汽车电子电气系统功能安全设计的指导性纲领文件。第二版的编制已经启动，并且将在2019年发布。

我国的功能安全标准也逐渐与世界接轨，趋于完善。中国版本的IEC61508《GB/T20438：电气/电子/可编程电子安全相关系统的功能安全》已于2006年7月正式发布。对应汽车行业功能安全的中国标准《GB/T 34590：道路车辆－功能安全》已于2017年发布，并且针对ISO26262第二版的相关国家标准的制定工作已经在进行中。针对BMS系统的功能安全，《电动汽车用电池管理系统功能安全要求及试验方法》已在起草中。此外，新版《GB7258：机动车运行安全技术条件》也体现出了功能安全的相关概念和设计方法。相关国家标准的制动、发布和完善，标志着我国汽车行业的功能安全活动有了指导标准和评价方案，对我国汽车行业功能安全的发展具有重大意义。

（二）国外功能安全电机控制器开发现状

针对功能安全的电机控制器开发，国际知名汽车供应商如博世、大陆、西门子法雷奥、德尔福等均完成了相应的功能安全流程建立，并且有对应产品面世。流程方面，国际知名汽车供应商的功能安全开发大多具有"重流程、抓设计、轻评审"的特点，注重相关内部流程和安全文化的建设，通过完善的流程提高功能安全设计质量，并通过内部评审、流程把控，达到功能安全的设计目标。例如，博世在公司/事业部级设立功能安全指导部门，负责具体产品的功能安全活动开展与评审。对于具体项目，配备项目功能安全经理/工程师并且以内聘的形式，获得公司/事业部级别的功能安全指导部门的人力资源。同时设立公司级的功能安全评审部门，完成具体项目的评审。产品方面，博世2015年量产的第三代电机控制器及西门子法雷奥的控制器均是达到了ASILC的安全目标的控制器，此外，德尔福、大陆、采埃孚、电装等也相继有相关功能的安全产品面世。

（三）国内功能安全电机控制器开发现状

国内电机控制器的功能安全开发起步较晚，但吉利、联合电子、上汽捷能、阳光电源等 OEM 和 Tier1 厂商不断投入大量人力物力进行研发，成果显著。吉利汽车和阳光电源强强联合，共同开展功能安全电机控制器开发，相关产品已初见雏形。北汽新能源已取得功能安全流程认证和电机控制器功能安全产品认证。联合汽车电子借助博世技术，已实现功能安全电机控制器的本地化研发和生产。上汽捷能也开展了功能安全相关的产品开发和流程建立工作。阳光电源于 2016 年开始电机控制器的功能安全开发，联合上海毅安企业管理咨询有限公司的多位知名功能安全咨询专家团，经过两年的技术沉淀和流程建设，具备功能安全的电机控制器已接近量产，相关流程和产品认证也在同步进行中；并通过与吉利的合作，深入探索 OEM 与 Tier1 厂商在功能安全理念指导下的产品开发及合作模式。

纵观国内的电机控制器功能安全开发，通过大量的研发投入，各厂家的功能安全产品设计均初见雏形，同国外一流 Tier1 厂商的差距逐渐缩小。而在功能安全流程、组织架构建设和安全文化的建立上，国内供应商仍需较长时间的沉淀和积累。此外，国内的功能安全开发成果往往需要第三方认证公司的认证证书作为支撑，由此带来的安全文化的建立、流程的实施趋于形式化、应试化，不利于行业整体功能安全水平的发展与提高。

（四）引入功能安全开发对国内电机控制器行业的影响

功能安全的引入和深入实施必然对汽车电子产业产生深远影响，无论是在开发流程、研发水平还是在 OEM 与 T1 职责划分上都会有长足的进步。

首先，促进了相关企业流程的标准化建设。功能安全产品的开发成功必须以功能安全相关流程的建立实施为基础。而功能安全流程的建立，会直接推动整个公司研发、生产、项目管理等流程的正规化、标准化，对其他非功能安全的产品开发也具有良好的促进作用。功能安全对流程的要求，使得国内相关企业对流程更加重视，一定程度上倒逼了相关企业加大投入进行流程建设，提高流程管理水平。

其次，提升了国内相关企业的汽车电子产品研发水平。功能安全的先进开发思路对于企业的研发水平提出了很高的要求。基于 AUTOSAR 的软件架构和基于 MBD（基于模型开发）的软件开发模式均为功能安全开发所推荐。国内相关企业随着对功能安全的实施，逐步掌握了这些先进的开发理念和与主流汽车 OEM 相配套的相关工具链，显著提升了自身的研发水平。例如阳光电源从 2016 年开始，通过功能安全开发项目建立了完整的符合 AUTOSAR 规范，并且基于 MBD 应用层实现的软件平台，同时实现了支持 XCP、ODX、UDS 等一整套汽车行业的标定、诊断、通信等标准，大幅提升了电机控制器以及其他相关汽车电子产品的研发水平。

最后，明确了 OEM、T1 供应商的职责划分。功能安全的实施需要 OEM、T1 供应商和 T2 供应商等密切合作，各司其职。在整个汽车工业中每级供应商的职责、界限和合作模式在欧美国家有成熟的方案和模式。通过对功能安全开发的引入，国内厂商也有机会借鉴和学习这种模式，为国内电机控制器厂商走出国门创造了条件。

二 电机控制器功能安全开发

（一）电机控制器安全目标的设定

依据 ISO26262 的要求，在概念设计阶段，第一个关键活动是危害分析及风险评估。其最终输出结果是相关项的安全目标。这是各系统设计的起点和依据，也是最终验证需要达到的目标。在整个功能安全设计过程中，从安全概念到技术安全需求以及后面具体的软件、硬件、测试需求都需要追溯到安全目标。所以，危害分析及风险评估活动的正确和客观执行对系统设计会产生根本性影响。

为规范危害分析及风险评估过程，在国际标准 ISO26262 颁布后，SAE 发布了用于指导该过程的推荐实践指南——SAE – J2980。该标准对车辆行驶场景以及 S/E/C 的评价给出了推荐的方法。但其分析过程中默认车辆的驱动动力部分为常规动力车型，对电动车或混动车等其他形式车辆未做深入介绍。另外，在汽、柴油动力系统 EGAS 监控概念文档中给出了四个安全目标，如表 2 所示。针对使用电机控制器驱动电机提供动力或部分动力的车辆，对电机控制器设定安全目标需要根据车的具体类型、车辆动力系统布局情况以及控制器的设计功率等级等具体分析。

表 2　EGAS 定义的安全目标

编号	安全目标	安全等级
SZ – 01	避免非预期的加速	ASIL B
SZ – 02	避免加速扭矩偏小	QM
SZ – 03	避免非预期的减速	QM
SZ – 04	避免减速扭矩偏小	QM

为说明电机控制器不同功率等级与整车动力布局形式对安全目标设定的影响，本文在危害分析过程中对相同工况下，基于上述维度分别做出分析，最终得到不同等级的安全目标（见表 3、表 4）。本处假设有车辆 1——采用 25kW 单电机前驱，车辆 2——采用 100kW 单电机前驱，车辆 3——采用分布式四驱。因为纯电动车电机控制器可以产生正、反两个方向的扭矩，所以电机控制器较常规动力车可能产生非预期的制动扭矩。假设车辆在高速路上以 100km/h 的速度行驶，此时车辆出现非预期减速。对比分析过程如下。

表 3　不同功能等级电机控制器安全等级分配对比

比较项	车辆 1		车辆 2	
E	4	高速驾驶每天都会发生	4	高速驾驶每天都会发生
S	2	后车追尾，可能会危及生命	2	后车追尾，可能会危及生命
C8	2	车辆减速，但仅是前驱车辆可能能够保持稳定/但后车可以采取刹车避让	3	车辆减速，但仅是前驱车辆可能能够保持稳定/但后车可以采取刹车避让/但制动扭矩大后车反应时间短，难以避让
ASIL	B		C	

同样假设车辆 1 与车辆 3 在高速路上以 100km/h 的速度行驶，电机控制器出现非预期扭矩偏小，车辆 3 仅一台电机控制器出现输出扭矩非预期偏小。

表 4　不同动力分布形式安全等级分配对比

比较项		车辆 1		车辆 3
E	4	高速驾驶每天都会发生	4	高速驾驶每天都会发生
S	0	车辆仍有动力输出，速度不会突然降低	3	车辆失去稳定性，可能会侧翻，危及生命
C	0	车辆缓慢减速，后车可以采取刹车或变道避让	3	车辆失去稳定难以控制
ASIL		QM		D

另外，同样因为电机控制器可以产生正、反两个方向的扭矩。在制动过程中输出过大的制动扭矩或者非预期地出现扭矩反向，使电机控制器向高压电池组馈电。而这种非预期的馈电驾驶员很难察觉并采取措施，存在更为严重的安全隐患。所以包含电机控制器的相关项范围比常规动力车范围更广泛。针对电机馈电发生的电池过压问题，可以由相关项中 BMS 对电池电压进行监控，当发现过充时，切断主断路器。但在极端工况很难确保向安全状态过渡的动作能在 FTTI 以内完成。所以针对该种工况，电机控制器除需具有扭矩控制功能，还需具有直流电压控制功能或者快速阻止电机馈电功能。针对该种故障，一般采取的措施如下：

（1）采用主动短路措施，在车辆高速滑行时将电机三相绕组主动短路，用以阻止发电电流向功率电池馈电；

（2）采用主动放电电阻放电，对放电功率和放电电阻有比较高的要求；

（3）电机控制器具有直流电压控制功能，但该种情况在电机控制器掉电或故障时无法正确实施；

（4）BMS 监控电池电压，在过充时主动断开主断路器切断电源。该种方法可能会引起主接触器跳闸或某些工况下无法满足动作时间要求。

上述例子说明，不同的车辆配置形式会导致同样的扭矩安全，而安全等

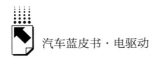

级差异很大。电机控制器功能安全目标的设定需要根据控制器的功率等级、车辆配置形式进行风险评估与危害分析后得到。

由上面的分析我们不难得到电机控制器的安全目标如下：

（1）避免非预期的扭矩偏大；

（2）避免非预期的扭矩反向；

（3）避免非预期的扭矩偏小；

（4）避免扭矩丢失；

（5）避免制动扭矩偏大。

上述目标值并没有准确地描述出偏大多少、偏小多少。那么这个边界值该如何确定呢？功能安全标准中并没有给出明确的方法。实车测试危险工况，几乎无可行性。那么基于上面 HARA 分析时，分析出的功能安全等级最高即最恶劣的工况，结合车辆动力学知识进行推导或仿真得到这个边界值是否可行呢？可以明确一点，在这种情况下，得到的边界值是一个确定的数值。无论在什么工况下都是用该值作为边界，这种设计比较保守。另外计算 FTTI，需要对 HARA 分析得到的每一种安全等级大于 QM 的进行计算，取其最小值。如图 1 所示，Event 代表具有安全等级的工况。阴影部分是计算得到的允许的最大扭矩偏大以及最小FTTI 值。

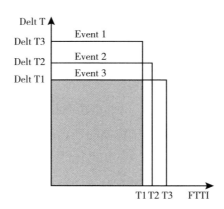

图 1　限值获取方式

（二）电机控制器系统架构的设计

1. 系统架构需要考虑的要素

标准 ISO26262 给出了完整的功能安全设计流程，但是并不涉及具体产品的设计，再加上国内整车厂和零部件供应商在该领域内大多处于摸索阶段，这造成了设计过程中可能出现欠设计或者过设计的情况。其中，欠设计导致安全性能未正确实现，过设计导致成本增加，这明显都是难以接受的。所以，如何保证安全性能的完整可靠实现，同时尽量降低成本以保证产品的市场竞争力，将是整车厂和零部件供应商共同面临的重要挑战。

功能安全标准 ISO26262 中对不同安全等级的要求数目如图 2 所示。可以看出，等级越高，安全系统需要提供越多的安全和验证措施，需要增加更多的测试和集成工作，进而增加开发的成本和时间。如何通过优化架构设计实现安全目标的分解实现最优设计，在功能与成本、安全与系统鲁棒性之间找到平衡是一个重要课题。

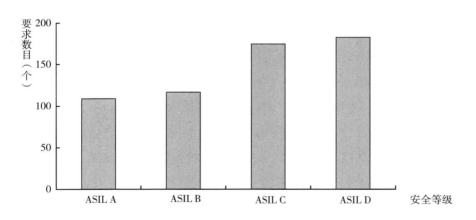

图 2　标准中不同安全等级的要求

2. EGAS 监控理论在系统架构设计中的应用

标准中对架构的设计，是处于不断更新迭代的过程中的。在完成相关项危害与风险评估后，获得安全目标并明确了安全概念和监控概念，即可对包含电机控制器的相关项进行架构细化设计。对相关项架构的设计过程即实现安全等级分解和监控实施的过程。在该过程中如何做到功能与成本、安全与系统鲁棒性间相互平衡，对后面系统实施的可行性起到决定性作用。经典的EGAS 架构则为新能源车电机控制器的安全目标分解提供了一种分层设立的理念。EGAS 三层监控理论可以在相关项层级上实施，也可以在电机控制器子系统级别实施。

"Functional Safety for Hybrid and Electric Vehicles，Sébastien Christiaens，Juergen Ogrzewalla and Stefan PischingerFEV GmbH"介绍了 EGAS 三层监控理论在相关项层级上实施的案例。为实现对电机控制器输出扭矩的监控，文中比较了若干种监控方法，并对功能与成本、功能安全实现与系统鲁棒性间的平衡进行了分析。明确监控概念为监控输入至电机控制器的直流电流。我们可以看到相关项级别的架构设计或者安全等级的分解最优化后，可以带来整个系统设计的最优化。电机控制器作为相关项的一个子系统，其安全等级的继承决定于相关项架构的设计。

EGAS 三层监控理论子系统设计较为常见。图 3 是电机控制器（MCU）实施三层监控理论的架构。该架构明确划分了层级间的安全等级分解和监控关系，且可适用于不同安全等级的安全目标。

电机控制功能层（Level1）主要实现电机控制的基本功能，即通过传感器采集电流、电压、温度等信息，执行电机控制策略，由执行器（电机）输出转矩。同时，Level1 层还对采集的信息进行故障诊断，记录存储故障现场。

功能监控层（Level2）主要实现对电机控制功能层（Level1）的监控，例如，Level2 层计算转矩的实际输出值，并与转矩给定值进行比较，可以监控 Level1 层的软件功能执行是否正常。在此过程中，计算转矩的实际输出值所需要采集的信号都应达到安全目标所需的等级，这就需要硬件提供冗余的输入路径，并且软件中应对这些信号进行真实性校验。同时，在 Level2 层监控到功能故障时，Level2 层可以进行故障响应，使电机控制器及时进入安全状态。

系统监控层（Level3）主要实现对功能监控层（Level2）的监控，例如，

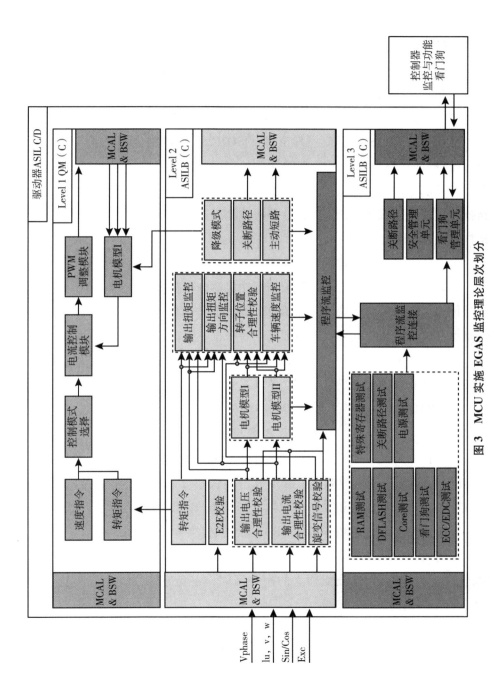

图 3　MCU 实施 EGAS 监控理论层次划分

对 Level2 层所在处理器进行硬件安全机制检测、对进入安全状态的关断路径进行检测以及对 Level2 层执行的监控软件进行程序流监控等。其中，为了实现程序流监控，Level3 层应包含一个高 ASIL 等级的外部看门狗，并且在监控到 Level2 层故障时，Level3 需要提供一条独立于 Level1 和 Level2 的故障响应路径，使电机控制器及时进入安全状态。

除经典的 EGAS 三层监控理论外，ISO26262 标准中也给出了不同的安全等级分解的架构分解方式。标准中除给出了宏观的架构分解外，同样也给出了针对部分外设或信号的分解方式，如 Dual-dual 故障处理系统设计、三路比较故障处理系统设计、两路比较故障处理系统设计等，也可以用于系统架构的设计中。

3. AUTOSAR 与功能安全的关系

系统架构的设计决定了软件应用层功能的分布与划分，且决定了处理器信号传递与软件接口的定义。在 ISO26262 的第六部分软件设计章节，依然仅给出了概念需求，具体实施需要开发者根据不同系统具体设计。结合标准需求，AUTOSAR 提出了一套符合安全标准概念和满足 EGAS 监控理论的安全特性，其和功能安全设计没有必然联系。

在 AUTOSAR 标准中，软件架构主要分为应用层、RTE、基础软件层和 MCAL 层。其中，应用层通过 RTE 实现与 MCAL 层的通信，实现了应用层与底层硬件的解耦，保证了应用层软件开发的独立性和可复用性。所以，基于 AUTOSAR 标准开发的电机控制器应用层软件可适用于不同型号的产品，并且能够有效降低开发和维护的成本。AUTOSAR 成为符合功能安全软件开发的一个重要平台。总结 AUTOSAR 对安全支持方面的特性如下。

支持内存分区和数据保护：该功能是操作系统和运行环境 RTE 的扩展功能，为每个软件组件分配独立的内存区间，避免它们之间相互干扰。即 ISO26262 中提到的串扰问题。

支持程序流监控机制：程序流监控机制是 ISO26262 标准中提到的程序执行逻辑和时序的监控，也是 EGAS 三层监控理论的 Level2 功能监控层中的程序流监控。

安全通信方面，AUTOSAR 提供了三种机制，分别为数据顺序控制、PDU 复制与 K/N 投票机制和 E2E 保护。例如，通过 E2E 保护可以实现对 VCU 下发的转矩指令进行带功能安全等级的监控，支持用户进行功能安全设计。

另外 AUTOSAR 标准提供了基本软件模块（BSWM）的防御行为，用于阻止软件中数据的损害和错误服务调用。

AUTOSAR 为功能安全的软件实施提供了技术支持和方便。不使用 AUTOSAR 软件平台仍可以设计出符合功能安全的软件。参照各系统架构和监控概念的设计，对软件中的时间域、存储域、信号通信等做出相应的保护设计，防止串扰的发生，仍可实现符合功能安全的软件开发。

前文说到，功能安全的深度实施，对汽车电子产业有着革命性的影响。在功能安全设计方面，车载半导体厂家也纷纷推出集成了安全机制或符合高安全等级的芯片级解决方案，甚至提供整套的系统参考方案，如英飞凌的 TriCore 系列控制器、NXP 推出的 Safe-Assure 计划、TI 公司推出的 TMS570LS1227 等系列芯片。是选择使用单核多芯片还是选择多核单芯片，通常处理器的选型也会间接地影响系统架构的设计和实施以及系统成本。

（三）电机控制器硬件指标验证

1. 硬件指标计算过程中的问题

标准中对符合功能安全设计的硬件指标主要分成两个部分。架构度量指标评价架构设计，包括分为残余故障度量指标和潜伏故障度量指标。一方面，评价系统失效率的，为硬件随机失效率指标。在计算两个指标的过程中，都会用到系统中使用的元器件的失效率参数和元器件失效分布模式。目前主流计算方法使用 ISO26262 标准中列出的计算硬件失效率和失效分布模式的参考标准：SN 29500，IEC/TR 62380，IEC 61709，MIL HDBK 217 F notice 2，RIAC HDBK 217 Plus，UTE C80 – 811，NPRD 95，EN 50129：2003，Annex C，RIAC FMD97 及 MIL HDBK 338。以上标准数据是基于标准制定时半导体产业的工艺水平和现状拟制的，ISO26262 指出以上标准给出的数据偏保守，可能会引起过设计。另一方面，标准中的数据是否能够真实地反映所用器件的失效率。

如上文所述，ISO26262 标准中给出了一系列计算器件失效率和失效分布模式的手册或标准。但不同标准给出的失效率和失效分布模式并不完全一致。且给出的失效率的单位也可能不一致。在这种情况下如何实现失效率的换算是一个有意义的课题。

因系统设计的复杂性，在计算过程中，很有可能会用到一些标准中无法查找或不能给出准确失效数据的器件。那么该器件的失效数据即可以从供应商处获取。这里存在两个问题：一方面供应商提供的数据，可能会明确告知失效率的置信度 60%，而标准 ISO26262 中给出的换算公式，仅提供了置信度不低于 70% 的推荐公式。另一方面给出了相应的数据，提供了很高的置信度，或无置信度信息。此时如何评价供应商提供数据的置信度，采用何种失效分布模型来评价，也是需要讨论的课题。

对系统的硬件评价指标中随机失效率指标，是指系统硬件所有单点失效和双点失效的总和。目前功能安全标准中对系统硬件随机失效率的指标评价方式即该值不大于某安全等级的目标阈值，即认为该系统是符合要求的。计算系统硬件随机失效率的方法，标准中给出两种方式：一是最小割集法，二是计算随机失效率总和。最小割集法，要求每一个最小割集的随机失效率满足相应的指标。即导致违背安全目标的任一故障或故障集都会受到约束。而求随机失效率总和的方法，总值符合要求，但无法控制某一单点失效或最小割集失效或双点失效，具有较高的随机失效率。比如，ASIL C 等级的系统，其随机失效率目标值不大于 100FIT。在总值不超的情况下，极有可能某些单点或双点失效对随机失效率的贡献率已经达到 50%。这些点如果得不到控制的话，极有可能引起安全隐患。我们可以称为"短板效应"。所以在标准中讨论系统硬件总随机失效率不高于某一阈值的情况下，再对硬件总随机失效率贡献度最高的几项进行随机失效率约束或对随机失效率贡献额进行约束是有必要的。

2. 考虑最小割集对总随机失效率贡献度约束的方法

如前文所述，针对考虑总随机失效率的情况，需要增加对最小割集失效率的约束。本文结合 ISO26262 第二版意见征集稿第 5 部分给出的残余风险评估方法，对潜在的风险点考虑按失效贡献率进行约束。该约束思路主要是选取合适的最小割集，并对最小割集中单点失效和多点失效对总失效率的贡献度分别限制阈值，具体实施步骤如下：

（1）针对单点失效和双点失效，可选取最小割集为对硬件总随机失效率贡献度最高的 x 项进行约束；

（2）对于单点失效和残余故障，最小割集的总贡献度应小于 $a\%$，即在所分析的安全系统中，最小割集的单点失效和残余故障占所有安全相关失效的比例应小于 $a\%$；

（3）对于多点失效，最小割集的总贡献度应小于 $b\%$，即在所分析的安全系统中，最小割集的多点失效占所有安全相关失效模式的比例应小于 $b\%$。

在满足系统安全等级要求的硬件随机失效率目标下，通过该约束方法，可以指导设计人员对单点失效率或双点失效率较大的元素加强安全设计。当单点失效率未满足最小割集约束条件时，可考虑针对单点失效率较大的元素增加安全措施，将其转化为双点失效；而当双点失效未满足最小割集约束条件时，考虑针对双点失效增加安全措施，降低潜伏失效率。

（四）电机控制器软件及系统集成的验证

符合功能安全的电机控制器的开发，开发过程需要流程的管控，最终结果需要进行验证和评估。针对验证和功能安全标准在软硬件的各个层面上均做出了相应的要求。以验证相应层次的安全设计。在系统层面需进行软硬件接口集成测试、系统集成测试、车辆集成测试，在硬件层面需进行硬件集成测试，在软件层面需进行软件单元测试和集成测试。对于每类测试的测试用例生成方法和测试方法，也做了指导性的规定。

针对各阶段的测试和验证，均有相应的工具链进行支撑。硬件集成测试大多由各公司自行开发的测试软件系统进行支撑，如双脉冲软件、上位机测试软件等。软件测试有众多的第三方软件进行选择，Simulink test、Design verify 等工具可进行 MBD 模块的模型在环（MIL）和代码在环（SIL）测试。QAC、Tessy 等工具可进行代码的静态和动态测试。针对系统测试阶段中对安全设计的验证，除了传统的台架测试、整机测试等，有硬件在环测试（HIL）、可实现便捷的软硬件接口测试、实现硬件负载率测试和方便的故障注入以及背靠背测试。

可追溯性是整个功能安全活动的重要特征，测试的可追溯性体现为每一条 TSR、HSR 和 SSR 均有对应的测试用例进行验证，同时每一条测试用例均要有相应的来源可寻。因此，测试用例的管理也被包含在功能安全需求管理的大框架下，通过相应的需求管理系统进行统一的管理维护。

三　电机驱动开发实施功能安全趋势

电机控制器作为新能源车和新型节能车重要的动力控制装置，必将会越来越被广泛地应用。在保证功能完整、性能优越、可靠性高的前提下，它带来的一些安全隐患和风险更是不能够被忽视的。电机控制器作为整车动力的来源，是否能够正确实施整车扭矩指令以及在出现非预期失效时系统能否及时做出保护动作，对安全性起到至关重要的影响。符合功能安全的电机控制器设计将会成为行业内的普遍需求。

在标准方面，国际功能安全标准 ISO26262 于 2011 年颁布后，国内标准 GBT34590 也相应推出。伴随着功能安全标准在汽车电子领域实施的深入化，功能安全标准 ISO26262 第二版预计于 2019 年上半年更新。第二版标准在内容上对包含的车辆种类进一步拓展。另外，为了确保标准描述概念的准确性，对用词和术语进行了修改和进一步的解释。

然而随着汽车电气化和智能化的发展，车辆包含的电子电气系统越来越复杂，此外车辆的使用也受到不同国家和地区法律法规以及使用环境的影响，单靠一套标准很难针对一套具体设备进行明确的规范和约束。如前文所述，在功能安全标准 ISO26262 推出后不久，美国即针对危害分析及风险评估过程以及评价方法给出了具体的操作规范——SAE - J2980。国内也在积极推动 BMS 设备的功能安全标准起草工作。

根据功能安全标准在电机控制器开发过程中的实施现状，以及目前功能安全实施的难点或标准约束不清的部分，对适用于电机控制器开发的功能安全标准作出以下展望。

如前文所述，符合功能安全的电机控制器的开发起点是相关项定义和监控概念的确定。纯电动或各种形式的节能车型中的电机控制器，不同于传统动力来源和动力输出形式，整车动力输出布局更灵活，且其扭矩输出的双向性，一方面带来了反向扭矩产生的可能性，另一方面产生的高压对高压电池的冲击安全性均需考虑。包含电机控制器的相关项边界范围会大于传统燃油车动力源。针对传统燃油车动力源有 EGAS 三层监控理论的产生。针对包含电机控制器的相关项的监控方案值得探讨。在电机控制器子系统方面可以借助 EGAS 监控理论，对输出扭矩进行监控。而在相关项层面是否可以考虑监控电机控制器输入电流，包括电流的大小和方向。简洁的监控方案，可以简化控制器的设计复杂度，更容易地实现兼顾安全、成本、功能、性能、可靠性等诸多指标的设计。

在相关项定义完成后，首要工作即为危害分析及风险评估。在危害分析及风险评估过程中可以参考美国 SAE 定义的操作规范。标准中有三个参数，即曝露度（E）、严重度（S）、可控性（C）。而这三个参数均和各国家或地区的实际情况紧密相关。尤其是可控性，一个交通法律法规执行完善的国家或地区，大多数工况下，可控性均是较高的。S/E/C 三个参数指标的评价，目前在功能安全实施和分析过程中还多采用专家评估的方式。缺少相应的数据库可供参考。而在国际上有不少类似的标准，如德国的交通事故深度调查（GIDAS），日本的交通事故调查与数据分析（ITARDA），美国的国家汽车采样系统耐撞性数据系统（NASS/CDS）、简明伤害等级划分（AIS）等，为交通事故 S/E/C 参数的定义提供了一定的参考。基于数据的评价依赖于一个国家或地区的实际情况，为了功能安全更好或更正确地被实施，类似的基础数据库是一个很好的基础。

在符合功能安全的电机控制器开发过程中，针对硬件设计和验证中所需要的元器件失效数据的获得和计算也是一项系统性工程。传统汽车半导体厂家，已经开始积极实施功能安全，有不少高安全等级的芯片或处理器上市，并且提供了一系列符合 ISO26262 标准的数据和安全措施支撑。但对于电机控制器这么复杂的一个系统，其用到的绝大部分硬件数据仍然是从标准中推荐的 SN 29500，IEC/TR 62380，IEC 61709，MIL HDBK 217 Fnotice 2，RIAC HDBK 217 Plus，UTE C80－811，NPRD 95，EN 50129：2003，Annex C，RIAC FMD97 及 MIL HDBK 338 等手册或标准中获得的。上述标准中的数据库是基于当时的半导体工艺和水平制作，对系统中实际使用的芯片失效率的评估的参考价值值得深究。另外，在标准中某些器件无法给出具体指导数据时，半导体供应商提供的数据的置信度与器件失效率数据的换算关系需要明确定义。因为标准中仅给出了在置信度不低于 70% 时的换算公式。而低于 70% 的换算关系如何定义，根据什么失效分布模型进行评估，在标准设计方面未有考虑，不利于对硬件安全指标的定量评定。

在软件开发方面，开源的 AUTOSAR 标准为汽车软件开发领域提供了很好的基础平台和软件设计思想。逐层抽象的思路，方便了分布式开发和开发功能模块的复用。国内很多高校很早就介入该标准的研究和开发，如电子科技大学、浙江大学等。对符合 AUTOSAR 标准的基础软件的开发在国内还没有完全成熟的产品，目前基础软件供应商主要为 Vector 和 ETAS。现在 AUTOSAR 标准已经得到行业内的认可，该标准也在不断丰富安全概念和安全特性，并且支持时间域、存储域、通讯域等方面的安全机制的定义和自定义。基于该标准进行功能安全软件开发，一方提供了行业内成熟的技术方案，可以大大加速研发进度，另一方面提供的功能安全设计支撑，方便集成各种安全机制。加快对符合 AUTOSAR 标准的基础软件和配置工具的开发，可促进行业内电机控制器软件开发水平。另外在功能安全软件实施过程中，非 AUTOSAR 平台的软件平台的开发仍是重要的一环。

在功能安全开发实施过程中强调对需求的可追述性，在开发流程中对需求的管理更是一个复杂的系统工程。目前有不少商业软件供应商提供满足功能安全的需求管理工具，但是使用效果一般。鉴于功能安全对产品开发从相关项定义到功能安全概念、技术安全概念，再到软件设计需求规格和硬件设计规格，以及和其对应的每个层级，需要每条规格的测试用例和测试结果的可追述性。另外，针对安全分析仍然需要可追述性，如 FMEA、FTA、FMEDA、量化 FTA 等，安全分析项目与功能安全概念，技术安全概念的追述性。安全分析与软硬件设计规格需求的追述性等都需要。总而言之，这种追述性不再是一个二维的概念，而是多维度的互联追述。一个好的需求管理软件需要在建立强大数据库和友好人机界面的前提下，结合具体产品实施，这样才会有更好的商业价值。

由于电机控制器会因所在车型（纯电动、混动等）、不同功率等级、不同的传动布局（集中式、分布式）而影响其安全目标/安全等级的分配，且安全等级评价时用到的相关参数 S/E/C 并未有明确的标准予以定义。针对电机控制器开发相应独立功能安全标准，对规范电机控制器功能安全的开发和引导功能安全标准在电机控制器相关产品的实施起到重要作用。标准可以给出各种车型和功率段推荐适用的功能安全等级和需要考虑的安全目标，在整车厂未有明确需求的情况下，避免功能安全目标设定和安全等级设定存在偏差的情况和无据可依的局面，强化在电机控制器开发过程中的功能安全。

参考文献

［1］ Standardized E-Gas Monitoring Concept for Gasoline and Diesel Engine Control Units Version6.0.

［2］ Functional Safety for Hybrid and Electric Vehicles，Sébastien Christiaens，Juergen Ogrzewalla and Stefan PischingerFEV GmbH.

［3］ AUTOSAR GBR，Technical Safety Concept Status Report V1.0.0，2009.

［4］ Safety and Security Features in AUTOSAR，Nagarjuna Rao Kandimala，Michal Sojka.

标准测试篇

Standardization & Inspection Reports

B.11

电动汽车电驱动系统标准体系分析

刘桂彬　徐　枭　曹冬冬*

摘　要：　随着电动汽车行业的快速发展，电驱动系统逐渐成为各大主机厂关注的重点，国内外政府、标准制定组织均开展了电驱动系统的标准化研究工作。为确保电驱动系统的高压安全、保证与整车的有效匹配以及加强对产品性能的规范，在电动汽车标准体系框架下，我国建立了较为完善的电驱动系统标准子体系，包含了基础通用类、产品规范类、测试方法类等三个方面的12项标准，从产品、检测、管理三个维度保证了电驱动产品的质量水平和使用安全性。伴随着电驱动系统集成化水平的不断提升以及产品技术水平的进步，该标准体系

---
* 刘桂彬，教授级高级工程师，中国汽车技术研究中心有限公司汽车标准化研究所副总工程师；徐枭，高级工程师，就职于中国汽车技术研究中心有限公司汽车标准化研究所；曹冬冬，工程师，就职于中国汽车技术研究中心有限公司汽车标准化研究所。

也将不断完善。

关键词: 电动汽车 电驱动系统 标准体系

伴随着环境和能源问题的日益严重,汽车电动化已经成为不可逆转的全球趋势,各大主机厂纷纷加快电动汽车的产品研发和上市步伐,以迎接电动化大潮的到来。在此背景下,汽车的驱动方式也发生了改变,由内燃机驱动逐渐向电驱动发展,作为主要动力源,电驱动系统已经成为各大主机厂关注的重点。

标准在市场活动中发挥着重要的作用。作为产品研发的重要参考,标准在保障产品质量、促进技术进步、引领行业发展方向等方面,发挥着日渐重要的作用;作为行业共同讨论的共识,标准是上下游企业进行产品交流的标杆,保证企业沟通的流畅性;同时作为政府管理文件的引用资料,标准为主管部门进行行业管理提供了有效的技术支撑。

随着电动汽车行业的发展,电动汽车标准体系也得以快速构建。目前我国已经建立起较为成熟的电动汽车标准化体系,作为重要组成部分,电驱动系统标准体系也正在逐步完善。

一 我国电驱动系统标准体系概述

近年来我国新能源汽车产业快速发展,2018 年新能源汽车产销量均突破 120 万辆,比上年同期分别增长 59.9% 和 61.7%,连续多年产销量居世界第一,国内新能源汽车保有量占全球市场保有量的 50% 以上,电动汽车产业由培育期进入成长期。

产业的发展离不开标准的规范,经过 20 年的发展,我国电动汽车标准体系逐渐壮大,经历了由无到有、由偏到全、由主体到全面的发展过程,目前我国已经形成较为成熟的电动汽车标准体系,包含电动汽车基础通用、电

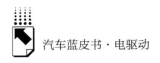

动车辆整车、关键系统及部件、接口及设施四个部分。

电驱动系统是由驱动电机、动力电子装置和将电能转换到机械能的相关操纵装置组成的系统，是电动汽车的主要驱动源，其性能优良与否将直接影响车辆的动力性和经济性。电驱动系统标准体系是电动车辆标准体系的重要组成部分，属于关键系统及部件。电驱动系统标准体系包含了基础通用类、产品规范类、测试方法类三个方面的 12 项标准。以上标准的实施从产品、检测、管理三个维度保证了电驱动产品的质量水平和技术深度。

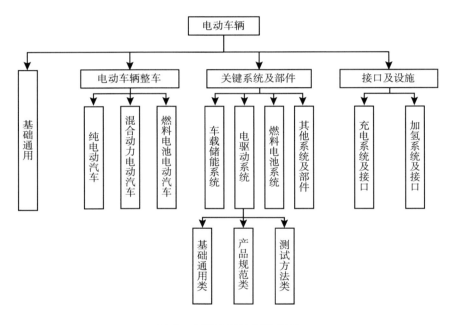

图 1　电驱动系统标准体系

（一）电驱动系统标准分析

在应用层面，电驱动系统标准从驱动系统的产品技术要求、测试方法规范和与整车及其他部件的协调等方面保证电驱动系统的正常使用。

1. 基础通用类标准

基础通用类标准是对电驱动系统所通用的技术要求、故障分类及系统接口等内容的规范，是电驱动系统的基本功能保证，主要包含 GB/T 18488.1 – 2015《电动汽车用驱动电机系统　第 1 部分：技术条件》、QC/T 896 – 2011《电动汽车用驱动电机系统接口》、QC/T 893 – 2011《电动汽车用驱动电机系统故障分类及判断》三项标准。

GB/T 18488.1 – 2015 标准是电驱动系统应用最为广泛的标准，属于整个驱动系统标准体系的核心，标准中按照驱动电机系统、驱动电机、驱动电机控制器的工作特点进行分别规定，保证标准的可操作性，规定了电动汽车用驱动电机系统的工作制、电压等级、型号命名、要求、检验规则以及标志与标识。其中对绝缘电阻、耐电压、安全性的要求做到了与整车标准的协调，保证了电动汽车标准体系的连贯性。

表 1　电驱动系统标准

序号	细分领域	标准编号	标准名称	标准类型
1	电驱动系统	GB/T 18488.1 – 2015	《电动汽车用驱动电机系统　第 1 部分：技术条件》	基础通用
2	电驱动系统	GB/T 18488.2 – 2015	《电动汽车用驱动电机系统　第 2 部分：试验方法》	测试方法
3	电驱动系统	GB/T 29307 – 2012	《电动汽车用驱动电机系统可靠性试验方法》	测试方法
4	电驱动系统	GB/T 36282 – 2018	《电动汽车用驱动电机系统电磁兼容性要求和试验方法》	测试方法
5	电驱动系统	QC/T 893 – 2011	《电动汽车用驱动电机系统故障分类及判断》	基础通用
6	电驱动系统	QC/T 896 – 2011	《电动汽车用驱动电机系统接口》	基础通用
7	电驱动系统	QC/T 926 – 2013	《轻型混合动力电动汽车（ISG 型）用动力单元可靠性试验方法》	测试方法
8	电驱动系统	QC/T 1022 – 2015	《纯电动乘用车用减速器总成技术条件》	产品标准
9	电驱动系统	QC/T 1068 – 2017	《电动汽车用异步驱动电机系统》	产品标准
10	电驱动系统	QC/T 1069 – 2017	《电动汽车用永磁同步驱动电机系统》	产品标准
11	电驱动系统	QC/T 1086 – 2017	《电动汽车用增程器技术条件》	产品标准
12	电驱动系统	QC/T 1088 – 2017	《电动汽车用充放电式电机控制器技术条件》	产品标准

QC/T 896 标准对驱动电机系统的电气接口型式、信号定义、机械接口做了通用性的规定。标准中规定了电气接口的通用要求、动力电气接口的连接方式、控制信号接口的连接方式等内容，其中动力电气接口的连接方式分为快速连接方式和固定连接方式两种，并将两种连接方式的端子分别进行规定。机械接口规定了电机和控制器的安装方式以及电机与传动机构的连接方式等内容。

QC/T 893 中规定了电动汽车用驱动电机系统故障的确认原则和故障分类等内容，通过规范性附录的形式对驱动电机系统故障模式进行了规定，包括损坏型故障模式、退化型故障模式、松脱型故障模式、失调性故障模式、堵塞与渗漏性故障模式以及性能衰退或功能失效型故障模式，并通过资料性附录的形式对故障模式分类进行了举例，以便于标准使用者的理解。

2. 产品规范类标准

产品规范类标准规定了驱动电机产品的技术要求，包括单体产品交流电机系统、永磁同步驱动电机系统、充放电式电机控制器与集成类产品减速器系统、增程器系统，主要包含 QC/T 1068 - 2017《电动汽车用异步驱动电机系统》、QC/T 1069 - 2017《电动汽车用永磁同步驱动电机系统》、QC/T 1088 - 2017《电动汽车用充放电式电机控制器技术条件》、QC/T 1022 - 2015《纯电动乘用车用减速器总成技术条件》、QC/T1086 - 2017《电动汽车用增程器技术条件》等标准。

QC/T 1068 - 2017、QC/T 1069 - 2017 以及 QC/T 1088 - 2017 三项标准主要是对异步电机、永磁同步电机和充放电式电机控制器与通用驱动电机及控制器的区别及其特殊性进行规定。其中，QC/T 1068 - 2017 主要规定了异步驱动电机区别于其他驱动电机的空载电流容差和堵转电流容差等内容要求和相应试验方法；QC/T 1069 - 2017 规定了永磁同步驱动电机的最大空载反电势限值、空载反电势容差、驱动电机系统空载损耗、永磁体老化退磁等十余项要求和相应试验方法；QC/T 1088 - 2017 除了规定控制器的一般要求外，增加了对 V2G、V2L、V2V 等放电模式电气性能的规定，对电动汽车放电应用的相关技术方向进行引导、规范。

QC/T 1022 – 2015 和 QC/T 1086 – 2017 规定了集成类产品减速器总成和增程器产品的技术条件。QC/T 1022 – 2015 规定了减速器总成的基本参数，以及减速器的基本要求、台架试验要求以及清洁度等内容，并规定了相应的试验方法；QC/T 1086 – 2017 适用于由内燃机和发电机及控制器组成的车载式增程器，规定了增程器的外观、输出特性、响应特性、环境适应性、电气安全性、能量转换率等技术内容，其中对于系统无法统一规定的项目，如环境适应性、系统密封性等，将内燃机和发电机及控制器两者分别规定，保证了标准的可操作性。以上两项集成类标准可以为其他集成标准的制定提供思路。

3. 测试方法类标准

测试方法类标准是技术条件要求落地的基础，是保证标准实际执行的有力抓手，因此保证测试方法的合理、实用、简洁、有效是标准制定的根本出发点。据此驱动电机工作组完成了多项测试方法标准的制定，包括 GB/T 18488.2 – 2015《电动汽车用驱动电机系统 第 2 部分：试验方法》、GB/T 29307 – 2012《电动汽车用驱动电机系统可靠性试验方法》、GB/T 36282 – 2018《电动汽车用驱动电机系统电磁兼容性要求和试验方法》，以及 QC/T 926 – 2013《轻型混合动力电动汽车（ISG 型）用动力单元可靠性试验方法》。

GB/T 18488.2 – 2015 规定了电动汽车用驱动电机系统第 1 部分技术要求相对应的试验方法，保证 GB/T 18488 技术要求的落地，标准规定了驱动电机系统、驱动电机、驱动电机控制器试验用的仪器仪表、试验准备及各项试验方法。GB/T 29307 – 2012 驱动电机系统可靠性试验适用于最终动力输出为电动机单独驱动或电动机和发动机联合驱动的电驱动系列，规定了驱动电机系统在台架上的一般可靠性试验方法，其中包括可靠性试验负荷规范及可靠性评定方法。

启动发电电机（ISG）是指集成起动和发电功能的电机，针对轻型混合动力电动汽车（ISG 型），QC/T 926 – 2013 规定了其动力单元可靠性的试验方法，标准适用于 M1 类、N1 类和最大设计总质量不超过 3.5t 的 M2 类混

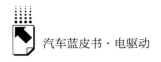
合动力电动汽车（ISG 型）动力单位。

驱动电机系统长期在高电压环境下工作，是整车主要的电磁场发射源，同时也是高压部件的电磁骚扰对象，因此对驱动电机系统的电磁兼容性进行要求是保证整车电磁兼容性的重要手段。GB/T 36282－2018 标准适用于纯电动汽车、混合动力电动汽车和燃料电池电动汽车用驱动电机系统的电磁兼容要求和试验方法。标准根据 ECE R10 第 5 版发布实施以来实际应用及验证经验，结合国际标准 CISPR 25、ISO10605 的最新进展，配合国内电动汽车用驱动电机系统的标准制定需求，并力求与国际技术接轨，对标准的技术要求、试验要求和试验方法进行制定，同时考虑和注重标准的适应性和可操作性。

（二）电驱动系统标准与电动汽车其他标准相协调

总体而言，电驱动系统标准为系统或部件级标准，而电驱动系统是整车的有机组成部分，为保证电驱动系统能够与整车各部件间相兼容、保证车辆的正常使用，该标准中多项指标与电动汽车其他标准相协调。

安全性是电动汽车使用最根本的保障，电动汽车整车安全需要通过各级部件的安全进行保证。作为高压工作系统，驱动电机系统的安全性要求包括了绝缘电阻要求、耐电压要求、安全接地要求、驱动电机控制器的保护功能要求以及驱动电机控制器支撑电容放电时间要求。

1. 绝缘电阻要求

绝缘电阻是人员与电动汽车高压电路形成回路时，系统对人体防护的最后保障，因此绝缘电阻是电动汽车整车及部件保证人体安全的重要部分，在整车及电驱动系统标准中均对绝缘电阻值及测量方法进行了要求，两部分标准间也保证相互协调性。

GB/T 18488.1－2015 中规定了定子绕组对壳体及温度传感器的绝缘电阻在冷态条件下应不大于 20MΩ，在热态下应按照式（1）计算，且不应低于 0.38 MΩ。驱动电机控制器动力端子与外壳、信号端子与外壳、动力端子与信号端子之间的冷态及热态绝缘电阻应不小于 1MΩ。

$$R = \frac{U_{\text{dmax}}}{100 + \frac{P}{100}} \tag{1}$$

式中，R 为驱动电机定子绕组对机壳的热态绝缘电阻，单位为 MΩ；U_{dmax} 为最高工作电压，单位为 V；P 为驱动电机的持续功率，单位为 kW。

电动汽车整车安全标准 GB/T 18384.3-2015《电动汽车安全要求　第 3 部分：人员触电防护》中规定在最大工作电压下，直流电路绝缘电阻的最小值应大于 100Ω/V，交流电路应大于 500Ω/V。整个电路为满足以上要求，依据电路的结构和组件的数量，每个组件应有更高的绝缘电阻。

驱动电机系统为交流电路，在整车安全要求中应满足至少大于 500Ω/V 的规定，在整车要求中以 GB/T 18488.1 中规定的最高工作电压 750V 计算，所应达到的绝缘电阻为 0.375MΩ，而驱动电机要求下的最小绝缘电阻为 0.38MΩ 仍大于 0.375MΩ，保证了电驱动系统与整车绝缘电阻要求的一致性。

2. 耐电压要求

电驱动系统工作于电动汽车内部，长期处于电动汽车高压平台下，因此考核驱动系统的耐电压性能是保证整车驱动系统工作的基础，电驱动系统的耐电压性能应与整车的工作电压保持协调。

GB/T 18488.1 中规定了电机绕组的匝间冲击耐电压、驱动电机绕组对机壳及温度传感器的工频耐电压、驱动电机控制器的工频耐电压等内容。对于驱动电机绕组匝间绝缘冲击试验电压峰值应不低于按式（2）的计算值。

$$U_{\text{T}} = 1.7 \times U_G \tag{2}$$

式中，U_{T} 为电机绕组匝间绝缘冲击试验电压峰值，单位为 V；U_G 为电机绕组对地绝缘工频耐电压试验值（有效值），单位为 V，按表 2 的规定取值。

对于驱动电机励磁绕组匝间绝缘冲击试验电压峰值，标准规定驱动电机的励磁绕组，匝间绝缘冲击试验电压峰值一般不低于式（2）的规定，总匝数为 6 匝及以下时，冲击试验电压峰值为：250 × 被试绕组的总匝数，单位为 V，最低应为 1000V。

对于有刷直流驱动电机电枢绕组匝间绝缘冲击试验电压峰值，标准中规定对于最高工作电压为660V及以下的有刷直流驱动电机，电枢的换向片片间冲击峰值应不低于350V；最高工作电压为660V以上的有刷直流驱动电机，电枢的片间冲击电压峰值应不低于500V。

对于驱动电机绕组对机壳的工频耐电压，标准中规定驱动电机绕组对机壳应能耐受表2所规定的耐压限值的工频正弦耐电压试验，无击穿现象，漏电流限值应符合产品技术文件规定。

表2 驱动电机绕组对机壳工频耐电压限值

序号	驱动电机或部件	试验电压（有效值）
1	持续功率小于1kW且最高工作电压小于100V的驱动电机的电驱绕组	500V + 2倍最高工作电压
2	持续功率不低于1kW或最高工作电压不低于100V的驱动电机的电枢绕组	1000V + 2倍最高工作电压，最低1500V
3	驱动电机的励磁磁场绕组	1000V + 2倍最高励磁电压，最低1500V

对于驱动电机绕组对温度传感器的工频耐电压，标准中规定若驱动电机的温度传感器固定于定子绕组中，驱动电机绕组对温度传感器应能承受1500V的工频耐电压试验，无击穿现象，漏电流应不高于5mA。

对于驱动电机控制器工频耐电压，标准规定驱动电机控制器动力端子与外壳、动力端子与信号端子之间，应能耐受表3所规定的试验电压，驱动电机控制器信号端子与外壳之间，应能耐受500V的工频耐电压试验。

表3 驱动电机控制器动力端子与外壳间、动力端子与信号端子间工频耐电压限值

最高工作电压 U_{dmax}	试验电压（均方根值）
$U_{dmax} \leq 60$	500
$60 < U_{dmax} \leq 125$	1000
$125 < U_{dmax} \leq 250$	1500
$250 < U_{dmax} \leq 500$	2000
$U_{dmax} > 500$	$1000 + 2 \times U_{dmax}$

电动汽车整车安全标准 GB/T 18384.3 - 2015 中将电动汽车的电压等级依据电路的最大工作电压 U 进行划分，如表 4 所示。

表 4　电压等级

电压等级	最大工作电压	
	直流	交流（rms）
A	$0 < U \leqslant 60$	$0 < U \leqslant 30$
B	$60 < U \leqslant 1500$	$30 < U \leqslant 1000$

根据表 4 的规定，电动汽车交流电路的 B 级电压为 30～1000V，电驱动系统处于高压平台中，部分工作条件下最高工作可能高于 B 级电压，因此为保证系统工作的稳定性及安全性，驱动电机及控制器的耐电压均不低于 B 级电压的要求。

3. 电位均衡要求

电位均衡是指电气设备的外露可导电部分之间电位差最小化，对电位均衡的要求可以保证人员在电路单点失效情况下的人身安全。

驱动电机系统中对电位均衡有明确规定，GB/T 18488.1 - 2015 中要求驱动电机及驱动电机控制器中能触及的可导电部分与外壳接地点处的电阻不应大于 0.1Ω。接地点应有明显的接地标志。若无特定的接地点，应在有代表性的位置设置接地标志。

电动汽车整车安全标准 GB/T 18384.3 - 2015 中要求，B 级电压电气设备的外露可导电部分，包括外露可导电的遮拦和外壳，应连接到电平台以保持点位均衡。所有组成电位均衡电流通路的组件（导体、连接部分）应能承受单点失效情况下的最大电流。点位均衡通路中任意两个可以被同时触碰到的外露可导电部分之间的电阻应不超过 0.1Ω。

对于电位均衡的要求，驱动电机系统与电动整车要求保持一致。

二　国际电驱动标准发展现状

作为电动汽车的核心部件，电机与电机控制器也是国际标准化工作的研究重点，国际上从电驱动产品的种类、性能测试、负载测试等不同角度开展了标准化研究，通过制定相关标准，保证产品的使用性能。目前 ISO、IEC、ECE 等的法规在对电机、电机控制器标准研究方面开展了大量工作。

国际标准化组织（ISO）属于全球性的非政府标准化组织，致力于在全世界范围内促进标准化工作的开展。其标准在国际上有广泛的影响力。ISO 重视新能源汽车标准的研究，在道路车辆标准化技术委员会（ISO/TC22）下成立了电动车辆分技术委员会（ISO/TC22/SC37），主要对电动汽车整车、动力系统和动力蓄电池包标准（包括整车性能、安全、能耗、操纵性、电池包性能与安全、驱动系统性能与可靠性能等）进行研究。ISO/TC22/SC33 下设 4 个工作组，其中 WG4 是连接到电驱动系统的系统和部件标准研究工作组，目前 ISO 正在制定 ISO 21782《电力驱动道路车辆 电驱动部件测试规程》系列标准，主要包括通用要求、驱动电机系统、电机及逆变器、DC/DC 转换器性能测试和负载测试等内容，目前 ISO 21782.1、ISO 21782.2、ISO 21782.3 通用要求，驱动电机系统性能测试和电机及逆变器性能测试处于 DIS 阶段；ISO 21782.6 电机及逆变器负载测试标准目前处于 CD 阶段；ISO 21782.4、ISO 21782.5、ISO 21782.7 DC/DC 转换器性能测试和负载测试以及电机系统负载测试标准目前处于 NP 阶段。

国际电工委员会（IEC）是世界上成立最早的国际性电工标准化机构，负责相关电气工程和电子工程领域中的国际标准化工作。其中，IEC/TC 69 是该机构的电动道路车辆和电动工业车辆技术委员会，主要开展电动车辆基础设施相关的标准研究工作。IEC 针对电动汽车用电力驱动系统进行了大量工作，制定了包括技术规范在内的 6 项标准，其中 IEC/TR 60785 – 1984《电动车辆用旋转电机》和 IEC/TR 60786 – 1984《电动车辆用控制器》两项技术规范时间较为久远，所规定内容也难以和现阶段技术发展水平相匹配，因此参考价值不大。IEC 60349《电力驱动 轨道和道路车辆用旋转电机》系列标准，包括了四项标准，规定了道路车辆使用的除电子变流器供电的交流电动机之外的交流电机、电力变流器供电的交流电动机、用损耗总和法来确定变流器供电的交流电动机的总损耗、电子变流器永磁同步电动机四部分的试验方法。

联合国欧洲经济委员会（ECE）制定的汽车法规由联合国世界车辆法规协调论坛（WP.29）负责起草，该工作组对国际范围内汽车技术法规的制修订、协调、统一与实施开展了大量工作，制定了多项规范电动汽车产品的法规，比如 ECE R85 Rev1 - Amendment5《用于驱动 M 类和 N 类机动车辆的内燃机净功率和电驱动系统最大 30min 功率测量方法的统一规定》。该法规修订案是在原 ECE R85 基础上进行了补充，增加了对电力驱动系的要求，同时在测试净功率的基础上增加了对 30 min 最大功率的测试。

日本国土交通省（Ministry of Land, Infrastructure, Transport and Tourism, MLIT）是日本中央省厅之一，由其负责制定的日本汽车技术法规（安保基准）是日本汽车行业所必须遵守的法律法规。MLIT 下属的日本汽车标准国际中心（Japan Automobile Standards Internationalization Center, JASIC）组织专家参与 WP.29 专家组，对国际法规的制定和协调起到了重要作用。日本汽车技术法规（安保基准）14 - 5 - 1 及 14 - 5 - 1 - commentary《电动汽车驱动电机额定输出功率试验规程》和 14 - 5 - 2 及 14 - 5 - 2 - commentary《电动汽车驱动电机最大输出功率试验规程》，分别规定了电动汽车电机在控制器相连接的条件下额定输出功率和最大输出功率的测试方法。

三　电动汽车用驱动电机标准建议

轻量化一直是汽车发展的主流方向。为提高续驶里程、减少成本，电动汽车轻量化是必然的趋势，在此背景下，提高驱动电机功率密度、减小电驱动系统体积、提高电驱动系统集成化水平将成为行业的关注热点。

电驱动系统的集成化主要包括两个方面：一是指电机与控制器或电机、控制器与减速器等机械部件相集成，从而达到减小驱动系统的质量和体积，降低生产成本的目的；二是电力电子集成，包括功能集成（多逆变器 + DC/DC 变换器 + 电池管理 + 整车控制）、物理集成（功率模块、驱动电路、无源器件、控制电路、传感器、电源等）、应用 Trench + IGBT 等器件，基于单

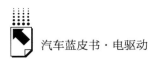

片集成、混合集成和系统集成技术达到高度集成。

标准的建立应依托于产业和技术的发展，因此随着驱动系统集成化水平的不断提升，以单体为主要规定对象的现行标准也需做出变更，需要加强对于集成类产品的规范以及开展相应的测试方法的研究；随着碳化硅材料的不断应用，电驱动系统在环境适应性和安全性评价方法方面也应开展相应的标准研究；轮毂电机作为高度集成化的电驱动产品，目前虽尚未大规模应用，但作为电驱动系统的重要技术路线，标准的制定将有助于推动产品的快速发展。

（一）电驱动系统集成化产品测试方法标准研究

减少驱动系统零件数量、减小驱动系统体积以及减轻驱动系统重量一直是电动汽车轻量化进程中的主要手段，电驱动系统的集成化进程也在逐渐加快。目前市场上已经推出多款电机与控制器集成在一起的二合一产品，电机、控制器以及减速器集成一体的三合一产品，以及其他多合一产品，集成化程度的逐渐提高在为整车提供轻量化产品的同时增加了测试的困难程度，按照现有标准部分集成为一体的产品难以进行拆解，无法进行测试，因此为保证集成化产品的批量生产，加快电驱动系统的集成步伐，集成产品测试方法的标准工作要尽快开展。

（二）碳化硅驱动系统标准研究

硅基在高耐压部件中，其所耐受的电压越高则单位面积的导通电阻就越大，而电压逐步升高是电动汽车发展的必然趋势，因此为提高电驱动系统的工作效率，必然需要选择新材料，而碳化硅材料的应用可以大幅提高电驱动系统的导通电阻、实现高耐压的目的，是电动汽车驱动系统的发展方向。目前尚缺少针对碳化硅材料应用后电驱动系统的环境适应性和安全性等的评价方法，因此以碳化硅材料为基础的电驱动系统试验方法标准研究将会随着相关产品的不断发展而逐步推进。

（三）轮毂电机产品评价标准研究

作为电驱动系统的高度集成化产品，在我国轮毂电机已经逐步在一些车型上开展了样车测试。轮毂电机的应用可以减少变速器、传动轴、差速器等传动部件，在实现轻量化的同时动力传递路径的减少保证了传递效率的提升，便于实现多种复杂驱动方式的控制。但轮毂电机的使用增加了整车的簧下质量，对于整车的使用环境适应性，尤其是振动条件发生了较大变化，因此，为保证轮毂电机产品的发展，需要对轮毂电机产品的评价指标及测试方法进行标准研究，从而加快轮毂电机产品的发展进程。

驱动电机系统性能的优劣将直接影响电动汽车的水平，保证电驱动行业的稳定、健康发展需要标准的规范和引导。目前我国已经初步建立了一套结构规范、层次分明、重点突出的电驱动系统子体系。未来将针对行业发展需求对现有标准体系进行补充完善，在研究新标准的同时对正在实施的标准进行适用性研究，按照技术发展需求及时修订现有标准。

B.12
电驱动系统标准和测试评价

黄炘 孔治国 王 斌 何鹏林*

摘　要： 随着汽车电气化进程，动力系统从传统内燃机向电驱动方向发展，以电机电控、变速器等组成的纯电或混动驱动总成（以下统称"电驱动总成"）是实现车辆驱动的关键，其关键单元和系统总成在产品开发和法规认证的阶段都需要有对应的标准和测试方法予以支撑，以保证产品在电动汽车全生命周期的性能、安全和可靠性。其中，电机及控制器对应的标准以 GB/T 18488 为主，在产品开发过程中开展的各项验证除了参考该标准外，同时参考 GB/T 28046、ISO16750 系列标准，以及国外的 LV 系列标准。电驱动总成的测试以开发验证为主，随着一体化电驱系统技术的发展，其对应的测试需求不断变化。本文对电驱动相关项目标准和测试案例予以解读，并从台架性能测试和功能测试方面对总成产品测试进行介绍。

关键词： 电机系统　电驱动总成　标准法规　测试方法

一　电机系统标准

当前国内电驱动总成相关标准主要是围绕电机及控制器展开，从功能、

---

* 黄炘，高工，就职于中国汽车技术研究中心有限公司试验所；孔治国，博士，教授级高工，就职于中国汽车技术研究中心有限公司试验所；王斌，博士，教授级高工，就职于中国汽车技术研究中心有限公司试验所；何鹏林，工程师，就职于中国汽车技术研究中心有限公司试验所。

效率特性、安全防护、可靠性和耐久性等方面出发，制订了 7 项驱动电机系统标准（见表 1）。其中核心是 GB/T 18488.1 – 2015 和 GB/T 18488.2 – 2015 电动汽车用驱动电机系统两个标准，在此基础上衍生制定了 QC/T 1068 – 2017 电动汽车用异步驱动电机系统和 QC/T 1069 – 2017 电动汽车用永磁驱动电机系统两个细分标准。随着近年来的技术发展，围绕着电驱一体化总成技术进步，新的团体标准也正在制定中。

表 1　驱动电机系统标准

标准	说明
GB/T 18488.1 – 2015《电动汽车用驱动电机系统　第 1 部分:技术条件》 GB/T 18488.2 – 2015《电动汽车用驱动电机系统　第 2 部分:试验方法》	2015 年 2 月 4 日发布
GB/T 29307 – 2012《电动汽车用驱动电机系统可靠性试验方法》	2012 年 12 月 31 日发布
QC/T 896 – 2011《电动汽车用驱动电机系统接口》	2011 年 12 月发布
QC/T 893 – 2011《电动汽车用驱动电机系统故障分类及判断》	2011 年 12 月发布
QC/T 1068 – 2017《电动汽车用异步驱动电机系统》	2017 年 1 月发布
QC/T 1069 – 2017《电动汽车用永磁同步驱动电机系统》	2017 年 1 月发布

二　驱动电机系统标准测试研究

GB/T 18488.1 – 2015 和 GB/T 18488.2 – 2015 标准主要包括输出特性、安全防护、环境适应性、噪声和电磁兼容等项目，对系统的输出特性有细致要求，关注系统的效率分布，对高低温、振动、机械强度等都有详细要求，具体项目如表 2 所示。

表 2　GB/T 18488.1 – 2015 和 GB/T 18488.2 – 2015 测试项目

序号	试验项目	序号	试验项目
1	一般要求	5	驱动电机控制器壳体机械强度
2	外观	6	液冷系统冷却回路密封性能
3	外形和安装尺寸	7	驱动电机定子绕组冷态直流电阻
4	质量	8	绝缘电阻

续表

序号	试验项目	序号	试验项目
9	耐电压	23	驱动电机控制器工作电流
10	超速	24	馈电特性
11	温升	25	安全接地检查
12	工作电压范围	26	驱动电机控制器的保护功能
13	转矩－转速特性	27	驱动电机控制器支撑电容放电时间
14	持续转矩	28	低温
15	持续功率	29	高温
16	峰值转矩	30	湿热
17	峰值功率	31	耐振动
18	堵转转矩	32	防水、防尘
19	最高工作转速	33	盐雾
20	驱动电机系统效率	34	电磁兼容性
21	控制精度	35	可靠性
22	响应时间		

　　测试样品通常是单个电机和控制器，但由于电机在不同类型的车辆上，可能采取的封装或集成方式不同，电机与减速器甚至包括电机控制器的一体化集成总成成为发展趋势，需要结合标准深入研究，提出更有针对性的测试方案。以本田、宝马、奔驰等先进企业的某些混合动力驱动系统为例，电机和变速箱、发动机高度集成，电机在总成中以定子和转子的状态出现，没有独立的外壳，无法单独采用电机进行各项测试，对环境适应性的测试采用了带实际总成外壳的产品进行，更符合实车安装情况，但对于输出特性、可靠性的测试，根据情况需要考虑采用总成进行，或者模拟实际条件的单独电机进行。此外，电机控制器及其他车载电力电子变换单元的集成化也是今后发展的趋势，通常将车载充电机 OBC（On-Board-Charger）、高低压 DC／DC、电动空调用逆变器、电机控制器中的两个或全部集成在一个单元中，大幅缩小了体积，对其进行标准测试也需要单独考虑。目前的测试标准对一体化集成产品考虑不足，中汽研汽车检验（天津）有限公司（国家轿车质量监督检验中心）、北理工电动车工程技术中心等测试机构通过研究和实践，积累了丰富的测试经验。

　　驱动电机系统的输出特性主要进行以下测试：电机转矩－转速特性及效

率、再生能量回馈特性、电机及其控制器的过载能力、最高工作转速、电压波动、温升限值、超速、堵转转矩和堵转电流等。

（一）电机转矩－转速特性及效率测试

转矩－转速特性及效率测试在整个转速－扭矩范围内进行，主要是外特性和高效区的测试。通常在转速和扭矩范围内选取超过 10×10 的点阵（根据转速和扭矩范围，越密集越好），测试电压、电流、转速、转矩和效率，再经过插值绘制出系统的效率 MAP 图，如图 1 所示，可以看出，该系统最高效率达到 93.9%。

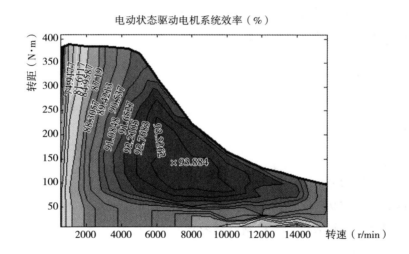

电动状态驱动电机系统效率（%）

图1　某公司的直驱电机系统效率 MAP 图

在实际使用工况下，电机的转速扭矩并非在整个效率 MAP 图范围内均匀分布，以全转速全扭矩范围的整体高效区分布，对电机系统性能进行评价是合理的，但是对于装车以后的动力系统进行评价，需要考虑实车使用工况，以车辆驾驶中的扭矩转速点区域进行评价更合理。

（二）温升测试

温升是电机性能的重要表征参数，标准要求采用电阻法进行，根据绕组

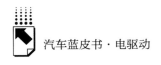

电阻的增加确定绕组的温度。

温升计算公式为：

$$\theta_2 - \theta_a = \frac{R_2 - R_1}{R_1} \times (k + \theta_1) + \theta_1 - \theta a \tag{1}$$

其中，θ_1 为测量绕组冷态初始电阻时的温度（℃）；θ_2 为热试验结束时绕组的温度（℃）；θ_a 为热试验结束时冷却介质温度（℃）；R_1 为温度为 θ_1（冷态）时的绕组电阻（Ω）；R_2 为热试验结束时的绕组电阻（Ω）；k 为导体在 0℃ 时电阻温度系数的倒数，铜 $k = 235$，铝 $k = 225$。

电阻法计算得到的是平均温升，能比较好地反映电机工作一段时间的绕组平均温升情况，预埋检温计可以实时监控电机内部温度，但温升结果受传感器位置影响，可能无法反映整体的温升状态。

（三）安全保护功能测试

安全保护功能主要有短路保护、过电流保护、过电压/欠电压保护和过热保护，测试方法如下。

1. 短路保护

对电机控制器的三相输出端子进行短路，输入端子加额定直流电压，将控制器置于工作状态，观察控制器是否自动断开，进入保护状态，或者出现损坏等问题。接触故障后，控制器是否能正常工作。

2. 过电流保护

用测功机台架进行。将电机固定在某个转速，通过控制装置增加扭矩，观察电流增加至超出允许的范围后控制器的状况。过电流的情况有时在测试峰值功率过程中会出现，部分电机的控制器和电机的匹配或控制策略不够理想，试验过程中出现了扭矩超出允许范围的情况，导致三相交流电流过大，控制器进入保护状态，关闭输出。而有的匹配良好和保护设计完善的电机及控制器，在扭矩增加到一定程度时，或温度达到一定限值或电流达到一定值后，先降低功率进行保护，在电流超过某更高的一定值后再关闭输出。相对来说，后者的保护措施更合理，在实际车辆行驶过程中也更安全。

3. 过电压、欠电压保护

电池电压过高或者过低时，电机及控制器应能保护不进行工作，避免引起故障或电池过放等危险。测试时，将直流电压分别调至超出控制器的工作电压范围，观察控制器是否能工作。

4. 过热保护

电机或控制器在运行过程中，如果温度过高，会烧毁电子器件或电机绕组。目前标准中只要求控制器应具有过热保护功能，但不少电机内部在定子绕组位置也预埋了温度传感器，用于电机的温度监控。控制器的过热保护测试，将控制器放在高温箱中，箱内温度高于控制器保护温度，观察控制器温度在超出保护温度后能否停机或采取其他保护措施。电机的过热保护通过测功机试验台进行验证，控制电机处于峰值功率状态，电机温度迅速升高，观察电机及控制器系统是否进行保护停止运行，或者通过自动降低功率使温度控制在允许的范围。

（四）环境适应性测试

环境适应性的测试主要包括湿热试验、盐雾试验、振动试验和防水防尘等项目，主要参考 GB/T 18488.1 和 GB/T 18488.2 驱动电机系统标准和GB/T 28046 环境试验标准，验证电机系统可能出现的故障，故障的分类参考 QC/T 893 - 2011《电动汽车用驱动电机系统故障分类及判断》。

1. 湿热试验

电机和控制器在不工作状态下进行48h 的湿热试验，试验结束后马上进行绝缘电阻测试，确认电机及控制器的绝缘是否能满足湿热条件下的使用，然后观察外壳是否有腐蚀情况。

2. 盐雾试验

电机及控制器产品在 5% 的 NaCl 盐雾中放置48h，观察表面腐蚀情况，以及绝缘电阻。以上两项测试针对产品的表面腐蚀和特定条件下的绝缘安全性。有的产品在盐雾试验后发生了电机内部进水，绝缘性能大幅下降无法正常工作。

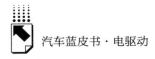
3. 振动试验

车辆实际运行时的振动引起的失效是电机故障的主要原因之一，对产品耐振动的考核通常有两种方式：第一种方法是参考 GB/T 28046 和 QC/T 413 - 2002 在振动台上进行，电机和控制器分别经受标准要求的测试。第二种方法是根据电机系统安装的实际车型，从整车角度采集实车各种路面的振动情况，经过分析和加速老化研究，形成针对具体车型电机系统的台架振动测试条件，然后通过台架进行耐振动考核。其中，第一种方法具有普适性，适合于产品认证测试；第二种方法更有针对性，适合于提高产品质量的测试。试验后先通电判断电机及可控制器能否正常工作；然后将外壳拆开，仔细观察控制器内部是否有焊点脱落、虚焊、固定松动等情况；观察电机内部的电气连接是否松动、断开、对于永磁电机观察硅钢片之间是否出现间隙，以此判断故障等级。

（1）第一种方法依据标准要求的测试

振动试验对于试验设备、固定夹具的设计以及测试过程都有严格要求。在确保设备的推力和安装台面符合要求的基础上，良好的夹具设计和测试流程能尽量避免测试频率范围内的共振现象发生。同时，为了尽量避免夹具的大型化或者悬垂物对试验造成的影响，线/软管类较长部件应在离试验品较近的位置进行切断。

以某电机及控制器样品为例，进行了测试方法和流程的研究。

①在进行电机控制器振动前，先进行夹具的共振点检查

控制器安装在水平台面上，X 方向为振动方向。通过施加 0 ~ 1000Hz（或 2000Hz，根据测试要求）的振动信号，观察夹具和产品安装位置的振动响应情况，检查共振点。振动台控制方法分成单点加速度控制和四点加速度平均控制。图 2 是其中某个传感器在振动加速度响应，振动台施加加速度 1g、频率 0 ~ 1000Hz 的振动，检测夹具上传感器的响应，振动台分别采用单点控制和四点平均控制，其响应分别如图 2a、图 2b。

从测试结果看，夹具在 700 ~ 800Hz 存在共振现象，能满足扫频振动 500Hz 的频率范围要求。采用四点平均控制后，共振现象减少，有效降低夹

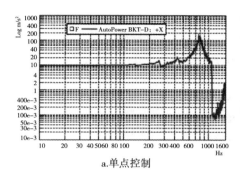
a.单点控制

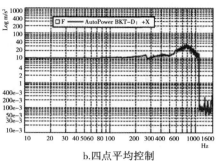
b.四点平均控制

图2　X方向不同控制方式下的某振动传感器加速度响应

具引起的共振。建议尽量采用多点平均控制的方式进行振动试验。

②控制器的随机振动试验

按照2015版电动汽车驱动电机系统国标引用的GB/T 28046.3－2011中"4.1.2.4 试验Ⅳ——乘用车弹性体（车身）"的要求进行，每个方向持续8h，加速度均方根（rms）值为27.8m/s^2。表3给出了控制器随机振动参数表，试验顺序为Z→X→Y。

振动试验曲线如图3所示。试验后晃动控制器查看是否有异响。

③电机的随机振动和正弦振动试验

样品先进行X、Y、Z三个方向的随机振动，然后进行三个方向的正弦振动，表4和表5分别为电机随机振动台架试验条件参数和正弦振动台架试验条件参数。随机振动试验方法：按照新国标引用的GB/T 28046.3－2011中"4.1.2.2 试验Ⅱ——乘用车变速器"的要求进行，每个方向持续22h，加速度均方根（rms）值为96.6m/s^2。

表3　控制器随机振动参数

频率 Hz	PSD(m/s^2)^2/Hz	频率（Hz）	PSD(m/s^2)^2/Hz
10	20	300	0.25
55	6.5	360	0.14
180	0.25	1000	0.14

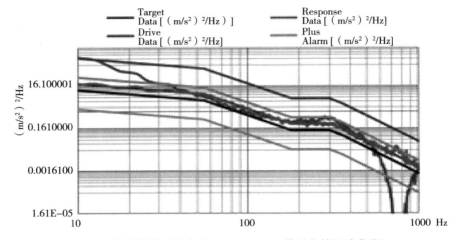

图3　控制器随机振动（Response data 是采集的振动曲线）

表4　电机随机振动参数

频率 Hz	PSD(m/s²)²/Hz	频率（Hz）	PSD(m/s²)²/Hz
10	10	500	5
100	10	2000	5
300	0.51		

表5　正弦振动试验参数

产品安装部位	频率（Hz）	振幅（mm）	加速度（m/s²）	扫频速率（oct/min）	每一方向试验时间（h）
其他部位	10~25	1.2	—	1	8
	25~500	—	30		

（2）第二种方法：依据实车振动强度进行台架振动试验

在企业验证测试过程中，为了真实模拟装在实车上的振动情况，部分整车企业采用了"实车道路振动谱采集"的方式，通过加速老化计算，得到更符合具体车型的振动老化测试方法。中汽中心根据行业需求，联合国内外企业，也开展了电机振动测试评价方法研究，采用实车在各种可靠性路面行驶，得到电机和控制器振动强度，结合整车可靠性试验对各种里程的要求，分析电机和控制器实际承受的振动加速度和频率。

如图4所示，此测试方法需要通过电机系统实际承受的振动强度采集和研究，得到振动测试评价规范，然后据此规范进行振动试验。

第一，电机系统振动路谱的采集。

①振动加速度传感器和数采系统的选型和安装

目前电机系统振动试验标准引用了ISO16750对汽车电器的耐振动要求，试验最高频率为2000Hz、最大加速度为18g。因此传感器的工作频率范围应至少为10kHz，加速度大于18g。需要对X、Y、Z三个方向都进行加速度的测量，因此采用三轴加速度传感器，数采系统的通道数和采样率应和传感器匹配。

②振动测量点的选择

测量的时候，需要测量和电机系统相关的各个安装固定点，根据电机安装位置不同有所区别，主要考虑以下位置：发动机舱或车身、车架、电机固定点、控制器固定点、变速箱。

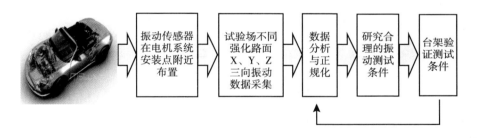

图4　电机系统振动测试研究方案

③测试道路的选择

测试道路主要是试验场的各种坏路，通常参照整车可靠性试验道路进行选择。目前国内几个试验场的可靠性道路有一定区别，结合国内实际道路情况，可以选择以下类型路面开展测试研究：柏油路、比利时路（石板路）、扭曲路、鱼鳞坑路、搓板路、鹅卵石路、井盖路等。

④车辆状态的设定

车辆在不同车速平稳驾驶、激烈驾驶、急加速和制动等状况下，电机系统受到的振动可能不同，需要在各种状态下进行同一路面的振动数据采集。

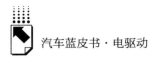

第二，通过数据分析方法对数据进行整理分析，形成各种路面下的振动条件。

第三，借鉴整车可靠性道路试验方法中各种路面的分配情况，以及加速老化系数，研究振动强化的台架试验方法。图 5 为某纯电动乘用车基于通县试验场规范获得的 X、Y、Z 三向实车振动路谱曲线。

第四，根据以上方法得到的振动谱进行台架振动试验验证。

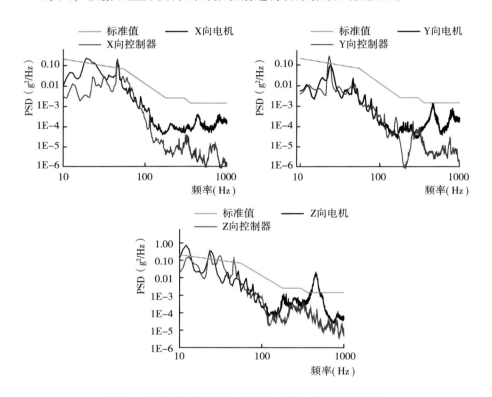

图 5　电机驱动系统实车振动传感器布置及路谱曲线

注：横轴为频率，纵轴为功率谱密度（Power Spectral Density，PSD）。

（五）可靠性测试方法

可靠性测试是为了保证产品在规定的寿命期间内，在预期的使用条件下保持功能可靠而进行的活动。当前电动汽车使用的电机以永磁同步电机和三相异步电机为主，和传统工业电机相比，使用环境更恶劣、电机工况和系统控制方式更复杂。因此电机的失效模式也有所差异，针对电动汽车驱动电机系统的可靠性测试国内也进行了研究，截至目前推出了两个可靠性相关标准QC/T 893 – 2011《电动汽车用驱动电机系统故障分类及判断》和GB/T 29307 – 2012《电动汽车用驱动电机系统可靠性试验方法》，规定了驱动电机系统的故障分类和可靠性台架试验方法，满足了部分电机可靠性设计和测试的需求。

1. 故障失效模式和可靠性试验方法

驱动电机系统的工作过程满足失效率盆形曲线，按照失效率的变化，可以分为早期失效、偶然失效和损耗失效。早期失效通过出厂检验、初步老化等可过滤掉大部分不合格产品。进入偶然失效期的产品处于稳定工作阶段，此阶段失效率低，通常由非严重的偶然因素导致，通过日常维护保养有改善。损耗失效是系统的部件过度磨损或老化引起的损坏，产品达到了正常的使用寿命。对于驱动电机系统可靠性的测试研究主要针对损耗失效的情况。

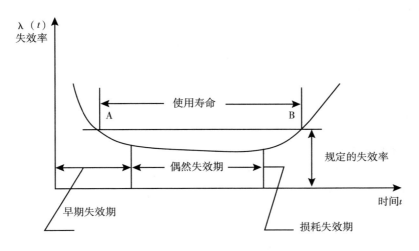

图6　失效率盆形曲线

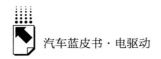

根据可能引发的后果，电动汽车用驱动电机系统的故障模式分为四级：致命故障、严重故障、一般故障和轻微故障，如表6所示。

表6 驱动电机系统故障模式分类

故障级别	描述
轻微故障	外壳腐蚀生锈、非关键焊点脱落、部分紧固位置松动等
一般故障	冷却管路故障、安装设计不合理容易引起螺栓松动、线束故障、控制器故障报警但可以挪动车辆到维修点等
严重故障	电机性能衰减导致整车动力下降明显、传感器信号不正常导致不能连续正常工作、轴承磨损但未完全失效、绕组温度过高、线束故障
致命故障	出现定子绕组短路或过热引起烧毁、轴承损坏、断轴、花键等关键机械部件损坏，以及绝缘失效、过压引起电容击穿、电气短路、转速/位置传感器失效等导致电机系统不能正常工作，甚至可能引起人身危险

从失效模式中可以看出，致命故障和严重故障主要是由温度和机械应力的影响导致驱动电机系统失效。

GB/T 29307－2012《电动汽车用驱动电机系统可靠性试验方法》基于绕组绝缘加速老化模型提出，适用于纯电动和混合动力车的驱动电机系统。电机的绝缘老化是交流电机的主要故障，目前常用的绝缘热老化模型为：

$$\ln L = \frac{E_a}{kT} - G = \frac{B}{T} - G \qquad (2)$$

式中，L 为平均绝缘寿命（h）；T 为绝缘材料的温开（K）；k 为波尔兹曼常数；E_a、G，与绝缘材料有关的系数。

此标准制定时参考了发动机可靠性试验方法，采用了400h的截尾试验。选择了比实际加强的工况，运行功率为额定功率的1.2倍。理论温度加速系数采用163，此时的电机绕组理论温升为121K。针对可能出现的高转速运行，专门设计了2h的最高转速额定功率试验。

2. 可靠性试验设计和验证

为了对驱动电机系统可靠性测试进行进一步研究，选取了某混合动力车的电机系统进行402h的耐久测试。此混合动力电机系统和变速箱高度集成，在整车上实际通过风冷和内部循环溅油进行冷却。试验时采用了风扇模拟散热条件，具体参数如表7所示。

表7　测试样品主要参数

连接方式	星型	冷却方式	自然风冷
额定功率	9.5 kW	峰值功率	17.0kW
额定转矩	30 N·m	最大转矩	105 N·m
额定转速	3130 r/min	最高转速	6200 r/min

测试采用电力测功机进行试验。将被测电机安装在台架上，电机的输出轴和测功机输出轴通过法兰连接。当被测电机处于电动驱动模式时，测功机作为负载工作在发电状态；被测电机处于馈电模式时，测功机处于电动状态，拖动被测电机工作，具体如图7所示。

通过电压电流传感器、扭矩传感器对电机系统的扭矩、转速、电压、电流进行实时监控并记录。依据GB/T 29307-2012的循环工况进行可靠性试验。试验顺序及试验条件如表8及图8所示，其中试验子循环的试验顺序及条件如表9所示。试验中，每1h记录一次数据，每24h停机检修一次。

表8　可靠性试验试验顺序及条件

项目参数	额定工作电压试验	最高工作电压试验	最低工作电压试验	最高工作转速试验
工作电压(V)	144	172	108	144
试验转速(r/min)	3443	3443	2348	6200
连续额定转矩(N·m)	30.0	30.0	30.0	—
峰值转矩(N·m)	47.1	47.1	51.9	—
额定馈电转矩(N·m)	-30.0	-30.0	-30.0	—
试验时间(h)	320	40	40	(14.6N·m)2
循环数	1280	160	160	—

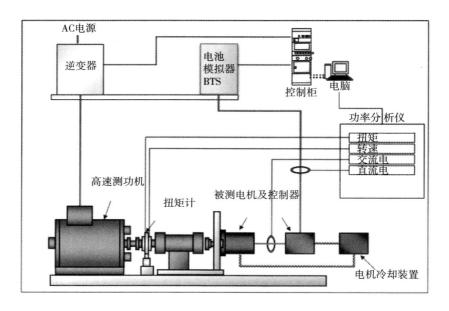

图7　驱动电机系统测试

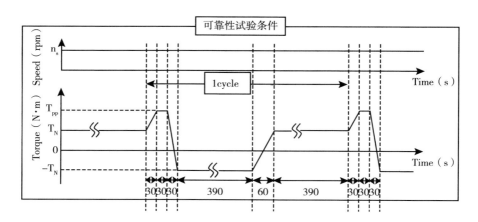

图8　可靠性试验工况

表9　可靠性试验子循环试验顺序及条件

顺序	负荷转矩	运转时间（min）
1	连续额定转矩 TN（t_1）	6.5
2	从 TN 向 TPP 的移动（t_2）	0.5

顺序	负荷转矩	运转时间（min）
3	峰值转矩 TPP（t_3）	0.5
4	从 TPP 向 TN 的移动（t_4）	0.5
5	连续额定反馈转矩 –TN（t_5）	6.5
6	从 –TN 向 TN 的移动（t_6）	0.5
单次循环的累计时间		15.0

测试分为四个阶段进行，分别是额定工作电压试验、最高工作电压试验、最低工作电压试验和最高工作转速试验，一共进行 402h 循环。

电机失效的主要因素是绝缘老化，试验前后绝缘性能的变化成为重要的评价指标。绝缘性能降低会导致绝缘电阻减小、电机系统输出能力的变化、温升特性变化以及系统的效率降低。因此通常设计以下指标作为可靠性老化评价的参考：绝缘电阻、峰值转矩、峰值功率、堵转转矩、温升、系统效率。

驱动电机系统的可靠性对于产品全生命周期的安全、用户体验提升至关重要，在某些特殊应用场景如出租车等，对于可靠性要求更高。标准规定的方法仅能满足基本的可靠性要求，需要根据不同应用和工况数据，开发更高要求，能对应不同车辆里程的可靠性、耐久性测试工况。

（六）电磁兼容测试

驱动电机及控制器的电磁兼容（EMC）测试也越来越受重视，大功率直流电经 DC/DC 升压或直接供给逆变器（DC/AC），驱动电机运转，如果抑制措施不够，这些装置将向外界发射辐射，如 DC/AC 变换后的交流电流中含有丰富的谐波成分，通过大的感性负载或容性负载时，会向空间发射强的电磁辐射。此类辐射频谱范围较广，可能会对调幅广播频段以及汽车本身电子管理系统的时钟频率产生严重干扰，影响车辆性能甚至正常驾驶。目前中汽中心在国内首先建立了专门针对新能源关键部件的 EMC 试验室，在传统 EMC 试验室基础上增加了带屏蔽的电机动力驱动装置，并引入了大功率

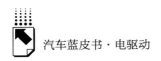

的电池模拟器和负载，实现在带载的情况下进行驱动系统的 EMC 测试分析。依托测试数据积累，行业共同制定发布了 GB/T 36282－2018《电动汽车用驱动电机系统电磁兼容性要求和试验方法》，为电驱动系统在带载状态下开展 EMC 测试提供了方案和技术参考。

（七）电机系统噪声测试

驱动电机系统的噪声测试当前国内还没有标准可以直接应用，通常参考传统电机的噪声测试 GB 10069－2008《旋转电机噪声测定方法和限制》，以及 GB/T 3768－1996《声学　声压法测定噪声源声功率级》，采用包络面测量等方法，可以对空载噪声进行研究。带载噪声的测试对试验室背景噪声和带载能力要求高，测试相对困难。通常汽车电机及发动机噪声最主要的评价指标为声压级和声功率，但对于电机及控制器，可能存在不同。从测试数据看，空载时电机及控制器的噪声相对较小，但从人耳实际听的主观感受来看，存在明显噪声的情况，主观认为声音比较尖锐，影响人的舒适性。

为了更好地对电机及控制器进行评价，引入了"尖锐度"的指标，主要体现了如下。

高频成分在整体声压级上的贡献，表现在声压级的频谱分布上。从部分测试结果看，电机随着转速的升高，高频段的声压级也增加。

尖锐度和声压级没关系，只和频谱有关。高频段的声压级越高，尖锐度越高，人耳就越不舒适。因此结合声压级和频谱分布，从声音尖锐度的角度对噪声进行分析和评价更符合电动车的情况。

当前针对电机、电驱动总成的噪声测试标准已经在征求意见阶段，标准发布后将提供更系统的测试和评价方法。

三　电机及逆变器硬件在环测试

（一）电机控制器硬件在环仿真测试

在新能源汽车中，硬件在环仿真测试对于三大核心电控系统——整车控制系统、电池管理系统、电机控制器是非常重要的。电机控制器（Motor Control Unit，MCU）在研发过程中涉及控制功能测试、故障注入、CAN 通信等，借助 HIL 测试技术，可以克服传统测试方法所带来的价格昂贵、维护密集、动态效应有限等缺陷，从而全面提升电机控制器的研发和设计水平。MCU HIL 系统可让工程师在无电机以及测功机系统的环境下，完成对电机控制功能的验证。

电动车系统的电机驱动大多为高速高电压大电流的电机驱控，通常这样的测试在实验室进行测试时会需要较完善的保护机制与方式。在 HIL 的环境中，为了避免大电流与大电压所造成的不稳定问题，通常把测试的等级分为三级，如图 9 所示，其中线框内代表着电机控制器本身，包含信号级与功率级两种仿真方式。表 10 给出了三级测试的对比。

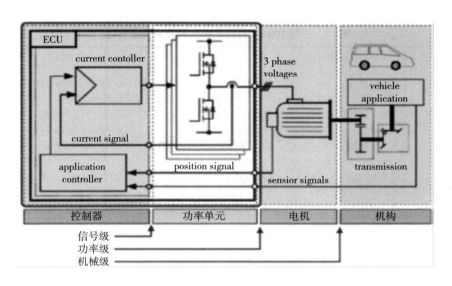

图 9　MCU 硬件在环仿真分级

1. 信号级仿真

信号级测试的所有信号都是小信号，主要的做法是将控制器在功率元件的前端把信号引出来，这就需要打开控制器。这样的测试最大的好处就是可以大大地降低测试的成本，且由于除了控制器本体之外，大多数的元件是仿真的，可以调整许多不同的应用参数，对控制策略做一个完整的测试。

2. 功率级仿真

功率级测试不需打开控制器的本体，取的是功率元件的后级输出，电流与电压会非常的大，对于实验环境来说具有危险性，其后连接的电机以一个可控的电子负载板卡来实现，可以测试控制器和功率元件的特性。

3. 机械级仿真

机械级仿真中除了车体本身之外，所有的部件都是真实的，利用硬件在环系统的车辆仿真模型，可以评估在真实的电机控制器与电机下对整车的影响，也可以利用 HIL 连接台架进行电机的工况调整，使控制器可在一个相对真实的工况下进行评估与测试。

表 10   三种 HIL 仿真方式特性及使用场景对比

项目	信号级	功率级	机械级
特性	自由度极高 可完全与模型互助 与功率器件无关 成本低 无安全疑虑	自由度中等 不需了解控制器内部架构 控制器不需拆开 可同时测试功率元件 测试功率级的诊断是可能的	不需具备控制器及电机的知识 控制器不需拆开 可测试机械元件及机构 可同时测试功率元件 测试功率级的诊断是可能的
使用场景	功率 >2kW（EV/HEV） 控制器供应商适用 测试重点不关注功率元件	功率 <2kW（传统应用） 整车厂适用 可对动态系统做集成测试	适合对目前系统知识较为匮乏的整车厂 可对动态系统做集成测试

（二）功率级 MCU HIL

新能源汽车一般采用较大功率的电机和逆变器，针对 HIL 高精度的实时性要求、高电压大电流的安全性、信号接口的特殊属性以及系统的可扩展性都使得传统汽车电控系统的信号级 HIL 硬件在环仿真测试系统无法解决。

为了解决信号级 HIL 的诸多不足，当前国际上最新采用功率级硬件在环系统 Power-HIL，主要由电池模拟器、电机模拟器以及相关的 HIL

构成。国外宝马、戴姆勒、本田、保时捷、丰田、大众、博世、电装、西门子、采埃孚、舍弗勒，以及国内联合电子、上海大众、广汽研究院等 OEM 和 Tire1 都采用 Power-HIL 进行电机控制器、电池管理系统的产品开发、算法设计以及功能安全及故障注入测试。图 10 为 Power-HIL 系统构成原理图。

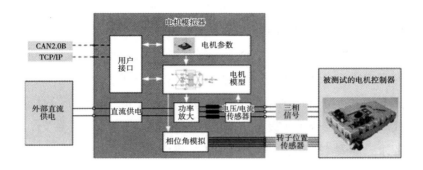

图 10　Power-HIL 系统构成原理

Power-HIL 是电机控制器快速评价、功能开发、故障注入、性能和耐久测试的利器。

第一，虚拟电机，参数化配置模拟永磁同步电机、感应电机以及开关磁阻电机。

第二，电机控制器软件、硬件进行功率级的性能测试与功能验证。

第三，负载/耐久性试验和高加速寿命试验。

第四，快速评价和测试逆变器的软硬件性能、可靠性。

第五，故障注入（如注入三相线短路和断路、电机温度、电机堵转、电流和转矩超限、转速超限、传感器故障、电机阻抗变化、退磁、机械故障等）。

四　电动汽车动力总成测试评价

动力总成是电动汽车的关键核心部件，其构型和功能多种多样，包括集成减速器/变速箱的纯电驱动总成、各种混合动力总成（包含 P0、P1、P2、

P3、P4、PS 等基本型及其组合型），除机械机构外，对控制集成技术要求较高，在测试评价方面暂时没有完善的标准法规对应，当前测试以企业根据各自产品特点提出的技术要求为主。当前国内电动汽车动力总成测试相关标准仅 QC/T 926 - 2013《轻型混合动力电动汽车（ISG 型）用动力单元可靠性试验方法》，该标准适用于 M1 类、N1 类和最大设计总质量不超过 3.5t 的 M2 类混合动力电动汽车（ISG 型）用动力单元，且不适用于怠速起停功能的考核，相关团体标准正在制定中。国外的标准体系和国内有一定区别，以行业规范或法规发布的标准较少，但各个企业内部有更严格的标准。目前，对于可以分拆进行测试的总成分别完成电机及其控制器以及减速器/变速箱后再组合使用，对于不能进行分拆的则以总成形式进行测试评价。相较于分体式测试，总成形式测试结果综合了各设备之间的耦合效应影响，更能准确反映实车性能指标要求，如效率、温升、NVH、EMC、振动等耐环境测试，建议以总成形式测试结果作为进一步分析的依据。

电动汽车动力总成的测试评价以可靠性、效率测试、带载 NVH、带载 EMC、功能安全等测试需求居多。对于测试总成不带差速器和半轴的可以在单电机测功机台架上进行试验，和差速器及半轴一起试验的动力总成测试需要在三电机或五电机动力总成台架上进行，图 11 给出了单电机和五电机台架实物照片。

在动力总成台架上可以对装配纯电/混动/乘用车变速箱等动力总成的二驱/四驱/整车等测试对象进行测试评价，包括寿命、耐久、载荷、驾驶仿真、效率、性能、拖拽和效率损失测试、噪声振动等。以五电机台架为例，根据不同的需要可以进行前置前驱、前置后驱、四驱等多种驱动形式总成测试，根据被测件需要测功机可以工作于转矩或转速控制模式，测试输入可以手动输入测试条件，也可以导入事前编辑完成的测试条件文件自动执行。为顺应动力总成发展趋势，五电机总成台架输入电机最高转速可达 15000rpm 甚至更高，采用永磁电机作为负载电机的台架其负载电机转动惯量低至 $0.05\text{kg}\cdot\text{m}^2$，可以模拟车轮如打滑等高动态特性，以完成电动汽车配备的 ESP 等系统的调试。

图 11　单电机和五电机动力总成测试台架

附　　录

Appendix

B.13

中国新能源汽车电驱动系统
产业链重点企业名录

附表1　电驱动系统总成

安徽巨一自动化装备有限公司	南京越博动力系统股份有限公司
比亚迪汽车工业有限公司	山东德洋电子科技有限公司
博格华纳(中国)投资有限公司	上海大郡动力控制技术有限公司
博世汽车部件(苏州)有限公司	上海电驱动股份有限公司
采埃孚(中国)投资有限公司	上海捷能汽车技术有限公司
大陆汽车投资(上海)有限公司	舍弗勒投资(中国)有限公司
德尔福科技	深圳市大地和电气股份有限公司
福建万润新能源科技有限公司	深圳市民富沃能新能源汽车有限公司
杭州杰能动力有限公司	苏州绿控传动科技有限公司
华域汽车电动系统有限公司	天津市松正电动汽车技术股份有限公司
金泰德胜电机有限公司(KDS)	浙江方正电机股份有限公司
精进电动科技(北京)有限公司	浙江万里扬新能源驱动科技有限公司
联合汽车电子有限公司	珠海英博尔电气股份有限公司
麦格纳汽车技术(上海)有限公司	

附表 2　电机及控制系统

安徽东道新能源科技有限公司	上海众联能创新能源科技股份有限公司
大连创为电机有限公司	深圳市蓝海华腾技术股份有限公司
东湖科技(北京)有限公司	深圳市依思普林科技有限公司
海博瑞德(北京)汽车技术有限公司	深圳市英威腾电动汽车驱动技术有限公司
杭州德沃仕电动科技有限公司	苏州汇川技术有限公司
航天新长征电动汽车技术有限公司	苏州朗高电机有限公司
合肥阳光电动力科技有限公司	天津电装电子有限公司
合普动力股份有限公司	卧龙电气集团股份有限公司
江苏微特利电机制造有限公司	武汉合康动力技术有限公司
江西特种电机股份有限公司	湘电莱特电气有限公司
厦门市福工动力技术有限公司	襄阳宇清电驱动科技有限公司
厦门市泰中大地科技有限公司	浙江艾麦电子科技有限公司
山东休普动力科技股份有限公司	浙江格雷博智能动力科技有限公司
上海力信电气技术有限公司	浙江泓林新能源科技有限公司
上海中科深江电动车辆有限公司	中山大洋电机股份有限公司

附表 3　新能源专用变速器

上海汽车变速器有限公司	重庆青山工业有限责任公司
江西福格新能源传动技术有限公司	株洲齿轮有限责任公司

附表 4　芯片及功率模块

富士电机(中国)有限公司	三菱电机(中国)有限公司
华微电子股份有限公司	上海先进半导体制造股份有限公司
嘉兴斯达半导体股份有限公司	天津中环半导体股份有限公司
江苏宏微科技股份有限公司	英飞凌科技(中国)有限公司
江苏中科君芯科技有限公司	株洲中车时代电气股份有限公司
南京银茂微电子制造有限公司	

附表 5　上游原材料

北京中科三环高技术股份有限公司	烟台正海磁性材料股份有限公司
广晟有色金属股份有限公司	中国北方稀土(集团)高科技股份有限公司
江西金力永磁科技股份有限公司	中国铝业集团股份有限公司
宁波韵升股份有限公司	中国南方稀土集团
厦门钨业股份有限公司	中国五矿集团有限公司

✦ 皮书起源 ✦

"皮书"起源于十七、十八世纪的英国，主要指官方或社会组织正式发表的重要文件或报告，多以"白皮书"命名。在中国，"皮书"这一概念被社会广泛接受，并被成功运作、发展成为一种全新的出版形态，则源于中国社会科学院社会科学文献出版社。

✦ 皮书定义 ✦

皮书是对中国与世界发展状况和热点问题进行年度监测，以专业的角度、专家的视野和实证研究方法，针对某一领域或区域现状与发展态势展开分析和预测，具备原创性、实证性、专业性、连续性、前沿性、时效性等特点的公开出版物，由一系列权威研究报告组成。

✦ 皮书作者 ✦

皮书系列的作者以中国社会科学院、著名高校、地方社会科学院的研究人员为主，多为国内一流研究机构的权威专家学者，他们的看法和观点代表了学界对中国与世界的现实和未来最高水平的解读与分析。

✦ 皮书荣誉 ✦

皮书系列已成为社会科学文献出版社的著名图书品牌和中国社会科学院的知名学术品牌。2016 年，皮书系列正式列入"十三五"国家重点出版规划项目；2013~2019 年，重点皮书列入中国社会科学院承担的国家哲学社会科学创新工程项目；2019 年，64 种院外皮书使用"中国社会科学院创新工程学术出版项目"标识。

中国皮书网

（网址：www.pishu.cn）

发布皮书研创资讯，传播皮书精彩内容
引领皮书出版潮流，打造皮书服务平台

栏目设置

关于皮书：何谓皮书、皮书分类、皮书大事记、皮书荣誉、

皮书出版第一人、皮书编辑部

最新资讯：通知公告、新闻动态、媒体聚焦、网站专题、视频直播、下载专区

皮书研创：皮书规范、皮书选题、皮书出版、皮书研究、研创团队

皮书评奖评价：指标体系、皮书评价、皮书评奖

互动专区：皮书说、社科数托邦、皮书微博、留言板

所获荣誉

2008 年、2011 年，中国皮书网均在全国新闻出版业网站荣誉评选中获得"最具商业价值网站"称号；

2012 年,获得"出版业网站百强"称号。

网库合一

2014 年，中国皮书网与皮书数据库端口合一，实现资源共享。

权威报告·一手数据·特色资源

皮书数据库
ANNUAL REPORT(YEARBOOK)
DATABASE

当代中国经济与社会发展高端智库平台

所获荣誉

- 2016年，入选"'十三五'国家重点电子出版物出版规划骨干工程"
- 2015年，荣获"搜索中国正能量 点赞2015""创新中国科技创新奖"
- 2013年，荣获"中国出版政府奖·网络出版物奖"提名奖
- 连续多年荣获中国数字出版博览会"数字出版·优秀品牌"奖

成为会员

通过网址www.pishu.com.cn访问皮书数据库网站或下载皮书数据库APP，进行手机号码验证或邮箱验证即可成为皮书数据库会员。

会员福利

- 已注册用户购书后可免费获赠100元皮书数据库充值卡。刮开充值卡涂层获取充值密码，登录并进入"会员中心"—"在线充值"—"充值卡充值"，充值成功即可购买和查看数据库内容。
- 会员福利最终解释权归社会科学文献出版社所有。

社会科学文献出版社 皮书系列
SOCIAL SCIENCES ACADEMIC PRESS (CHINA)
卡号：214925368444
密码：

数据库服务热线：400-008-6695
数据库服务QQ：2475522410
数据库服务邮箱：database@ssap.cn
图书销售热线：010-59367070/7028
图书服务QQ：1265056568
图书服务邮箱：duzhe@ssap.cn

S 基本子库
UB DATABASE

中国社会发展数据库（下设 12 个子库）

全面整合国内外中国社会发展研究成果，汇聚独家统计数据、深度分析报告，涉及社会、人口、政治、教育、法律等 12 个领域，为了解中国社会发展动态、跟踪社会核心热点、分析社会发展趋势提供一站式资源搜索和数据分析与挖掘服务。

中国经济发展数据库（下设 12 个子库）

基于"皮书系列"中涉及中国经济发展的研究资料构建，内容涵盖宏观经济、农业经济、工业经济、产业经济等 12 个重点经济领域，为实时掌控经济运行态势、把握经济发展规律、洞察经济形势、进行经济决策提供参考和依据。

中国行业发展数据库（下设 17 个子库）

以中国国民经济行业分类为依据，覆盖金融业、旅游、医疗卫生、交通运输、能源矿产等 100 多个行业，跟踪分析国民经济相关行业市场运行状况和政策导向，汇集行业发展前沿资讯，为投资、从业及各种经济决策提供理论基础和实践指导。

中国区域发展数据库（下设 6 个子库）

对中国特定区域内的经济、社会、文化等领域现状与发展情况进行深度分析和预测，研究层级至县及县以下行政区，涉及地区、区域经济体、城市、农村等不同维度。为地方经济社会宏观态势研究、发展经验研究、案例分析提供数据服务。

中国文化传媒数据库（下设 18 个子库）

汇聚文化传媒领域专家观点、热点资讯，梳理国内外中国文化发展相关学术研究成果、一手统计数据，涵盖文化产业、新闻传播、电影娱乐、文学艺术、群众文化等 18 个重点研究领域。为文化传媒研究提供相关数据、研究报告和综合分析服务。

世界经济与国际关系数据库（下设 6 个子库）

立足"皮书系列"世界经济、国际关系相关学术资源，整合世界经济、国际政治、世界文化与科技、全球性问题、国际组织与国际法、区域研究 6 大领域研究成果，为世界经济与国际关系研究提供全方位数据分析，为决策和形势研判提供参考。

法律声明

　　"皮书系列"（含蓝皮书、绿皮书、黄皮书）之品牌由社会科学文献出版社最早使用并持续至今，现已被中国图书市场所熟知。"皮书系列"的相关商标已在中华人民共和国国家工商行政管理总局商标局注册，如 LOGO（▨）、皮书、Pishu、经济蓝皮书、社会蓝皮书等。"皮书系列"图书的注册商标专用权及封面设计、版式设计的著作权均为社会科学文献出版社所有。未经社会科学文献出版社书面授权许可，任何使用与"皮书系列"图书注册商标、封面设计、版式设计相同或者近似的文字、图形或其组合的行为均系侵权行为。

　　经作者授权，本书的专有出版权及信息网络传播权等为社会科学文献出版社享有。未经社会科学文献出版社书面授权许可，任何就本书内容的复制、发行或以数字形式进行网络传播的行为均系侵权行为。

　　社会科学文献出版社将通过法律途径追究上述侵权行为的法律责任，维护自身合法权益。

　　欢迎社会各界人士对侵犯社会科学文献出版社上述权利的侵权行为进行举报。电话：010-59367121，电子邮箱：fawubu@ssap.cn。

社会科学文献出版社